Wilfried Erdmann
Tausend Tage Robinson

Das Abenteuer einer Weltumseglung

Kiepenheuer & Witsch

2. Auflage 2005

© 2003 by Verlag Kiepenheuer & Witsch, Köln
Alle Rechte vorbehalten. Kein Teil des Werkes darf in irgendeiner
Form (durch Fotografie, Mikrofilm oder ein anderes Verfahren)
ohne schriftliche Genehmigung des Verlages reproduziert oder
unter Verwendung elektronischer Systeme verarbeitet, vervielfältigt
oder verbreitet werden.
Umschlaggestaltung: Barbara Thoben, Köln
Alle Fotos: © Wilfried Erdmann;
außer Seite 11: Kym Erdmann und
Seite 274: Hanns-Jörg Anders/Stern
Gesetzt aus der Stempel Garamond
Satz: Greiner & Reichel, Köln
Druck und Bindearbeiten: Clausen & Bosse, Leck
ISBN 3-462-03238-0

Über das Buch:

Eine Hochzeitsreise von 1011 Tagen – die erweiterte Neuausgabe des Bestsellers der Abenteuerliteratur.

Wilfried Erdmann, der erste Deutsche, der allein die Welt umsegelte (1966), berichtet hier über eine Weltumseglung zu zweit: die ebenso romantische wie entbehrungsreiche Hochzeitsreise mit seiner Frau Astrid. Für 1011 Tage ist die knapp 9 Meter lange KATHENA 2 das Zuhause der beiden: wohnen, schlafen, kochen und leben in einem Raum, der nicht größer als das Innere eines VW-Busses ist – ohne Elektronik, Navigationssysteme und moderne Kommunikationsmittel. Dafür haben sie nicht nur die Meere, sondern auch ganze Inseln für sich allein, auf denen sie das erleben, wovon andere nur träumen: die Robinsonade eines paradiesisch einfachen Lebens. Traumstationen werden ihre Aufenthalte auf den Inseln der Südsee, auf Tahiti, Samoa, Tatuhiva, den Kokos- und Fidschiinseln. Doch auf der letzten Etappe – nonstop von Madagaskar um das Kap der guten Hoffnung nach Plymouth – geraten sie in der Biskaya in einen schweren Orkan: Eine Riesenwelle verschlingt die KATHENA …

»Obschon 34 Jahre vergangen sind, wünschen sich viele Menschen, dass der Bericht über diese Robinsonade ins Ungewisse nochmals aufgelegt wird. Unsere mit Naivität begonnenen ereignisreichen drei Jahre. Es sollen wohl Sehnsüchte gestillt werden, Sehnsüchte der eigenen Jugend. Oder man möchte schlicht etwas erfahren von der Welt, als sie noch einfacher zu verstehen war.«

Über den Autor:

Wilfried Erdmann, Jahrgang 1940, ist einer der bekanntesten deutschen Fahrtensegler. Mit 18 Jahren reiste er per Fahrrad nach Indien, bevor ihn die Sehnsucht nach dem Meer packte. 2000/2001 segelte er in 343 Tagen nonstop gegen den Wind um die Welt – ein einzigartiges Abenteuer, von dem er in seinem neuesten Bestseller »Allein gegen den Wind« berichtet. Weitere Bücher in Auswahl: »Mein Schicksal heißt Kathena. Als Einhandsegler um die Welt«, »Die magische Route. Als erster Deutscher allein und nonstop um die Erde«, »Gegenwind im Paradies. Segelabenteuer in der Südsee«.

759

Inhalt

Vorbemerkung: 34 Jahre 9

Ein Traum wird Wirklichkeit 13
Riskante Romantik 31
Der Schatz der Kokos-Insel 57
Die verwunschenen Inseln 70
Die Fischaugen 91
Tahiti, die glückliche Insel 110
Apia, Western Samoa 131
Das Paradies liegt auf 176 Grad West und 13 Grad Süd 137
Neuseeländisches Tagebuch 150
Die Angst schwimmt mit 169
Bei den Melanesischen Buschmenschen 180
Ein Weg voller Inseln 194
Die sterbenden Palmen 213
Abschied von den Tropen 224
Nichts als Wasser von Weihnachten bis Ostern 235
Komm, wir segeln nach Cuxhaven 269

Anmerkungen zu Boot und Ausrüstung 277
Tabelle der Abfahrten und Ankünfte 284
Seemännische Ausdrücke 286

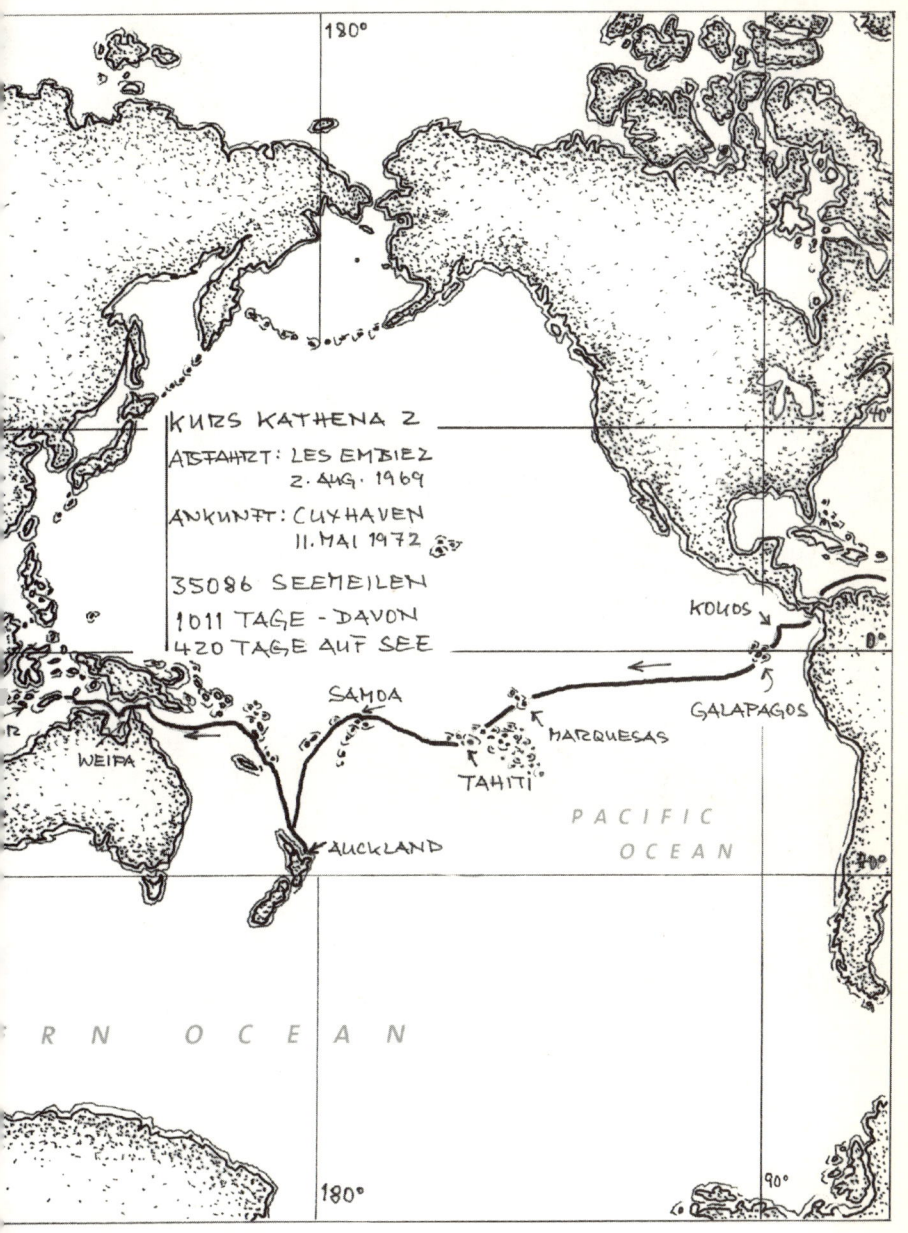

KURS KATHENA 2
ABFAHRT: LES EMBIEZ
2. AUG. 1969

ANKUNFT: CUXHAVEN
11. MAI 1972

35086 SEEMEILEN
1011 TAGE - DAVON
420 TAGE AUF SEE

180°

KOUOS

GALAPAGOS

SAMOA

MARQUESAS

TAHITI

PACIFIC
OCEAN

WEIFA

AUCKLAND

RN   OCEAN

180°   90°

Vorbemerkung: 34 Jahre

Als ich Astrid zum zweiten Mal traf, brach sich mein Leben. Das war 1968 in der Elbmündung. Ich kam von meiner Solo-weltumseglung zurück, bei der ich Astrid ganz am Anfang in Gibraltar kennen gelernt hatte. Nach meiner Ankunft hörte sie ein Interview im Radio und stand anderntags am Kai. Sie musterte für die letzten Meilen bis Hamburg an, wo ich meine Weltumseglung beendete. Und da ich niemanden hatte, der auf mich wartete, zog ich bei ihr, der Sportlehrerin, ein: 42 Quadratmeter Apartment, mitten in der Stadt Düsseldorf, Auto und Fernseher. Für Tage, Wochen ... Wenige Monate später: Anstelle eines Lehrers aus ihrem Kollegium heiratete sie mich, den Abenteurer. Unmittelbar nach der Hochzeitsfeier kauften wir uns ein Segelboot: die KATHENA 2, eine schlanke, 8,90 Meter lange Slup aus Stahl, mit der wir gleich um die Welt segeln wollten.

In gewisser Weise brach sich mit diesem Segelvorhaben auch das Leben von Astrid von Heister. Für immer.

Das passierte Ende März 1969. Wir waren jung: 24 und 28. Und wir waren unbekümmert, als wir planten. Gleich nach dem Traum kam der Gedanke: Haben wir ausreichend Geld, um ihn zu finanzieren? Ist das Schiff seetüchtig genug? Sollen wir alles aufgeben, und wie wird es mit der Zweisamkeit? Gut, ich war ozeanerprobt, aber im Zusammenleben an Bord eines kleinen Schiffes hatte ich keine Erfahrung. Astrid schon eher, ihre Mutter hatte sie als Jugendliche jedes Wochenende, jede Ferien mit auf ihr Segelboot nach Holland geschleppt. Gemeinsam besegelten sie das Ijsselmeer, die Nordseeküste bis nach Belgien. Und Astrid hatte einen Segelschein. Sie interessierte sich eigentlich mehr für den Kurs, die Windfähnchen und die optimale Segelstellung. Andere auszusegeln, das begeisterte sie. Nur: Auf der geplanten Route der KATHENA 2

9

gab es nicht viele auszusegeln. Die Meere waren vor 34 Jahren von Seglern äußerst selten befahren. Die Häfen leer, und Marinas gab's damals zumindest auf unserem Kurs noch nicht. Das Reisen mit einem Segelboot galt sowohl im Pazifik als auch hierzulande noch als klassisches Abenteuer.

Obschon 34 Jahre vergangen sind, wünschen sich viele Menschen, dass der Bericht über diese Robinsonade ins Ungewisse nochmals aufgelegt wird. Unsere mit Naivität begonnenen ereignisreichen drei Jahre. Es sollen wohl Sehnsüchte gestillt werden, Sehnsüchte der eigenen Jugend. Oder man möchte schlicht etwas erfahren von der Welt, als sie noch einfacher zu verstehen war. Ich spürte in den Wochen bei der Erweiterung des Buchtextes, wie die Jahre zurückflossen. Es war wie im Auge eines Zyklons, wenn die Windrichtung kentert. Die Farben der Pareotücher wurden immer bunter und leuchtender, die Haare blonder, die Charaktere origineller.

Ich weiß, es gibt Segler, die werden mich verwundert anschauen, wenn ich auf die spartanische, aber zeitgemäße Ausrüstung unseres Bootes hinweise: An Bord der KATHENA 2 waren keinerlei elektrische oder elektronische Instrumente installiert. Abendliches Lesen in der Koje fand bei einer Petroleumfunzel statt. Arbeiten an der Seekarte erfolgte mit Taschenlampe. Wir hatten zwar anfangs eine 12-Volt-Batterie, aber die stand nur für Motorstart und Positionsbeleuchtung zur Verfügung. Logisch, dass keine Kühlung für Bier und Butter vorhanden war. Und kein Wassermacher: 130 Liter in unserem Tank und in Kanistern mussten reichen für Kochen und Trinken, egal wie weit die Fahrt über See ging. Haarwaschen und Geschirrspülen wurden sowieso mit Meerwasser erledigt. Rollsegel, die einem viel Vorschiffarbeit abnehmen, gab's damals nicht. Und vor allem: Wir hatten kein Spritztuch überm Niedergang. Wir saßen immer im Wetter. Unvorstellbar. Jede Gischt, die über Deck fegte, landete praktisch jedes Mal, wenn die Luke nicht geschlossen war, in der Koje. Wohl niemand kommt auf die Idee, dass wir zwischendurch nach Hause geflogen sein könnten, wie das heutzutage Brauch ist. Wir waren

Reif für den »Stern«: Weltumsegeln war damals eine echte Sensation.

unterwegs. Punkt. Wir hatten uns abgenabelt. Wir wollten unerreichbar sein, infolgedessen also gab's auch keine Telefonate. Drei Jahre Unterwegssein, ohne einmal zu telefonieren! Und Navigation: GPS? Nein, wir haben, wie alle damals, mechanisch navigiert: Sextant, Kompass und Uhr reichten, um die Position zu bestimmen. Und wie zu lesen sein wird, irrten wir hier und da bei einem Landfall im Ungewissen herum. Bedenken, nach der Rückkehr den Einstieg ins Landleben nicht zu schaffen, hatten wir überhaupt nicht. In den 60er Jahren gab es Arbeit in Hülle und Fülle.

Seitdem haben sich die Zeiten gewaltig verändert: In einer Fachzeitschrift lese ich, dass letztes Jahr 28 deutsche Weltumseglungen stattgefunden haben. 27 Crews waren ältere Pärchen, ab 50 Jahre. Sie können sich solch eine Fahrt heutzutage leisten. Denn eine Weltumseglung ist inzwischen kostspielig. Das liegt zum einen an den heutigen Yachten; waren es früher eher Boote, so sind es nunmehr im Schnitt über zwölf Meter lange komfortable Segelyachten. Schon auf Grund der reichhaltigen Ausstattung müssen sie größer sein. Andererseits sind die Reisekosten inzwischen erheblich gestiegen: Behörden, Marinas, Werften, Versorgung – überhaupt für den Unterhalt der Schiffe.

Wir sind nach dieser »Hochzeitsreise« beim Segeln geblieben: zu dritt (mit Kind) – mehr als drei Jahre durch die Südsee. Zu zweit – umrundeten wir Ost- und Nordsee. Allein – nonstop um die Erde. Zwischendurch Sommertörns mit Jolle und Kielboot vor der Haustür und schon mal über den Nordatlantik und zurück.

Dies ist nun unser Bericht über die 1011 Tage, eine Geschichte voller Abenteuer, Liebe und Romantik. Aufgezeichnet mithilfe der Tagebücher von Astrid und meiner Logtagebücher – beides ist im Text kursiv gesetzt. Viel Spaß mit der erweiterten Neuausgabe.

Wilfried Erdmann   April 2003

Ein Traum wird Wirklichkeit

> »Weit draußen im Meer ist das Wasser
> so blau wie die Blätter der schönsten
> Kornblume und so klar wie das reinste
> Glas, aber es ist sehr tief, tiefer als
> irgendein Ankertau reicht.«
> HANS CHRISTIAN ANDERSEN

Die Fischer im Hafen von Malaga hatten uns gewarnt: Es sei eine stürmische Nacht zu erwarten. Es gäbe sichere Zeichen am Himmel, dass um Mitternacht ein heftiger Oststurm losbrechen würde. Aber gerade dieser Ost reizte uns. Schließlich hatten wir an der gesamten spanischen Ostküste mit heftigen Gegenwinden zu kämpfen gehabt. Mal brauchten wir für knapp 200 Meilen eine ganze Woche – verbunden mit elendigen Nachtwachen und viel Nässe an und unter Deck. Oder wie Astrid im Hafen mit Blick auf die übers ganze Deck verteilte Wäsche plastisch im Tagebuch festhält: *So sehen wir aus, das Unterste zuoberst – alles nass nach sieben Tagen schlimmsten Gegenanknüppelns.* Und da der Sturmwind von Osten kommen sollte und wir nach Südwesten wollten, genauer von Malaga nach Gibraltar, war die Sache in Ordnung. Mit einem leichten Hauch von den Bergen segelten wir mit unserer KATHENA 2 langsam aus dem Hafenbereich. Kaum aber waren wir am Kap Torremolinos, acht Seemeilen weiter, ließ das ohnehin schon schäbige Husten des Windes uns gänzlich sitzen. Vor unseren Augen braute sich über den Kordilleren die Suppe zusammen, die wir in der Nacht auslöffeln sollten. Es wurde schwarz am Himmel. Nicht nur schwarz, sondern auch grün und gelb und rot. Der ganze Himmel über dem Gebirge schien in dicken, farbigen Dämpfen zu kochen. Unsere sehnsuchtsvollen Blicke zurück zum sicheren Hafen von Malaga nützten uns nichts mehr. Wir saßen hoffnungslos fest in einer Flaute, die man allgemein die Stille vor dem Sturm nennt. Und wir klebten auf der Nase des Kaps. Ich verlor kein Wort darüber. Umso ausführlicher begann Astrid die Wetterlage zu besprechen. Ich benahm mich betont ruhig, saß an Deck und tat so, als ob ich an nichts anderes dächte, als dass meine Astrid bloß ihre Spaghettisoße richtig würzte, während wenige Meilen entfernt sich der Weltuntergang vorbereitete. Aber woher sollte sie, mit der ich zum ersten Mal einen Sturm auf See erwartete, wissen, dass meine Ruhe nur rein äußerlich war? Genauso, wie es über den Bergen kochte, qualmte es in meinem Kopf. Ich durchdachte jede Möglichkeit, heil und möglichst schnell in Richtung Gibraltar zu entwischen. Ein Blick auf die Seekarte – sie lag gefaltet auf dem winzigen Tisch in der Kajüte – war nicht erforderlich. Ich kannte die Karte auswendig. Dutzende Male hatte ich bereits den Kurs abgesteckt. Vor allem wie man um das gefährliche Cabo de Calaburras herumkommen müsste. Der Sack mit der Sturmfock war zurechtgelegt, die Schoten dafür angelascht, das Reffsystem im Großsegel kontrolliert. Alles war getan, bevor meine Seglerin überhaupt Bedenken wegen des aufkommenden Unwetters hatte.

Als Astrid die Essschüsseln mit Nudeln und Tomatensoße aufs Brückendeck setzte, wurde es plötzlich Nacht. Das ging so schnell, als hätte eine unsichtbare Hand ein dunkles Tuch über die KATHENA 2 geworfen. Immer noch lag die See still, fast unbeweglich um uns herum. Astrid wies mich darauf hin, dass eine Nudel in meinem leichten Vollbart klebte. Ich erwiderte nur kurz: »Die wird mir heute Nacht die See rausspülen. Ganz sicher.«

Unheimlich schnell kam dann das Rauschen durch die stockfinstere Nacht auf uns zu. Plötzlich erhielt das Boot einen Windstoß, wenig später einen weiteren, einen, der richtig reinknallte. Er ließ Segel, Mast und Rigg erzittern. Unser Boot schoss los. Ich legte mit der Pinne den Kurs auf Süd, um so schnell wie möglich von der Küste wegzukommen. Mir war klar, weit würde ich auf diesem Kurs nicht kommen, denn bei stürmischem Ost müsste ich, um mit dem Wetter klarzukommen, den Wind raumschots einfallen lassen. Das zunehmende Brausen der heranrollenden Wellen war ein sicheres Zeichen, dass es noch mehr geben würde.

Noch konnte ich die Richtung halten. Ein Blick auf die Uhr sagte, dass wir schon eine Viertelstunde auf diesem Kurs liefen. Das waren bei einer Fahrt von mehr als 6 Knoten immerhin 2 Seemeilen vom Kap weg. Nach einer weiteren Meile rauschender Fahrt wurde es mir zu gischtig, zu nass an Deck. Ich legte langsam den Kurs auf Südwest, also weg vom Wind. Etwas später gar Westsüdwest. Und das war schon fast direkter Kurs nach Gibraltar.

Gewaltige Seen rollten dann bald von achtern an. Fest, die Beine abgestemmt gegen die gegenüberliegende Sitzbank, saß ich im Cockpit und versuchte mit der Pinne die wilden Bewegungen des Bootes auszugleichen. Das Kap war bald gerundet. Und damit hatte ich wenigstens Seeraum. Aber der Sturm nahm noch zu. Doch. Er heulte regelrecht und brachte das Mittelmeer zum Kochen.

Meine Astrid war längst nicht mehr im Cockpit. Sie notierte zu dieser Situation: *Wie immer gehe ich mit viel Elan und Optimismus an den »letzten Mittelmeertörn«. Auch die Dünung in der Bucht kann mir nichts anhaben. Aber dann am Kap. Schwarze Böenwolken. Windstöße aus unterschiedlichen Richtungen. Von Viertelstunde zu Viertelstunde stärker. Der arme W. sieht von mir nur ein bleiches Gesicht in der Kajüte verschwinden. Zunächst habe ich noch Hoffnung, als aber dann Wasser durch Vorschiffluke und Niedergang kommt, sinkt meine Moral so tief, dass ich mir ernsthaft vornehme, meine Füße lieber an Land zu lassen und Seefahrerromane zu lesen. Mein Weltumsegler kann an diesem Tag keine Bewegung von mir erwarten – nur dicke Tränen rollen über mein Gesicht. Verzweiflung und ein wenig Angst, denn nun kommen die Brecher mit Getöse ins Cockpit gerollt.* Trösten konnte ich meine Liebe nicht, denn ich durfte die Pinne nicht loslassen, und eine Selbststeuerung hatte KATHENA 2 nicht.

Es ging nicht mehr. Um es uns erträglicher zu machen, musste ich unbedingt das bereits gereffte Großsegel wegnehmen. Also kroch ich zum Mast, um das Fall loszuwerfen und das Tuch runterzuzerren. Das war nicht einfach. Das Boot schlug quer zu den Wellen. Die See knallte gegen den Rumpf und überspülte das Seitendeck. Die Segellatten verkeilten sich in den Unterwanten. Gleichzeitig glitt mir immer wieder das schlagende Tuch aus den Händen. Es dauerte, bis ich es in meiner Gewalt, das hieß, mit vielen Bändseln am Großbaum festgezurrt hatte. Astrid kam das ganze Manöver wohl unheimlich vor. Sie rief nach mir, wahrscheinlich um Gewissheit zu haben, dass ich noch an Bord war. Ich öffnete das Luk, um sie kurz zu informieren, was ich gemacht hatte – aber nur kurz, weil viel Wasser überging.

Von nun an steuerte ich direkten Kurs Gibraltar. Stunde um Stunde. Das ist der Levante, dachte ich, bestimmt. So nennt man nämlich hier an der Küste den stürmischen Ostwind. Keine lange Dünung, keine Abstände zwischen den Wellen, raue unregelmäßige Brecher, die das Meer wild und laut an Bord steigen ließen.

Die Augen schmerzten bald vom Salzwasser, so angestrengt starrte ich abwechselnd in die brausende Finsternis und auf den Kompass. Immer wieder reckte ich meinen Hals und suchte nach dem Licht von Europa Point – dem starken Leuchtfeuer Gibraltars. Doch meine Sorge um das Feuer wurde schnell größer. War ich etwa nicht weit genug nach Süden gekommen? Waren meine Kopfberechnungen mit Abdrift und Missweisung, Speed und Zeit richtig? Schleierhaft blieb mir, warum ich kein Schiff sah. Stehe ich etwa zu dicht unter der spanischen Küste? Sicherlich ist es so. Oder ob die Funzel zu schwach ist? Vielleicht von einer Regenwand verdeckt? Mann, malte ich an meiner Position herum. Erst nachdem sich die Dunkelheit hob, wurde ich ruhiger.

Als die See im Osten mit einer grandiosen Morgenröte aufzuwarten begann und dann etwas später die Sonne über die Kimm kam, ließ der Sturm merklich nach. Und: Gibraltar lag groß und mächtig vor unserem Bug. Ein 412 Meter hoher Kalksteinbrocken, der aus der Ferne bezaubernd wirkte. Allemal nach solch einer furchtbaren Nacht. Ich schob die Luke auf und zeigte Astrid den berühmten Felsen. Sie aber gab gleich Kontra – wohl wegen ihres verdrehten Magens: »Oh, dieses Mittelmeer! Ich habe es satt!«

Da lag er also voraus – unser *The Rock*, wie wir den Felsen immer liebevoll nannten, denn er bedeutete für unser persönliches Schicksal sehr, sehr viel. Nicht nur weil ein ordentliches Stück Weg auf unserer Weltumseglung mit all seinen Widrigkeiten hinter uns lag. Hier hatte ich Astrid, jetzt meine Frau, vor drei Jahren kennen gelernt. Als Mutter-Tochter-Crew mit einem brandneuen Trimaran liefen sie bei dickem Nebel hier ein. Astrid war in den Ferien, ich auf meiner ersten Weltumseglung. Getroffen haben wir uns am Bootssteg, näher kamen wir uns in einem Pub. Ob diese Kneipe in der Bay Street mit dem ausgesessenen Sofa und dem süffigen Guinness noch existierte? Bestimmt. Gibraltar ist eine Garnisonsstadt und berühmt für ihre enorme Anzahl von Kneipen. Je näher der markante Felsen kam, je größer er wurde, umso mehr beschäftigten wir uns mit Fragen und Themen aus der Kennenlernzeit.

Bei mir gingen die Gedanken noch weiter zurück. Zum Anfang meiner Bekanntschaft mit dem Meer. Noch mit zwanzig Jahren hatte ich keinen Fuß auf ein segelndes Schiff gesetzt. Ich arbeitete an Land: als Tischler, in einer Werft als Vermesser, als Zimmermann auf dem Bau. Mal hier, mal dort. Eines Tages lud mich mein Vetter Helmut Erdmann, der ein Faltboot mit Besegelung besaß, zur Ausfahrt vor der Ostseeinsel Fehmarn ein. Es war die erste Segeltour meines Lebens. Als ich hörte, wie der Wind durch die Segel rauschte, und als ich mich dann zurücklehnte, die Hand ins Fahrtwasser hielt und den ziehenden Wolken am Himmel nachzuträumen begann, flammte plötzlich meine alte Sehnsucht erneut auf: allein übers Meer zu segeln.

Ursprünglich war mir die Idee nämlich gekommen, als ich in Indien an der Küste von Mangalore vor einem echten Kajütsegelboot stand. Mensch, dachte ich damals – ich war ganze 18 Jahre alt –, das ist es: Reisen ohne Visaprobleme, mit Kocher und Koje, und obendrein kann man sich sportlich betätigen.

Die Segelstunden mit Helmut frischten meine »indische Begeisterung« für ein Segelboot wieder auf. Von Stund an lebte ich in Gedanken für nichts anderes mehr. Na, fast. Zunächst deckte ich mich mit Büchern von Ozeanseglern und vor allem von Weltumseglern ein: Die Erlebnisse von Hannes Lindemann waren dabei, dann die von Joshua Slocum und Eric Hiscock, um die fachliche Seite zu lernen. Vor allem der Titel »Sie segelten allein«, eine erzählende Auflistung verschiedener Alleinfahrten über die Ozeane, hielt mich bei der Stange. Schließlich erging es mir wie vielen Menschen: Man hat eine Idee, aber kein Geld zur Verfügung, um sie zu realisieren. Klar war von vornherein: Ich wollte allein übers Meer segeln. Am besten gleich um die Welt.

Ein geeignetes, ein seetüchtiges Boot war teuer. Besonders dann, wenn man nur ein paar Hundertmarkscheine in der Tasche hat. Also musste ich es mir mit Arbeit verdienen. Um das verdiente Geld so gut wie möglich zusammenzuhalten, beschloss ich, zur See zu fahren. Auf Schiffen gibt es keine Geschäfte, keine verführerischen Tanzlokale, keine Wohnraumkosten und vor allem kein kostspieliges Auto. Dieser Entschluss passte auch gut zu meiner zweiten angestrebten Voraussetzung: Ich wollte unbedingt den Beruf des Seemanns erlernen. Zum einen, um seemännische Arbeiten richtig ausführen zu können, zum anderen, um zu wissen, was See und Seefahrt bedeuten. Ich wollte den Anblick von Weite und Wellenbergen gewohnt sein, bevor ich mich ganz allein einem kleinen Boot anvertraute.

Allein? Mir fiel die dritte Voraussetzung ein: Der Blinddarm könnte mal wieder Schwierigkeiten machen. In einem Lübecker Krankenhaus wurde er mir – ohne akutes »Bauchweh« –

herausoperiert. Mit der Entfernung des Blinddarms war die erste Klippe auf dem Weg zu meiner Weltumseglung umschifft.

Die Realisierung der zweiten Voraussetzung war schon weitaus schwieriger. Als Jungmann begann ich mit 300 Kronen Monatsheuer auf einem schwedischen Tanker meine Seefahrt. Das bedeutete zunächst, dass kaum etwas aufs Sparbuch floss. An Land hatte ich das Fünffache verdient. Doch es dauerte nicht lange, und ich war Leichtmatrose. Und peng, schon nach einem Jahr, auf dem nächsten Dampfer, einem norwegischen Frachter, war ich Matrose. Dass es so schnell ging, lag daran, dass ich geschickt war und übereifrig die jeweilige Sprache lernte. Und das hat den Schweden und Norwegern gefallen. Nach vier Schiffen in dreieinhalb Jahren konnte ich von dieser Seefahrt Abschied nehmen. Ich hatte, meiner Meinung nach, genug Geld für meine Pläne zusammen und dazu Knoten und Spleißen gelernt. Und vor allem Takelarbeiten, samt Nähen.

Im Spätherbst 1965 war es soweit. Ich machte Urlaub in Alicante, Spanien. Zufällig fand ich dort im Hafen ein Segelboot, das meinen Vorstellungen entsprach und zum Verkauf stand. Mit dem Eigner, einem alten Engländer, war ich schnell handelseinig. KATHENA, so hieß das Boot, war eine hölzerne Slup und 7,50 Meter lang.

Sorgfältig bereitete ich mich auf mein Unternehmen Weltumseglung vor. Sieben Monate lang. Von Seglern, die ihre Boote ebenfalls dort am Kai vertäut hatten, lernte ich Segeltechnik und Navigation – in der Theorie. Auf kurzen Segeltörns von Alicante zur vorgelagerten Insel Tabarca holte ich mir Praxis und erprobte gleichzeitig KATHENA und mich. Auch wenn einiges schief ging, Segeln und Leben mit dem Boot gefielen mir ausnahmslos. Nachdem ich genug Mut gesammelt hatte, brach ich auf, von Hafen zu Hafen hangelte ich mich westwärts nach Gibraltar.

Da geschah es: Im Hafen dieser britischen Felsenfestung lernte ich die Düsseldorferin Astrid kennen. Wir freundeten uns an. Wir mochten uns. Das Ergebnis ist bekannt. Aber: Sie, von Beruf Sportlehrerin, musste in ihre Schule, und ich befand mich auf einer Einhandweltumseglung und wollte meinen Traum nicht aufgeben.

Bald lag der weite Atlantik vor mir. Ich fühlte mich frei. Ich war glücklich, unterwegs zu sein. Mitunter dachte ich noch an die schönen Tage in Gibraltar. Aber die geringen Kenntnisse ums Segeln auf dem Ozean und die Sorge um meine Navigation ließen mir nicht viel Zeit dazu. Da ich nur einen Sextanten, Log und Seekarten zur Ortsbestimmung an Bord hatte, konnte ich nur die Breite bestimmen. Nach Wochen auf See wusste ich nicht annähernd, ob es noch 100 oder 500 Meilen bis zu den Karibischen Inseln waren. Für die Längenbestimmung fehlte mir die genaue Zeit. Ich hatte keine Uhr. Meine Armbanduhr war beim nächtlichen Freischwimmen mit meiner Sportlehrerin im Hafen von Gibraltar ersäuft.

Trotzdem fand ich Amerika. Die Fregattvögel der westindischen Inseln halfen mir dabei. Da sie sich selten weiter als hundert Meilen von den Inseln entfernen, kann man ihr Auftauchen als gutes Vorzeichen betrachten. Nachdem ich die ersten gesehen hatte, stieg ich unzählige Male in den Mast. Hand über Hand an den Fallen und Drähten. Kein Land in Sicht! Endlich am 47. Tag das großartige Gefühl.

Auf der Insel St. Vincent machte ich meinen Landfall. Danach ging es weiter nach Panama. Dort endlich versorgte ich mich mit Uhr und Radioempfänger zwecks genauer Positionsbestimmung und segelte fast ohne Schwierigkeiten weiter nach Tahiti und Port Moresby. Die Briefe von meiner Freundin in Deutschland wurden immer spärlicher, je weiter ich um den Globus kam. Verständlich, die Zeit und die Entfernung lassen vieles vergessen.

Von Papua-Neuguinea ging's dann direkt nach Kapstadt. Hier bereitete ich mich auf einen ganz schwierigen Teil meiner Umseglung vor: nonstop bis zur Elbmündung.

131 Tage brauchte ich dafür. Am 7. Mai 1968 lief ich in Helgoland ein. Ich hatte in der Tat mit der kleinen KATHENA

Drei Jahre unser Zuhause: eine sportliche Slup von knapp neun Meter Länge

als erster Deutscher die Erde umsegelt. Irre! Für die gut 30 000 Seemeilen benötigte ich zwanzig Monate.

Tags darauf war Astrid bei mir an Bord. Wenig später waren wir ein Ehepaar. Unsere erste kleine Hochzeitsreise ging nach Südfrankreich zu Freunden, die auf der Insel Les Embiez eine Segelyacht zu verkaufen hatten. Die wollten wir uns mal ansehen – und eventuell damit unsere große Flitterwochen-Reise starten. Karel und Sigrid hatten ihr Boot (eine 8,90 Meter lange Slup aus Stahl namens MOLCH) in einem prächtigen Zustand. Es war für sie vor drei Jahren auf einer kleinen Werft in Holland gebaut worden. Da sie sich aber vergrößern wollten und bereits ein neues in Bau hatten, wollten die beiden das alte Boot so schnell wie möglich loswerden. MOLCH, ein Langkieler, war kein atemberaubender Entwurf seines Konstrukteurs. Doch nachdem wir den ganzen Nachmittag das Boot vom Masttop über die Kajüte bis zum Kiel (ja, ich tauchte ab mit Taucherbrille im 15 Grad Celsius kalten Hafenwasser) durchforscht hatten, war unser Eindruck vom Material und von der Verarbeitung recht gut. Alles in allem, es war grundsolide und – für mich noch ein wichtiger Faktor – mit 20 000 Mark preisgünstig.

»Astrid, das Boot können wir uns kaufen.«

»Und was wollen wir damit anstellen?«

Ich druckste herum, natürlich spukte der Traum, mit Astrid eine Weltumseglung zu machen, schon länger in meinem Kopf. Ich hatte ihn ihr gegenüber schon mal erwähnt. Jedoch mehr spaßeshalber. Das wäre doch die klassische Weltumseglung! Die auf der Passat-Route. Nur wir beide: Inseln, Häfen, Buchten … und Segeln. Ihr die Meere meiner Einsamkeit zu zeigen, erschien mir in diesem Augenblick erfüllbar. Logisch, unterm blauen mediterranen Himmel mit Blick auf das zu erwerbende Stahlschiff.

»Stell dir vor, wir beide an Bord mit Kurs um die Welt. Wenn wir dann auf den Inseln des Pazifiks den Saft der Kokosnüsse schlürfen und in den kristallklaren Lagunen tauchen, während der Anker sich auf weißem Sandgrund eingegraben hat und zudem die Heckleine an einer Palme vertäut ist … Wäre das nichts für dich? – Für uns?«

»Hm, wunderschön stelle ich mir das vor. Fabelhaft. Und dann kommen die Südseeschönen an Bord und verführen dich mit ihrer Musik, ihren Tänzen und …«

»Ich meine es ernst, Astrid. So ein Leben an Bord würde auch dir gefallen. Und mit meinem Verdienst von der letzten Weltumseglung und dem Erlös aus dem Verkauf der KATHENA schaffe ich es, den MOLCH zu erwerben und einen Teil der Fahrt zu finanzieren. Und du hast ja auch noch Erspartes.«

»Aber die Ausrüstung, das Bordleben über all die Jahre, die wir unterwegs sind: All das kostet doch viel Geld. Und so viel haben wir nicht. Und überhaupt, da muss ich ja alles aufgeben«, erwiderte sie zögernd.

»Ja, für deinen Wagen bekommst du noch einiges, und außerdem arbeiten wir noch zwei Monate. Das sollte genug Startkapital sein«, erwiderte ich hastig, um weiteren Argumenten ihrerseits zuvorzukommen.

»Könnten wir denn nicht noch ein Jahr mit der Umseglung warten?« versuchte sie auszuweichen.

»Du meinst, wenn wir uns richtig eingelebt haben, wenn wir uns ein schönes Nest an Land eingerichtet haben? Nein, vermutlich kommen wir dann so einfach nicht wieder los. Dies ist die Chance, wir haben an Land nicht viel Wertvolles, und wir brauchen nicht viel in Ausrüstung und Ersatzteile zu investieren. Es ist fast alles da. Die Segel, das Tauwerk, mehrere Anker, Hilfsmotor, Kocher sind in Ordnung. Aber komm, über Nacht können wir uns das im Hotel überlegen.«

»Über Nacht?«

»Ja, in der Regel überlege ich mir alles über Nacht.«

Am anderen Morgen hatte ich den Kaufvertrag mit Karel unterschrieben. (Ich. Noch hatte ich das Wir nicht kapiert.) Wir tranken Sekt darauf, und Sigrid schenkte Astrid nachträglich zur Hochzeit ein gutes, dickes, farbig bebildertes Kochbuch. Mit ihrem charmanten Lächeln sagte sie:

»Sollte euch auf dem Ozean jemals der Proviant ausgehen, so könnt ihr euch die Bilder darin ansehen oder euch gegenseitig daraus vorlesen. Ha, ha!«

Dass sich diese Prophezeiung auf unserer großen Fahrt einmal erfüllen würde – damit rechnete in diesem Moment niemand.

Monate später begann Astrid ihr Tagebuch mit der Eintragung:

Ich kann es noch gar nicht fassen: ein eigenes Schiff! Eins für die See. Eins, womit man überall hin kann. Eins, das sich aber bald eine Namensänderung gefallen lassen muss.

In der Tat. Die erste Arbeit an Bord verrichtete ich mit weißer und blauer und gelber Farbe. Aus der MOLCH (mit Weiß übermalt) wurde KATHENA (in blauen Buchstaben mit gelbem Schatten). Könnte ein Boot wie ein Hund mit dem Schwanz wedeln, KATHENA hätte es sicher getan. Dieses Gefühl hatte ich jedenfalls. Ob sie ahnte, dass sie auf die Probe gestellt werden würde? Außer während einiger Küstenfahrten im Sommer hatte sie immer schön vertäut im Hafen von Les Embiez gelegen.

War es das richtige Boot für unsere Zwecke? Leichte Skepsis schlich sich nach dem Kauf bei uns ein. An seiner Seetüchtigkeit war nicht zu zweifeln, das zeigten mir die Untersuchungen sowie die technischen Angaben: drei und vier Millimeter dicke Stahlhaut, Langkieler, tief gelegte Bilge, ein Holzmast mit acht Millimeter dicken Wanten und Stagen. Nur die Fenster erschienen mir recht groß.

In der Kajüte befanden sich vier Kojen, davon waren die beiden vorderen als Doppelkoje zu benutzen.

»Gerade das Richtige für zwei zukünftige Erdumflitterer«, stellte ich überschwänglich fest. Dahinter, nach achtern, waren ein Schrank und eine Pumptoilette installiert. Anschließend zwei Salonkojen, und dann backbord am Niedergang die Kochecke und gegenüber ein DIN A 5 großer Kartentisch, also winzig. Auch Stauraum für Ausrüstung sowie für den Proviant vieler Seetage gab es ausreichend: unter den Kojen, in der Bilge und in den Schapps. Wir konnten einziehen und in See stechen. Alles war klar.

Fast alles.

Das heißt: Ganz so schnell ging es leider nicht. Im heimischen Düsseldorf häuften sich die Schwierigkeiten. Da musste zunächst Astrid ihrer Schule kündigen, ihre Wohnung kündigen, ihr Telefon, ihre Versicherungen … kündigen, kündigen … Und bei alledem gingen wir beide bis zum letzten Moment noch unserer Arbeit nach. Als Astrid kurz vor dem Auflösen der Wohnung noch eine Blinddarmreizung bekam, sah ich schwarz. Schon am nächsten Tag aber wurde ihr im Krankenhaus der größte Blinddarm des Jahres herausoperiert. Oder sagen die Ärzte das immer – der größte?

»Oh Mann, was bin ich glücklich, dass es hier passiert ist!«, sagte sie hinterher.

Das Unterstellen der wenigen, aber schönen alten Möbel aus Astrids Wohnung wurde zu einem Problem. Ihr Vater war nur schwer zu überzeugen, diese und andere Sachen bis zu unserer Rückkehr in seinem Keller zu lagern. Als Kaufmann schien er von unserer Idee Weltumseglung ganz und gar nicht begeistert

Astrid und Wilfried: Das Abenteuer Weltumseglung hat tatsächlich begonnen.

zu sein – verständlicherweise. Das hatte für ihn eine Bedeutung von Nichtstun, Bummeln. Gewiss fragte er sich, wozu er seine Tochter in die teure Ballettschule geschickt hatte oder jahrelang Eiskunstlauf mit bestem Erfolg hatte ausüben lassen. Später kamen noch Tennis und Musik dazu. Kostspielige Internate und die Ausbildung zur Sportlehrerin – für so ein unnützes und zudem noch riskantes Unternehmen wie Ozeansegelei?

Ich hatte ganz andere Zweifel: Würde Astrid nicht nach dem ersten längeren Unwetter auf See alles aufgeben? Das Boot einen feuchten Untersatz schimpfen und es fluchtartig verlassen? Schließlich war sie immer gut behütet gewesen, nie hatte sie Geldprobleme oder andere größere Sorgen gehabt. Da war das Auto, da war ihre Wohnung mit Bad, Küche und Kleiderkammer, mit Strom und fließend warmem Wasser. Wie würde es für sie an Bord bei Petroleumlicht und zweiflammigem Primuskocher aussehen, oder wenn ihr die Gischt ins Gesicht spritzte und den Nacken runterlief? Na, das hatte sie sicher bei ihrer Mutter an Bord schon erlebt. Aber: Wie würde sie auf dem Meer bei längeren Törns zurechtkommen, wenn ihr nur eine Tasse Süßwasser pro Tag zum Waschen zustünde? Oder wie sähe es für sie grundsätzlich mit Kleidern aus, von denen höchstens eine Hand voll an Bord Platz hat (der Kleiderschrank war 24 Zentimeter breit – für zwei Personen)? Fragen dieser Art beschäftigten mich in den Tagen der Vorbereitung sehr.

Nachdem wir all unsere Habe untergestellt oder verkauft hatten, saßen wir fast buchstäblich auf der Straße – unter uns ein Berg Seegepäck. Wie sollten wir damit günstig zum Boot nach Les Embiez kommen? Die Bahn war nun wirklich zu umständlich, ein Leihauto zu teuer. Schließlich erbarmte sich Astrids Familienfreund Peter Klöckner und fuhr uns mit seinem Wagen zum Startplatz unserer Wünsche und Träume.

Vorher aber feierten wir zünftig Abschied mit Freunden und Bekannten in Düsseldorfs Altstadt.

»Was, drei Jahre wollt ihr bleiben? Astrid ist nach drei Monaten wieder hier.« So die Kommentare in der Pinte, im Töff-Töff oder im Bobbys, den typischen Altstadtkneipen.

Wie schmeckt das Alt, wenn man weiß, für die nächsten drei Jahre gibt es keines? Gut, einfach zu gut! Mit ein Stimmungsgrund ist, dass wir im Aufbruch sind, uns verändern und die anderen bleiben da – sozusagen im Alltagstrott. Die Folge der Sause allerdings: eine strapaziöse Fahrt mit Peters überladenem PKW. Alles vollgestopft. Der Kofferraum, die Rücksitze, auf dem Dach ein Schlauchboot. Sogar die Beine konnte man wegen irgendwelcher geschenkter Farbtöpfe nicht richtig ausstrecken. Und auf den vom Frost aufgebrochenen Straßen im Elsass – es war Juli – wurden unsere Steißbeine wie unsere Nerven auf die Probe gestellt. Jeden Augenblick rechneten wir mit einem Achsenbruch.

Die Achsen hielten. Sofort nach der Ankunft wurden Wolldecken, Wäsche, Kleidung, Bücher, Werkzeug, nautische Instrumente, Seekarten und tausend andere Dinge an Bord gebracht. Erste Ungewissheiten: wohin damit? Zum Beispiel mit den Kartons voller Medikamente? Ich verstaute sie tief unten, obenauf legte ich einige Flaschen Korn – noch übrig geblieben von unserem Polterabend. Zufällig gingen diese verschiedenen Arzneimittel später auch in derselben Reihenfolge – von oben nach unten – zur Neige. Leider! Es wird erzählt, dass Korn nur in kälteren Breitengraden trinkbar sei. Das stimmt nicht. Nachdem der Dorfälteste von Hanavave auf den Marquesas-Inseln sich von seinem ersten Erstickungsanfall erholt hatte, erklärte er das Getränk für wundervoll. Und das war nur ein paar Meilen südlich des Äquators ... Aber ich möchte den Gang der Ereignisse nicht vorwegnehmen: Nachdem so ziemlich alles seinen Platz, jedenfalls fürs Erste, gefunden hatte, war es schon recht gemütlich im Bauch der KATHENA 2 – die wir fortan einfach KATHENA nennen.

Am 2. August 1969 liefen wir von Les Embiez, der Privatinsel des französischen Schnapskönigs Ricard (Anisette), zu unserer Weltumseglung aus. Astrid hielt diesen großen Moment fest:

Sigrid und Karel, unsere Voreigner, stehen am Steg, geben mir zum Abschied noch einen 20-Mark-Schein in die Hand, damit sie auch ja sicher sein können, Post von uns zu bekommen. – Adieu, Les Embiez. Du bist eine herrliche Insel. Hoffe auf viele andere wilde Inseln. Mein größtes Abenteuer hat begonnen. Mensch, bin ich neugierig!

Ein schwacher Landwind trug uns hinaus. Die KATHENA schlich mit knapp 2 Knoten unter der glühenden Sonne dahin. Das leise klickende Gurgeln des Fahrtwassers am Bug war für mich ein Geräusch der Zufriedenheit und Zuversicht. Ich bin wieder unterwegs. Kurs Südwest. Ganz nahe schnaufte ein Delphin.

»Ich denke, wir sind 12 Seemeilen gesegelt«, sagte meine Segelfrau bei der ersten Wachablösung und verschwand in der Koje. Wenig später hörte ich tiefes Atmen. Also alles im Lot.

Solche lauen Landwinde sind die Unzuverlässigkeit selbst. Es dauerte nicht lange, und der ohnehin schon schwächliche Geselle blies immer mehr von vorn. Wir konnten unseren Südwestkurs nicht mehr halten und begannen aufzukreuzen, oder für diejenigen, die seemännisch nicht firm sind: Dieser Kurs ähnelt einer Zickzacknaht. Ein schlechter Start – wettermäßig: Der Wind war uns nicht gnädig. Durchs ganze Mittelmeer blieb er eigensinnig, unzähmbar und tückisch. Immer, ob stark oder schwach: Er stand gegen uns. Nie konnten wir uns auf ihn verlassen. Es war so, als habe – wie in der Odyssee – ein Gott alle guten Winde eingesperrt und nur den freigegeben, der gegen uns stand.

Der Himmel wurde klarer – bei der Ansteuerung Gibraltars –, die Sonne heißer, und der Sturm flaute weiter ab. The Rock kam näher, deutlich konnten wir die Zisterne sehen, die den Affenfelsen mit Wasser versorgte. Dann war auch Europa Point gerundet. Gegen eine kurze See kreuzten wir selbst die letzte Meile in die Bucht. Es war geschafft. Ich drückte Astrid, sie knuffte mich zurück. Beide strahlten wir uns an. Und damit war gewiss, dass wir weitermachen würden. So einfach war das. Das Unwetter der letzten Nacht schien vergessen zu sein. Überglücklich legten wir KATHENA gleich neben der Flugzeugpiste vor Anker – und uns beide auf die Cockpitbänke, mit einer Flasche San Miguel in der Hand.

Meine Mitseglerin entpuppte sich als flotte Tagebuchschreiberin:

Das ist also der Felsen, wo wir uns vor drei Jahren kennen lernten. Es ist ein Leichtes, Erinnerungen aufzufrischen. Gleich gegenüber vom Ankerplatz der Steg, von wo W. mich in seinem Regenschirm von Beiboot nachts an Bord befördern wollte. Eine Kenterung nach wenigen Metern wusch unsere Köpfe und seine Uhr. Der Ärmste konnte damit nicht mehr navigieren. Sie war ein für alle Mal stehen geblieben.

Noch in der Vorbereitungszeit war sie vehement dagegen gewesen: Tagebuch? Ich nicht! Inzwischen jedoch hielt sie die Erlebnisse fast täglich fest.

Wir besuchen die alten Kneipen und schlendern durch die hüglige Stadt, die sich jedoch weniger lebendig zeigt, denn es besteht ja Francos Ultimatum: Keiner darf rein, keiner raus. Kurzum, der Diktator hat den Grenzübergang Spanien/Gibraltar dichtgemacht. Touristen können nur eingeflogen werden oder per Fähre über Tanger einreisen. Tja, die Politik. Spanien möchte natürlich den strategisch wichtigen Felsen eingliedern. Im Yachtclub merkt man davon allerdings nichts. Hier herrscht Hochbetrieb. Mehrfach täglich kommen Yachten an und segeln ab. Die einen Richtung Mittelmeer, die andern mit dem Vorhaben einer Atlantiküberquerung.

Eines Morgens, wenige Tage nach unserer Ankunft, lag unweit von uns ULTIMA RATIO vor Anker. Sie hatte sich reingeschlichen bei stockdunkler Nacht. Das war eine Leistung. Aber meine Schwiegermutter, Ingeborg von Heister, war ja immer gut für Überraschungen. Sie wollte mehr oder weniger in unserem Schlepptau über den Atlantik. Marokko, Kanaren, Karibik. Allein. Und das mit einem 10,60 Meter langen Trimaran ohne Selbststeuerung. Es gab keine brauchbaren Selbststeueranlagen für Mehrrumpfboote. Ingeborg würde sicherlich immer todmüde sein, während ihrer Ozeanüberquerung ununterbrochen am Ruder sitzen zu müssen. Immerhin die spanische Küste südwärts hatte sie mit dem Trimaran gemacht und mit anderen eigenen Segelbooten Erfahrungen gesammelt. Es gab logischerweise ein großes Hallo und Umarmen zwischen Mutter und Tochter.

Und der Faden des Erzählens reißt nicht ab. Wir gingen gleich am ersten Abend aus: Fish and Chips, Huhn und Reis, Tee. Gesättigt verholten wir in einen typisch englischen Pub, doch schon beim ersten Guinness gab's eine große Schlägerei neben uns am Tisch. Und wir erinnerten uns an die Ereignisse vor drei Jahren, wo W. sich mit den Soldaten wegen uns Frauen fast geprügelt hatte. Es schien so, als wenn in Mamis Nähe immer gleich etwas los ist. Doch trotzdem wurde es ein schöner langer Abend.

Riskante Romantik

>»Ohne Wasser, merkt euch das,
wär' die Welt ein leeres Fass …«
(bekanntes Volkslied)

Der Hafen von Las Palmas, Puerto de la Luz, besitzt nicht nur die interessante Atmosphäre eines jeden größeren Hafens der Welt, sondern er hat darüber hinaus noch einige besondere »Qualitäten«. Zum Beispiel ist er seit Jahren Sammelpunkt aller Abenteurer auf Segelbooten – und für manche große Hoffnung mit dem Motiv Atlantiküberquerung Endstation. Als ich mich hier vor drei Jahren auf meine erste Atlantiküberquerung vorbereitete, traf ich zum Beispiel zwei Dänen, die mit einem uralten Segelkutter über den Teich wollten. Das Ding leckte wie ein Sieb. Kein Wunder, dass die Reise von Dänemark bis hierher bereits ein Jahr gedauert hatte. Alle vier Stunden musste man an die Bilgepumpe. Man sollte annehmen, dass jeder Seesegler zumindest eine Breite ausrechnen kann, so wie ich damals. Nicht aber diese beiden. Ohne Sextant und nur mit Koppelkurs ist es keine Überraschung, dass sie nach dem Verlassen von Puerto in Portugal die Insel Madeira verfehlten und ihnen anschließend mit den Kanarischen Inseln das Gleiche passierte. Ein Frachter gab ihnen zum Schluss die Position. »Steuert Nord«, rief der Kapitän rüber, »dann findet ihr Gran Canaria!« Ich habe mal eine Geschichte gehört von Seglern, die ebenfalls ein Schiff stoppten und nach der Position fragten. Da lautete die unwirsche Antwort: »Auf See!«

Als ich diesmal um den Molenkopf, mit der prächtigen Morgensonne im Rücken, in den Hafen glitt, machten wir über zwei Dutzend Yachten aus, die vor dem mondänen Yachtclub vor Anker lagen. Die meisten würden in einem Monat in See stechen – Ziel: Westindien – und dort ankommen, wenn die Zeit der Wirbelstürme vorbei ist. Genau das hatten auch wir vor.

Noch ehe Astrid ihren Mund geschlossen hatte – überrascht vom Anblick der Winterterrassen, Banancnplantagen und Tomatenfelder hinter der Stadt –, waren Freunde an Bord. Hermann Forster und Manfred Roth hatten wir bereits in Casablanca getroffen, als wir nach Gibraltar dort einen Hafenstopp einlegten. Sie waren mit einem nur 5,60 Meter langen Bötchen unterwegs. Einfach fantastisch! Und dann noch zu zweit! Ihre SOLVEIG ist ein Sperrholzknickspanter vom Typ Caprice. Jetzt gingen wir erst mal mit ihnen in eins der vielen Schnellrestaurants in der Stadt essen. Hermann spendierte Spiegeleier, Speck und Reis für alle.

Für den, der zum ersten Mal vom Duft der Tropen schnuppert, ist Las Palmas ein Schlaraffenland. Für die zahlreichen deutschen Touristen, die aus ihrem nasskalten Herbstwetter kommen, ist es sicherlich ein Paradies. Gerade warm genug, gerade fremdartig genug und doch zivilisiert, mit vielen Hotels, Restaurants und Souvenirläden. Von den Letzteren gibt es ein bisschen zu viele; in den vergangenen Jahren hat Las Palmas den Kampf um die Touristen gegenüber Madeira und Teneriffa gewonnen. Das ist schade für das Stadtbild. Überall wurden Häuser abgerissen oder neu gebaut: Hotels, Apartments, Bürohochhäuser.

Die meiste Zeit verbrachten wir im Hafen, am Strand, an Bord, aber auch im Yachtclub. Dort griff Astrid häufiger zum Bleistift:

Der königliche Yachtclub übertrifft sogar Les Embiez. Gleich am Strand gelegen. Ein Schwimmbad mit 50-Meter-Bahnen, großzügige Terrasse mit Blick über alle Ankerlieger, Restaurant, Bar (Flasche Bier 6 Peseten) … Duschen und: Wir dürfen alle Einrichtungen mitbenutzen. Klasse, das gefällt mir. Kostenfrei. Weniger schön: das Öl auf dem Hafenwasser.

KATHENA musste für die Atlantiküberquerung vorbereitet werden. Es gab einiges zu tun. Der Motor zündete schlecht. Überhaupt hatten wir häufig Motortrouble. Dann war da das

Entlüftungsrohr für den Trinkwassertank. Es musste höher gelegt werden, so dass nicht wieder Meerwasser eindringen konnte. Damit die Segel vor dem Wind nicht auf den Drähten schamfilen, wickelte ich Tausendfüßler um die Stagen. Es standen auch Änderungen an, so am Rigg und in der Kajüte, wo für den vielen Proviant Stauraum geschaffen werden musste. Oft war ich auch auf dem hier auf Station liegenden deutschen Bergungsschlepper BALTIC zu Gast – und an der Werkbank. Ich baute mir dort eine kardanische Aufhängung aus Metall für unseren Kocher und ließ mir einen neuen Mastbeschlag schweißen. Das machte mein alter Freund Helmut Gründel. Ich hatte ihn auf meiner Alleintour in Kapstadt kennen gelernt, als er dort mit der ATLANTIC lag, einem Bergungsschlepper der Bugsier-Reederei Hamburg.

Endlich, fünf Tage nach uns, lief Schwiegermutter mit ihrem Trimaran ein, erschöpft, aber glücklich. Endlich hatte damit auch Astrids Sorge um ihre Mutter ein Ende. Die war mit ihrem eigentlich doch schnelleren Trimaran diesmal zu lange überfällig gewesen. Es zerrte an den Nerven, und wir spürten, dass dieses Warten auf den anderen nicht das Richtige beim Ozeansegeln ist. Man denkt zu viel an das andere Boot, lebt nicht entspannt. Na, alles war gut gegangen – außer, dass sie einfach zu langsam vorankam. Fünf Tage länger als wir mit unserem kleinen, schweren Kahn auf 600 Meilen sind einfach zu viel. Ingeborg meinte, aufgehalten hätten ihre langen Wege an Deck bei den Segelmanövern, dann das elendige Rudergehen Tag und Nacht. Das Schiff steuerte sich nur bei Hart-am-Wind-Kursen selbst.

Und jetzt? Jetzt stand sie vor dem Atlantik. Rüber nach Amerika! Allein! Und sie sagte das in Las Palmas allen, die es hören wollten. Sie informierte Freunde und Bekannte. Es gab um uns herum viele Zweifler. Segeln ist Männersache. Allein Segeln sowieso schon etwas Außergewöhnliches. Und ein Trimaran ist ein Spielzeug für die Lagune. Hinzufügen möchte ich, dass 1969 Trimarane zuhauf auf dem Atlantik havarierten. Auch der Konstrukteur ihres Tri, Arthur Piver, ist auf dem

Atlantik verschollen. Also, sie wollte ihr Ding mit einem Schiff wagen, dem man gemeinhin jede Seetüchtigkeit absprach. Kurzum: Dass eine Frau allein mit einem Dreirumpfboot von 10,60 Meter Länge und 6,20 Meter Breite über den Ozean schippern wollte, das erschien den Skeptikern unmöglich. Zugegeben, auch wir versuchten ihr noch einen Mitsegler unterzuschieben, aber sie wollte absolut solo segeln. Wir und alle anderen kannten Ingeborg nicht, ihren Mut, ihre Ausdauer, ihre jahrelangen Planungen und Erfahrungen.

Vor ungefähr zehn Jahren war Ingeborg von Heister vom Segelfliegen auf das Segeln gekommen. Im ersten kleinen Boot sammelte sie auf dem Rhein ihre Grundkenntnisse. Noch heute erzählen einige Düsseldorfer Bekannte schmunzelnd von kleinen Havarien in den rheinischen und holländischen Yachthäfen. Bald nahm Ingeborg Unterricht im Düsseldorfer Yachtclub. A-, B-, C-Schein, Sportschiffer und Sporthochseeschiffer mit abschließender Prüfung an der Seefahrtsakademie in Bremen: »Das alles hab' ich mir langsam aufgebaut.«

Ebenso in der Praxis. Das Segelgebiet Rhein und Ijsselmeer verließ sie bald. Die tückischen Sande der Themsemündung waren als Nächstes dran. Alles allein. Aussteigerträume reifen. Mit 43 verkauft sie ihren Autozubehörhandel, bestellt einen Trimaran vom Typ Lodestar und bringt ihn ins Mittelmeer. An eine Alleinüberquerung des Atlantiks dachte sie da noch nicht ernsthaft. Erst die persönlichen Umstände machten sie zum Einhandsegler – sie fand niemanden, der sich zum Mitsegeln eignen würde. »Ich stehe auf dem Standpunkt, dass es besser ist, allein zu segeln als mit einer Crew, mit der man nicht zurechtkommt. Wen soll ich als Frau mitnehmen? Eine andere Frau? Kommt nicht in Frage, das gibt Streit. Ein Ehepaar kommt schon gar nicht in Frage. Mehrere Männer, das gibt Schwierigkeiten, und einen zu finden, den ich mag und der dazu noch Zeit und Lust mitbringt, ist mir nicht gelungen.« Ihr blieb also nichts anderes übrig, als es allein zu versuchen und zu schaffen. Nur in den Häfen waren wir dabei und konnten helfen, wie jetzt in Las Palmas. An Bord der ULTIMA

RATIO gab es immer etwas zu reparieren. Kein Wunder, bei ihrem Faible für technischen Kram: zwei Kurzwellenradios, Schallplattenspieler, Tonbandgerät, elektrische Logge, Echolot, Kühlschrank und so weiter. Viel Vergnügen machte es mir immer, Ölgemische für die verschiedenen Motoren bei ihr zusammenzustellen.

»Ingeborg, wie viel Hütchen Öl für die Hauptmaschine?« Ihr Motor war ein 18-PS-Außenborder, der im Schacht gefahren wurde.

»Zweieinhalb.«

»Und der Außenborder fürs Dingi?«

»Warte mal, muss erst ins Logbuch schauen, auf meinen Spickzettel. Also, die Hauptmaschine 2 1/2 Hütchen Öl, der Außenborder 5, der Generator 1 1/2 und das Motorrad 3.«

Apropos Motorrad: Obwohl man ihr auf der Werft abriet, eines mitzunehmen, weil das Gewicht des Trimarans für die Seetüchtigkeit leicht gehalten werden müsse, konnte sie sich von dem Knatterstuhl nicht trennen. »Ich liebe mein Motorrad.«

Meine wichtigste Arbeit auf dem Dreirumpfboot: das Rigg checken und überholen. Fallen, zwei Drähte und ein Block waren auszutauschen. Ich machte alles sehr gewissenhaft, denn ich bezweifelte, dass meine vollschlanke Schwiegermutter es schaffen würde, auf See da hochzuentern. Nicht einmal mithilfe einer Talje und eines Bootsmannstuhles. Ich glaube, für einen weiblichen Seemann wird es immer schwierig bleiben, allein bei Seegang in den Mast zu steigen.

Alles war bald klar. Tochter Astrid schrubbte noch einen Tag lang aus dem wackligen Dingi mit Ajax und Bürste die drei Rümpfe vom Hafenöl frei. Das Wagnis als Frau allein über den Ozean konnte sauber beginnen. Nur: Ingeborg schob den Abfahrtstermin hinaus, sie zögerte plötzlich, aller Ehrgeiz schien irgendwie verpufft. War es Respekt, Angst vor der Weite, vor dem Unbekannten? Oder haperte es am Vertrauen zum Trimaran? Egal. Am 19. November scheuchten wir sie auf:

Astrid und ihre Mutter nahmen Abschied in Las Palmas.

»Morgen musst du los! Wir haben sonst in der Karibik keine Zeit füreinander. Du weißt, Astrid und ich wollen nach drei, vier Inselbesuchen bald weiter zum Pazifik. Außerdem nehmen wir an, dass wir ohnehin schneller sind.« Damit meinte ich, dass wir früher drüben wären, auch wenn wir später starten würden.

Am Abend vor dem Start taten wir noch die letzten Handschläge für ihre Sicherheit. Da Ingeborg sich keine teure und schwere Rettungsinsel antun wollte, fuhr sie ihr Schlauchboot aufgeblasen an Deck. Dort hinein packten wir für den Notfall einen 20-Liter-Kanister mit Wasser, einen Plastiksack mit Segeltuch und Nähzeug für ein Behelfssegel, außerdem ein Messer, eine Flasche Brandy, Konserven, Knäckebrot und eine Hand voll Fischhaken. Dazu noch einen Blasebalg und Flickmaterial, Kompass und Seekarte sowie eine Uhr. Natürlich auch Leuchtraketen und ein paar warme Kleidungsstücke.

So gaben wir ihr tags darauf den berühmten Schubs. Einige Meilen begleiteten wir sie mit KATHENA hinaus aufs Meer. Unser Abschiedsgeschenk: ein kleiner Kanister Rotwein und eine große Tüte mit Romanen. Ich wusste von meinen einsamen Reisen, wie wichtig es ist, etwas für die Zerstreuung und Entspannung zu haben.

Acht Tage später waren wir dran. Der Atlantik wurde wieder unsere Heimat. Er benahm sich gnädig und beherrscht beim Wiedersehen und sandte uns einen schönen Nordwind, zur Nacht hin gar einen Nordnordost. Mein Logbuch:

Setze die Doppelfocks, ausgebaumt an zwei Stagen, die ich extra zwischen Bug und Mast montiert habe. Mit den Focks steuert KATHENA *sich selbst. Herrlich, diese Schmetterlingsstellung. Die Schoten führen nämlich direkt auf die Pinne. Ich hocke im Cockpit, bin glücklich, dass mein System funktioniert. Astrid liegt in der Koje und liest. Ein leichter Wind füllt die Segel und zieht uns mit 4 Knoten südwestwärts.*

Hoffentlich bis in den Nordostpassat, der unser Hauptantrieb für die kommenden 2700 Seemeilen sein sollte. Als Ziel haben wir Barbados, die erste Karibeninsel, anvisiert.

Der Trimaran ULTIMA RATIO mit Kurs Karibische Inseln

Das Leben im Hafen war billig gewesen. Las Palmas ist eine Art Freihafen und hat den Vorteil von Zollvergünstigungen. So konnten wir unseren Proviant preiswert auffüllen. In einem von Indern geführten Elektronikgeschäft am Parque Santa Catalina gab's für die Unterhaltung und navigatorisch Zuwachs: Für 16800 Peseten wurde das ersehnte Kurzwellengerät vom Typ Zenith gekauft. Astrid war schon ganz rappelig ob der vielen Besuche und des Handelns und Feilschens wegen eines Radios. Na, umgerechnet 1100 Mark waren schließlich kein Pappenstiel. Dafür durfte das Gerät an Bord Tag und Nacht beweisen, dass es auch gut war.

»Ja, adios Las Palmas, du öliger Tümpel.« Der weiße Rumpf von KATHENA und das gelbe, schöne, neue Dingi hatten über der Wasserlinie einen dicken schwarzen Rand. Den wollten wir in einer Flaute auf See abschrubben. Eine mühsame Arbeit, eine für Sklaven.

Der Wind blieb. Scharen von fliegenden Fischen kreuzten unseren Bug, und so weit der Blick reichte, schimmerte am

Abend das Meeresleuchten in unserem Kielwasser. Voraus strahlte die Venus so kräftig, dass Astrid, obwohl es ihr schlecht ging, an Deck kam, um die Erscheinung zu bewundern. Das Bewusstsein dieser romantischen Jagd nach der Ferne war es, das uns den Abschied von allem erleichterte.

Als es am nächsten Morgen hell wurde, war sogar schon der mit 3718 Metern höchste Berg der Kanarischen Inseln, der Pico del Teide, hinter dem Horizont verschwunden. Jetzt waren wir endgültig allein mit dem Atlantischen Ozean.

Ein schönes, ein freies Gefühl. Lange stand ich am Bug, den Arm ums Vorstag geschlungen, und schaute ins spritzende Bugwasser. Nur wenige Meter davor schlug ein einzelner Delphin Volten. Seltsam, warum gerade jetzt? Und warum solo? Wir sind doch zu zweit. »Wir sind auf Hochzeitsreise«, rief ich übers Meer.

Er schien mich zu verstehen, eilte voraus und tauchte ab.

Meine Tortur hat begonnen. Nach dem bisschen Küstensegelei nun den Atlantik quer rüber. Ich habe ein wenig Bange vor der Weite und vor der Dauer. Und vor zu viel Seekrankheit. Dachte, mit den langen Atlantikwellen wird sich das miese Gefühl im Magen legen, aber Pustekuchen!

Astrids erste Zeilen in ihrem Tagebuch für die Überquerung. Und es erwischte sie stark. Leider herrschte die ganze erste Woche weiße See.

Am zweiten Tag auf See passierte es. Eine ordentliche Streitbombe kam zum Platzen. Vorausschicken muss ich: Ich bin Nichtraucher, meine Astrid dagegen hatte sich jahrelang daran gewöhnt, täglich eine kleine Packung Zigaretten von den filterlosen »Schwarzen« zu rauchen.

Nach dem Mittagessen, ich spülte gerade die Essschüsseln in der Plicht, begann sie in der Kajüte zu rumoren. Dann erschien ihr Kopf im Luk, den letzten Glimmstängel aus einer angebrochenen Packung zwischen den Lippen.

»Wilfried, ich finde die Zigaretten nicht. Wo hast du denn die neuen Stangen gelassen?«

»Zigaretten?« fragte ich gedehnt zurück.

»Ja, du hast mir doch in Las Palmas erzählt, dass du beim Einkauf auch zwei Stangen für mich besorgt hast!«

»Stimmt«, sagte ich, »stehen ja auch auf der Rechnung.«

Ich tat so, als ob ich suchend in der Backskiste kramte, verbarg mein Gesicht, um mich für die kommende Schauspielerei zu fangen. Ich gebe zu, es war brutal von mir – aber ich hatte mir fest vorgenommen, Astrid auf diesem Törn das Rauchen abzugewöhnen. Und sie war eigentlich damit einverstanden. Nur kriegte sie die Kurve nicht. Immer diese umherwehende Asche und überhaupt die Suche nach den Zigaretten störte mich außerordentlich. Nun, diesen Trick hatte sie von mir nicht erwartet.

Ich nahm meinen Kopf wieder hoch, nachdem ich die beiden Stangen noch tiefer unter Proviant versteckt hatte, und tat ganz schuldbewusst: »Du, die muss ich beim Ausrüster liegen gelassen haben.«

»Was?! Das gibt's doch nicht.« Das Gesicht meiner Ozeanseglerin wurde lang vor Entsetzen.

»Ja, offensichtlich hab' ich die Packungen vergessen. Du weißt doch, wie viel ich zu tragen hatte.«

»Aber … Mensch Wilfried, das kann doch nicht sein!«

Ihr Gesicht verzerrte sich vor Enttäuschung.

»Schau doch noch mal nach!«

»Alles durchsucht«, log ich, »selbst im Kleiderschrank sind sie nicht zu finden.«

Astrid fing beinahe an zu weinen: »Können wir nicht zurück?«

»Du weißt doch selbst, dass es sinnlos ist, gegen Wind und Strom zurückzusegeln.«

Sie schwieg. Hilflos begann sie mit den Tabakkrümeln aus der letzten Packung sich eine zu drehen. Dann schaute sie auf ihre Fingernägel. Lange. So als wollte sie damit ausdrücken: Soll ich jetzt auf meinen Nägeln kauen?

Drei Wochen dauerte ihre Gier nach den Zigaretten. Danach war es vorbei. Später holte ich mit verschmitztem Gesicht eine Stange hervor. Versonnen zündete sie ein Streichholz und steckte sich eine an. Warf sie aber nach wenigen Zügen über Bord. Flott zog KATHENA an dem weißen Stäbchen vorbei, und Astrid stellte nur fest: »Wir sind ja ganz schön schnell.« Seither hat sie sich zwar schon mal während einer Feier einen Glimmstängel angesteckt, aber keine mehr zu Ende geraucht.

In der ersten Woche auf dem Atlantik hatten wir immer Etmale – also Tagesdistanzen – über 120 Seemeilen. Fantastisch für die kleine KATHENA! Wenn es so weiterging, würden wir ganz sicher vor ULTIMA RATIO in Barbados sein. Das wäre eine Freude! Ingeborg war immer der festen Überzeugung, ein Mehrrumpfboot sei bedeutend schneller als ein konventioneller Einrümpfer. Bei uns kam viel Wasser an Deck, das hatte sie nicht. Und wir rollten, eben weil wir direkt vor dem Wind segelten, erbärmlich. Das lag wahrscheinlich an der Kombination Stahlrumpf und Schrottballast anstelle Bleis. Also, das Boot gierte furchtbar, und zeitweise hielten wir es nur in der Waagerechten aus, das heißt, wir lagen deshalb oft in den Kojen. An Deck war sowieso kaum etwas zu tun – außer sich nass zu machen. KATHENA hielt dank des Selbststeuersystems (Doppelfocks) ihren Kurs von allein. Wir beschäftigten uns in diesen Tagen hauptsächlich mit Kurskontrolle, Schlafen, Essen, Kartenspielen (Canasta) und Lesen. So las Astrid zum Beispiel jeden Tag ein Buch. Meist Kriminalromane und andere leichte Romane. Sie lebte, umschlossen von der Kajüte, bei gutem Appetit. Erstaunlich! Das Essen kochte ich. Kochen an Bord machte mir Spaß. Es gab meist nur Schüsselgerichte. Reis und Bohnen. Oder Spaghetti und eine Tomatensoße. Immer willkommen: Bratkartoffeln mit Corned Beef. Alle Gerichte wurden mit den großen kanarischen Gemüsezwiebeln schmackhaft gemacht. Mit gespreizten Beinen und den Rücken festgekeilt in unseren Kojenecken, löffelten wir unser Mahl aus tiefen Schüsseln. Zum Nachtisch gab's eine Apfelsine oder gegen Ende der Überquerung Dosenfrüchte. Aber auch mir war das Kochen manchmal zu anstrengend. In der winzigen Kochecke – mit Betonung auf »Ecke« – und der handflächengroßen

Anrichte mit Pfanne und Messer zu hantieren, dazu gehörte Geschick.

Astrid setzte die Seekrankheit weiter zu. Sie führte zwar nicht zum Erbrechen, aber ihr war immer kotzelend. Paradoxerweise konnte sie sich nicht übergeben. Sie hatte schon mehrere Mittel aus der Bordapotheke ausprobiert, doch alle hatten einen unangenehmen Nebeneffekt: Sie machten enorm müde. Einmal wäre sie in einem solch lädierten Zustand beinahe über Bord gefallen. Ich bekam sie gerade noch rechtzeitig zu fassen, als sie beim Kämmen fast durch den Heckkorb rutschte. Seither nahm sie nichts mehr ein. Jetzt hofften wir beide nur, dass es sich irgendwann bessern würde, dass sich die lähmende Übelkeit höchstens über einen Tag hinzog und nicht wie jetzt ununterbrochen anhielt. Wir kämpften mit Tee, trocken gekochtem Reis oder Knäckebrot und Wasser dagegen an. Nichts half wesentlich. Ihre Müdigkeit, Übelkeit und Interesselosigkeit blieben weiter bestehen. An manchen Seetagen war ich total unglücklich über ihren Zustand. Mir ging es blendend. Ich begeisterte mich am Segeln, an der rauschenden Fahrt – und die Ärmste musste in der Koje liegen und sich mit Büchern oder Schlaf ablenken. Im Mittelmeer waren wir noch recht optimistisch gewesen, und ich erinnerte mich an meine Worte: »Wenn wir erst über die Wellen des Atlantiks hüpfen, kennst du das Wort Seekrankheit bald nicht mehr.«

Leider besserte sich gar nichts. Jetzt hofften wir auf später … auf den Pazifik oder eine neue Therapie. Sich mit Arbeit abzulenken, soll ja helfen. Also motivierte ich meine Frau, an Deck mit Hand anzulegen (es gab leider kaum etwas zu tun) und ihr Tagebuch fortzuführen:

23 meiner 24 Jahre habe ich in Düsseldorf gelebt, ehe ich bei W. für eine Weltumseglung anmusterte. Schon falsch, wir gingen gemeinsam auf die für diesen Zweck erworbene KATHENA. *Ich wurde also nicht eingewiesen, ich konnte ja dank meiner Mutter mit einem Boot umgehen, Kurse in der Karte abstecken, kannte die gebräuchlichsten Knoten und war so mehr als*

Furchtbar anstrengend und nass war die Atlantiküberquerung.

ein »Läuferdeck«. Trotzdem mag ich mich nicht. Fühle mich in allen Belangen als ein Nichts. Außerdem werde ich mit den schlingernden Bewegungen an Bord – vermutlich – nie fertig. Warum habe ich bloß meine 42 Quadratmeter Wohnung gegen diese 8,90 Meter Schiff getauscht? Warum meinen schönen Beruf als Sportlehrerin aufgegeben? In der 60 Zentimeter breiten Koje döse ich mit diesen Fragen durch den Tag. Schlimm.

Die Tage waren klar. Die weißen Passatwolken trieben rasch dahin. KATHENA war kaum langsamer. Wie schwerfällig waren dagegen die Caravellen des Columbus oder die Windjammer, die diese Passatregionen auf dem Weg nach Süden und Westen ausnutzten. Da können wir uns wirklich die Hände reiben, und auf Ausguckwache gehen wir gerade mal, wenn wir Schifffahrtsrouten kreuzen. Denn seitdem es Dampfer gibt, die wie Straßenbahnen über die Meere fahren und ihre Routen wie mit dem Lineal von Hafen zu Hafen ziehen, sind die Passatgürtel ziemlich verödet. Würden die Passatwinde ihre Tätigkeit einstellen, würde sie außer den Yachtseglern kaum einer vermissen, oder vielleicht noch der Äquator, der ein bisschen frische Luft braucht.

Nach knapp zwei Wochen auf See hatten wir fast Flaute. Die Segel zogen kaum. Gemächlich schipperten wir dahin. Ab und an flappte ein Segel. Es störte unsere innere Ruhe nicht. Bisher waren wir fabelhaft vorangekommen. Etwas über die Hälfte an Meilen im Kielwasser. Wir waren glücklich, und auch die geringe Fahrt von einem Knoten störte uns nicht. Das »Wettrennen« gegen die ULTIMA RATIO würden wir schon nicht verlieren. Astrid nahm diese Gelegenheit wahr, um eine ausgedehnte Hygienestunde zu veranstalten, mit Haarwaschen und so. Anschließend legte sie sich platt auf die Cockpitbank und ließ sich in der Sonne braten.

»Es ist wie in den großen Ferien. Alle Viertelstunde eine Wende – damit ich gleichmäßig braun werde.«

»Guck mal, wie blau das Meer ist.«

»Aber es sind auch 4000 Meter Wassertiefe.«

»Warum bloß muss die See manchmal so scheußlich sein?«

»Also, meine Liebe, vorläufig besteht keine Gefahr, auf Grund zu laufen.«

Logbuch vom 12. Tag: *28 Grad Luft, 26 Grad Wasser. Puh, ist das schön! Mittagsposition: 21 Grad 12 Minuten Nord, 33 Grad 15 Minuten West. Etmal 80 Seemeilen. Schlechtestes Etmal seit den Kanaren. Und: erstes Schiff am Horizont – mit etwa Nordsüdkurs. Klarer blauer Himmel und ein paar hoch stehende weiße Wolken. Die Flaute ist willkommen und ärgerlich zugleich. Wir wollen doch Heiligabend an Land feiern. A. geht es bestens. Schält Kartoffeln und mutiert zur Köchin: Reibekuchen bei 35 Grad in der Kajüte.*

Der 13. Tag im Logbuch hält Folgendes fest: *Herrlich schöner Tag bei Südost um 1 bis 2 Windstärken. Ich bade bei 3 Knoten achteraus am Tau. A. hängt sich bäuchlings über die Bordkante, lässt die Hand durchs blaue Wasser ziehen. Ich spritze sie nass, schreit vor Glück. Nachmittags nochmals schwimmen in Verbindung mit Ajax. Gehe dem Ölstreifen am Rumpf damit zu Leibe. Anschließend Spiegeleier/Speck und für jeden eine Flasche Bier. Flaute ist Leben! Wer will da schon immer Hunderter Etmale ersegeln …*

Die See atmete ruhig weiter. Wir träumten weiter. Nachdem die Sonne im Westen weggetaucht war, kam die Dunkelheit. Ganz plötzlich. Im Lauf einer Viertelstunde war es schon so dunkel geworden, dass dicht über dem letzten Farbenspiel des sterbenden Sonnenuntergangs die ersten Sterne standen. Wir streiften einen Pulli über und kuschelten in der Cockpitecke.

Nachts kamen die fliegenden Fische an Bord. Sie waren auf der Flucht vor großen Verfolgern wie Makrelen und Bonitos, und sie landen häufig an Deck von Schiffen. Das weiße Petroleumlicht bei uns schien sie anzuziehen. So manchen Morgen schaufelte ich 20 bis 30 Stück über die Seite.

Ganz langsam schwenkte der Passat wieder ein. Die Etmale wurden besser, bald sogar ausgezeichnet. In rauschender Fahrt näherten wir uns dem Ziel: Barbados. Am 20. Tag wurde es uns dann aber zu rauschig:

Furchtbare Nacht. Regen und stürmischer Passat. Die von achtern anrollenden Seen werfen das Boot von Schandeck zu Schandeck. Deck und Cockpit ständig unter Wasserschwaden. Solche Rollerei und Nässe hatte ich mit der ersten KATHENA *nicht erlebt. Wahrscheinlich liegt's an der Topplastigkeit des Schiffes. An Schlaf ist nicht zu denken. Luken und Lüfter pottdicht. Zerschlagen segeln wir mit zwei Sturmfocks (ausgebaumt) in das nächste Super-Etmal – 136. Auch bei diesem Wetter funktioniert mein Selbststeuersystem – Doppelfock und Schoten auf die Pinne – ausgezeichnet.*

Am 21. Tag vermerkt das Logbuch: *Was nicht funktioniert, ist A.s Zustand. Beide sind wir traurig, dass es ihr gesundheitlich sehr schlecht geht.*

Ungefähr 100 Seemeilen vor den Inseln zeigten sich prompt die ersten Fregattvögel, die Piraten der Tropen. Sie sind nämlich groß, schwarz und wirken unheimlich dort hoch oben in der Luft. Schweben ohne Bewegung der langen Flügel gegen den blauen Himmel. Es schien so, als nähmen sie keine Notiz von uns, obschon sie immer in Sichtweite kreisten.

100 Meilen, das hieß, KATHENA und uns für den Landfall klarmachen. Bei 3 und 4 Windstärken und 25 Grad Celsius eine strahlende Sache. Während Radio Barbados uns mit Musik und lokalen Nachrichten unterhielt, wuschen wir unser Haar (mit dem Rest Süßwasser), schnitten Nägel, trockneten Polster und Bettzeug an Deck. Astrid legte sich ein Kleid zurecht, ich Hose und ein frisches Hemd. In der Kajüte wurden die Gardinen zurechtgezupft. An Deck startete ich den Motor zur Kontrolle – er kam sofort –, holte den Anker aus der Backskiste, schäkelte ihn an die Kette. Die Seekarte von Barbados wurde bereitgelegt und sich sorgfältig eingeprägt: Ragged Point Leuchtfeuer, South Point Feuer und schließlich Bridgetown mit der Carlisle-Bay. Die Insel konnte kommen.

Und wir fanden sie exakt mittig. Bei Nacht. Voll fasste der Nordostpassat noch mal die Segel. Mit schäumender Fahrt dem Ziel entgegen. Mild und weich die tropische Luft an Deck. Astrid war entzückt vom Widerschein des Feuers. Schlaf? Wer will beim Ansteuern einer Karibikinsel schon schlafen? Astrid notierte den kostbarsten Augenblick der bisherigen Reise ausführlich:

Hellwerden und Sonnenaufgang des 23. Dezember sind der herrlichste Moment dieser Reise. Unberührt ragt das Land in den Morgendunst. Gesäumt von einer weißen Brandung. Gleich in Lee von South Point umweht uns ein Duft, herzerfrischend betäubend, ein Kopra-Eukalyptus-Blumen-Gemisch. Ich atme ihn tief ein. Wind leicht böig. Die Segel beginnen zu flappen. Ruhig gleitet KATHENA durch glasklares Wasser. Dicht unter der Küste auf die Carlisle-Bay zu, der Bucht von Bridgetown. Wir sehen Zuckerrohrfelder mit kleinen Häusern, gedeckt mit Wellblech, dazwischen. Und verstreut Palmenhaine mit Feuerstellen. Der Geruch nach Fruchtbarkeit begleitet uns. Ist das ein Landfall? Ja, das ist es. Ich fühle mich großartig. Meine tropischen Sehnsüchte haben sich schon jetzt erfüllt, ohne dass ich einen Fuß an Land gesetzt habe. – Der Anker fällt nach 25 Seetagen auf sechs Meter Wassertiefe – und ich kann ihn deutlich erkennen, wie er sich auf dem reinen, weißen

Sandgrund eingräbt. Nur hundert Meter vom langen, weißen Sandstrand entfernt, von schwankenden, hoch aufragenden Kokospalmen. Über allem liegt eine feuchtwarme Schwüle. W. jumpt kopfüber ins Wasser. Und ich hinteran. Traumhaft. Es ist 6.30 Uhr in der Früh. – Einige uns bekannte Yachten liegen um uns herum, aber von Mami keine Spur.

Acht Stunden später war sie da. Wir kamen gerade von unserem Landgang zurück, genauer vom Einklarieren, Geldwechseln, Postabholen, da sah Astrid einen Trimaran mit Tausendfüßler im Rigg in die Bucht kreuzen. Es dauerte nicht lange, bis sie begriff:

»Das ist Mami!« Und schon war Astrid ins Beiboot gesprungen und weggepaddelt. Mir blieb nichts anderes übrig, als hinterherzuschwimmen.

An Bord der ULTIMA RATIO drückten wir die Atlantikseglerin arg, überschütteten sie mit Anerkennung und Glückwünschen und natürlich gleich mit Fragen.

»Wie fühlst du dich?«

»Alles in Ordnung mit ULTIMA?«

»Müde siehst du aus!«

»Während der letzten zwei Tage habe ich viel von Hand gesteuert. Ich wollte unbedingt mit euch Weihnachten feiern.«

»Einzigartig, dass du es geschafft hast. Oh, Mami, ich bin so stolz auf dich. Du bist die zweite Frau, die allein über einen Ozean gesegelt ist.«

In der Tat, nach Ann Davidson, einer Engländerin, die es 1953 mit der FELICITY ANN gewagt hatte.

»Aber die schlechte Zeit. 33 Tage. Und überhaupt: Die Regatta habt ihr gewonnen.«

»Na ja, wir sind auch zu zweit. Nimm das mal witzig, so nach dem Motto von dem Hasen und den zwei Igeln: Ich bün all dor!«

Das war ein Weihnachtsgeschenk für uns alle. Gleich wurde sie an Land zur Besichtigung des feinkörnigen Sandes und des dahinter liegenden Yachtklubs geschleppt. Dort gab es viele Prosits auf Schwiegermutter. In der Stadt kauften wir, was das späte Datum noch übrig gelassen hatte. Eine Weihnachtsgans gab's nicht, aber auch Hühner und Puten waren schon in anderer Leute Kühlschränke gewandert. So leisteten wir uns ein umfangreiches Inselmenü: Reis, Fisch, Banane, Vanillemilch. An jeder Ecke begegneten wir farbenfroh gekleideten Mädchen. Es waren wirklich ulkige Typen darunter, überhaupt nicht schamhaft wegen ihrer Rundungen. Sie trugen trotzdem Kleider, sogar Minis mit großen Blumen und in schreienden Farben. »So ein Kleid wäre was für mich. Zu Weihnachten.«

Das Kleid bekam sie geschenkt, wenn auch erst nach dem Fest – von Mutter: »Als Entschädigung für erlittene Unbill unterwegs.« Weihnachten wird auch in der Karibik mächtig gefeiert. Bis tief in die Nacht war in der lauen Tropenluft das rhythmische Trommeln der »Steelbands« zu hören. Wir feierten die Festtage zusammen mit den hier vor Anker liegenden Seglern der rund zwanzig anderen Yachten. Zwei weitere deutsche waren auch dabei: LOTUS und HORN.

Astrid notierte: *Ich bin entzückt von allem. Fühle mich erholt von der elendigen Seekrankheit. Jeden Morgen mit W. und Mami eine Schwimmstunde vom Schiff aus in dem herrlich klaren Wasser. Anschließend barfuß über den kühlen, feinen Strand. Einmalig. Paradiesisch. Auch das aktive Leben um uns herum. Mit einigen Seeleuten eines Handelsschiffes lernten wir noch die Tanzschuppen in Bridgetowns Altstadt kennen. Wirkliche Bretterschuppen, in denen Holzsplitter auf dem Boden und dem Bartresen dominierten. Aber ich erinnere mich auch an: Rum und Cola. Rhythmische, laute Musik. Ohne Rum und Musik geht hier ohnehin nichts. – Spät, sehr spät in der Nacht bringt uns ein Taxi vor die geschlossenen Pforten des Yachtclubs. Wir, beschwipst wie wir sind, klettern mutig über das drei Meter hohe stählerne Tor. W. kann sich am nächsten Morgen nicht an alle Einzelheiten des Heimwegs erinnern. Und Mami ist froh, ihre Nachtschwärmer wieder in ihrer Nähe zu haben. Was Rum, der hier auf der Insel Mount Gay heißt, alles ausrichten kann!*

Zwei Boote, eine Familie, eine leere Bucht – Bequia ist der karibische Traum.

Am Strand vor dem Yachtclub wurde am offenen Feuer
Fleisch gegrillt, und es gab allabendlich einen Umtrunk. Jeder
brachte mit, was er gerade an Bord hatte. Wir saßen in der
Runde und plauderten, tauschten Erfahrungen aus, machten
Pläne, waren fröhlich und ließen ganz einfach unsere Füße
durch den weichen goldenen Sand gleiten.

»Astrid, kein Heimweh nach Düsseldorf?«

»Du machst Spaß.«

Wir müssen weiter. Nicht dass uns die Antillen nicht gefielen, aber es zog uns zu den Inseln des Pazifiks. Dort wollten
wir uns viel Zeit nehmen und die Inseln gründlicher kennen
lernen.

Nach Barbados hatte Kingstown/St. Vincent einen schweren
Stand. Das Wasser trübe, kein Strand und leider eine Menge
Charteryachten mit lärmenden Gästen.

*Ich lasse meinen Tränen freien Lauf. Der wertvolle hand-
geknüpfte Kajütteppich ist mir nämlich über Bord gefallen.
Habe ihn nur zum Lüften über die Reling gehängt, und weg*

war er. Doch wie gut, dass man einen Mann hat, der das Unglaubliche schafft: ihn aus 16 Meter tiefer lehmiger Brühe raufzuholen. Taucherbrille auf. Lunge voll Luft packen und ab geht es. Beim dritten Versuch klappt es.

Tags darauf gelangten wir nach Bequia, eine der Grenadinen-Inseln. Astrid musterte für die wenigen Meilen auf der ULTIMA an. Sie fotografierte KATHENA, mit der ich parallel segelte, und war so mal wieder unter Segel auf der Plattform eines Tris.

Hier in Bequia rüsteten wir KATHENA zur Weiterfahrt nach Panama. Ingeborg ebenfalls die ULTIMA für den Kurs entlang der kleinen Antillen nach Norden hin. Die Bucht war still, geschützt und »oberherrlich« – wie Astrid ständig lauthals bekundete. Unsere Schiffe lagen kaum 30 Meter vom Ufer entfernt vor Anker. Wir genossen die Sonne, das türkisfarbene Wasser (27 Grad), den breiten Strand und die wenigen Menschen. Nachmittags saßen wir schon mal, gleich gegenüber, im kleinen Hotel Frangipani an der Strandbar und schlürften Planter's Punch. Ein Rumpunsch, bestehend aus:

1 Teil frisch gepressten Limonensaft
1 Teil Sirup (am besten Grenadine)
3 Teile Rum (Karibikrum ist besonders aromatisch)
3 Teile Wasser mit zerstoßenem Eis

Das Schlürfen muss man sich so vorstellen: Die Beine baumeln im Sand, Schatten spenden ein paar Palmwedel, in der Hand die hochwandigen Gläser mit dem geschmackvollen Rumgetränk und bezahlen tut die Triseglerin – einen halben Dollar der Drink. Abends hockten wir meist auf der ULTIMA und zogen den selbst gemixten Planter's Punch vor – ohne den süßen Sirup –, der je zur Hälfte aus Limone/Wasser und Rum bestand.

Während dieser Abende in der Bucht sprach ich Ingeborg auf Notizen in ihrem Logbuch an, die ich gelesen hatte. Da stand beispielsweise: »Was hab' ich da nur begonnen! Männer halten seelisch doch mehr aus. Ich wusste nicht, dass Nächte auf See so finster, einsam und lang sein können.«

Ich fragte sie, unter welchen Umständen und Empfindungen sie diese Zeilen geschrieben hatte.

»Ja, das war in den ersten Tagen nach Las Palmas. Schlimm, gleich als ich gegen den Wind und die See anknüppelte. Als die Hände von den harten Schoten Risse bekamen und zu bluten anfingen, da merkte ich, was mir bevorsteht. Die Trennung von euch setzte mir in den Tagen auch zu. Ihr wisst ja, dass es mir am Morgen meiner Abfahrt sehr schlecht ging. Mit Magenschmerzen fuhr ich los. Schließlich hatte ich überall am und im Körper Beschwerden. Lampenfieber oder Angst? Ich weiß es nicht. Nach ein paar Meilen hinter dem Hafen dachte ich völlig desinteressiert: Gib doch auf. Aber abbrechen, bevor das Abenteuer Atlantik begonnen hatte, nein, das wollte ich dann doch nicht.«

Wir saßen natürlich an Deck zusammen. Um uns herum nur wenige schwache Lichter. Das Leben im Dorf schien zu schlafen. Autos gab's hier wenige. Ingeborg setzte energisch mit ihrem Bericht fort:

»Ich segelte also weiter. Dicht an der Ostküste von Gran Canaria nach Süden. Alles ging wunderschön. Doch dann begann der Kampf. Südlich der Insel änderte sich die Wetterlage. Neun Tage mit Regenböen, Flauten und ausschließlich Wind von vorn folgten. Hässlich war's. Verbunden mit unzähligen Segelmanövern, Steuern und Ausguck halten. Ich wollte und konnte nicht ohne Wachegehen durch die Dunkelheit kurven. Dazu bekam ich einen Begriff von der Einsamkeit. Sie belastete mich. Niemand, an dem ich mich abreagieren konnte. Immer allein die Essschüssel auslöffeln und ähnliche Sachen. Ich glaube, ein Mann leidet weniger darunter als eine Frau. Ihr wisst ja, ich habe zwar einige Energie und ahnte auch, was mir bevorstand, doch schlimm war ebenfalls, dass ich keine Meilen gutmachte. Das hemmt enorm den Einsatzwillen, zum Beispiel sich nachts ans Segelwechseln heranzumachen. Nach der ersten Woche bekam ich das Gefühl, dass man überhaupt keine

Brücke hat, weder achteraus noch voraus. Da merkte ich, dass ich anfing, unruhig zu werden, ein wenig durchzudrehen.

Mir kam der Streit um die Seetüchtigkeit der Mehrrumpfboote in den Sinn. Den Gedanken, dass allein im letzten Jahr sieben auf hoher See havarierten, schob ich nicht einfach beiseite. Auch dass zwei Gesellschaften die Versicherung für ULTIMA RATIO abgelehnt hatten, beschäftigte mich sehr. Und die Prämie von Lloyds in London war mehr nach Himmelfahrt als nach Seefahrt berechnet: 5200 Mark statt normalerweise 800 Mark.

In den Nächten schlief ich selten, döste meistens im Cockpit. Reduzierte die Segelfläche. Ich hatte furchtbare Angst, von Schiffen überrannt zu werden. Obschon ich seit den Kanaren keinem begegnet bin. In einem Gewittersturm, der Donner folgte dem Blitz in weniger als einer Sekunde, fühlte ich mich seltsam verloren – wie wohl kein anderer Mensch auf der Welt. Hell. Dunkel. Schwarze, platte See ringsum. Wieder und wieder dieser unheimliche Wechsel. Hier empfand ich zum ersten Mal das Bedürfnis, meine Erlebnisse jemandem mitzuteilen. Dabei half mir mein Tonband, über das ihr euch so amüsiert habt. Erst als sich der Passat am neunten Tag auf See einstellte, bekam ich wieder Mut. Jetzt ließ ich alle Segel auch nachts stehen. Aber die waren ohnehin klein, diese Vor-dem-Wind-Segel. Ganze 26 Quadratmeter zusammen. Und trotzdem erreichte ich Etmale von über 200 Seemeilen. Bei meiner besten Tagesleistung kam ULTIMA auf 270 Seemeilen. Sie kam richtig ins Gleiten und brummte wie ein Motorboot. Der Bug hob sich zeitweise weit aus dem Wasser, hinter mir blieb eine breite Bahn von Schaum zurück. Das war fantastisch. Andererseits aber auch erschreckend. Hätte ja was zu Bruch gehen können. Den Tag erlebte ich ziemlich verkrampft.«

Ein Blick ins Glas. Ein deutliches Absetzen aufs Deck. Zeichen, dass es leer ist und noch Bedarf besteht. Doch niemand fühlte sich zuständig. Also setzte Ingeborg ihren Monolog fort.

»Einmal blies mir der böige Wind eine Fock über Bord, und die angeknotete Schot verfing sich unter Wasser zwischen den

Rümpfen. Da musste ich das Beiboot klarmachen, ablassen, reinspringen und den Schaden beheben. Das waren drei Stunden harte Arbeit – mit dem Kopf immer wieder unter Wasser. Scheußlich! Ein andermal machte mir der Toilettenabfluss Sorgen. Es kam zum Wassereinbruch. Nicht gefährlich, aber mühsam. Letztendlich legte ich die Toilette still. – Und immer der Blick zur Mastspitze! Wie hätte ich da bloß hochkommen sollen, wenn etwas passiert wäre?«

»Die Bedenken hättest du dir ersparen können. Den habe ich doch gewissenhaft überholt«, warf ich dazwischen. »Sag mal, uns würde mehr interessieren, wie du mit der Hygiene und dem Kochen fertig geworden bist. Hattest du auch, wie ich damals bei meiner Alleinüberquerung, absolut keine Lust zu beidem?«

»Nein, ganz im Gegenteil. Ich träumte von einer Badewanne mit heißem Wasser, in der ich stundenlang liegen könnte. Kein Wunder bei einem 120-Liter-Trinkwassertank. Die mangelnde Hygiene machte mir zu schaffen. Da ich als heller Typ eine sehr empfindliche Haut habe, war das Waschen mit Salzwasser für mich eine arge Belastung. Ich habe mir immer Hände, Hals und Gesicht mit etwas Frischwasser nachgespült. Übrigens: Die Kleidung mit Meerwasser zu waschen, war grauenhaft. Sie wird ja nur trocken, solange die Sonne scheint.

Beim Kochen hebt sich der Nachteil, eine Frau zu sein, auf. Ich half mir mit Einfällen, die du sicher nie realisiert hast: Ich machte mir richtige Reibekuchen aus geriebenen frischen Kartoffeln. Für die Zubereitung der fliegenden Fische, die ich allmorgendlich an Deck einsammelte, erfand ich neue Rezepte. Mein Appetit war unterwegs immens. Dabei hätte ich die zehn Kilo, die ich zu viel habe, gerne abgenommen. Aber leider nix. Ein Großteil meines Frischproviants, Obst und Gemüse, verdarb leider. In der ersten Woche klappte die Kombination – Steuern, Segeln und Essen – überhaupt nicht.«

Astrid mixte einen neuen Punsch, füllte unsere leeren Gläser nach und machte es sich bequem auf dem blanken Deck mit der Reling im Rücken. Ihre Mutter erzählte derweil weiter:

Abschied im Gegenlicht: Unsere Kurse trennten sich für lange Zeit.

»Das letzte Drittel des Atlantiks habe ich eigentlich nur genossen. Die Segel standen gut. Der Kurs richtig. Ich verbrachte die Tage mit Schlafen, Essen, Schreiben und Lesen. Dein Abschiedsgeschenk, die Tüte mit den Büchern, konnte ich gut gebrauchen.

Ein Zwischenfall kurz vor dem Ziel setzte mich an meinem Geburtstag matt. Ich fiel so unglücklich an Deck, dass ich mir eine Rippe anknackste. Ich machte mir eine Bandage und legte mich hin. Zur Nacht hin hatte ich mehr Schmerzen, als mir lieb war. Mit der Winde die Segel dichter holen ging nicht. In meinem Logbuch steht zu diesem Tag nur: ›Brr… geht es mir schlecht. Bin verzweifelt.‹

Am 23. Dezember war's vorbei mit der Rippenprellung. Tiefe Freude verdrängte den Rest Schmerz: Ich sichtete Barbados. Die Insel lag genau voraus. Und ihr wartet wahrscheinlich schon im Hafen. Egal. Wichtiger: Meine Navigation war richtig. Am Tag vorher war ich deswegen noch kribbelig. Nach so vielen Tagen verlor ich ein wenig die Sicherheit mit meiner Positionsbestimmung. Doch jetzt erwiesen sich alle Sorgen als unberechtigt. Dies sowie die Aussicht, das Weihnachtsfest an Land zu verbringen, versetzte mich in eine euphorische Stimmung. Während die Insel immer größer wurde, war mir ziemlich feierlich zumute. Ich setzte mich aufs Vordeck und machte eine Flasche Sekt auf. Ich hatte es geschafft. Ich. Ich. Ich als Frau ganz allein! Ich hätte die ganze Welt umarmen können. Bei mir dachte ich: Tja, man muss'n bisschen was arbeiten können, dann schafft man alles.

Auch Neptun opferte ich Sekt. Nicht nur ein Glas. Nein, eine ganze Flasche. Eine, die ich zum Schäumen brachte. Es war die letzte.«

»Die letzte? Kann doch nicht sein. In Las Palmas hattest du doch einen ganzen Karton gebunkert.«

»Ja, natürlich. Aber das ist alles verbraucht. Es gab viel zu feiern unterwegs: Halbzeit, jeder runde Längengrad, ein besonderes Segelmanöver, Geburtstag … außerdem betrachte ich Sekt als hochwertigen Vitaminträger!«

Ach, hatten wir herrliche Abende und Tage: drei weitere Yachten vor Anker, ein winziges Dorf mit einem Brotladen. Das Vierzimmerhotel Frangipani. Mit dem Dingi fuhren wir zu wunderschönen abgelegenen Minibuchten mit wilden Sandstränden – sich übers Ufer neigende Mangrovenbäume garantierten absolute Abgeschiedenheit. Mit diesen Ausflügen kaschierten wir das nahende Abschiednehmen.

Leider rückte trotzdem der Tag unserer Abfahrt immer näher und damit auch die Trennung von »unserer Mutter«. Ihre Route würde sie über die Bermudas zurück nach Europa führen. So hatte sie es jetzt geplant. Wir wollten möglichst schnell zu den Inseln des Pazifiks. Ein kleiner Schubs von uns, und sie wäre mit uns weitergesegelt. Diesen Schubs, womöglich wäre auch ein ordentlicher nötig gewesen, wollten wir ihr nicht geben. Ich hatte sie schon ernsthaft zur Überquerung des Atlantiks ermuntert und glaubte, dass die Rückkehr zum Mittelmeer für sie schon heftig werden könnte. Nach meinen Erfahrungen mit ihr innerhalb der Westindischen Inseln erschien sie mir nicht selbstsicher genug. So hatte sie zum Beispiel immer eine Heidenangst vor der Ansteuerung von Häfen und Ankerplätzen. Das war verständlich bei der Bootskonstruktion. Schon bei mittlerem Wind war die motorschwache ULTIMA schwer zu manövrieren. Außerdem war ihr Ankergeschirr viel zu schwach. Zehn Meter Kette und dann angeschäkeltes Tau reichten einfach nicht bei den großen Tiefen in den Buchten. Und ein schwereres Ankergeschirr, gleichbedeutend mit mehr Sicherheit, würde ihre Kräfte überfordern.

Und dann die großen Entfernungen bei einer Weltumseglung, die physisch wegen ihrer Selbststeuerprobleme zum Albtraum werden könnten. Teils hatte sie ja auch deswegen so lange über den Atlantik gebraucht. Dazu käme das Risiko: Würde ihr Trimaran heftige Stürme und enorme Seen ohne Schaden überstehen? Denn es ist eine altbekannte Tatsache, dass ein Trimaran mit vielen hart abgesegelten Meilen unter seinen drei Kielen irgendwann auseinander bricht. Und die Kostenfrage für ergänzende, erneuerbare Ausrüstung, Segel und Ersatzteile schien nicht geklärt. So dicke hatte sie es finanziell nicht. Wir rieten Ingeborg also ab. Auch das Warten auf den einen oder anderen in Häfen und Buchten wollten wir uns nicht antun.

Am 19. Januar war es so weit. Endgültig. *Zum Abschied nehmen wir Mami die Arbeit mit dem Anker ab, küssen uns, noch ein Umarmen, sagen bye-bye mit Glucksen in der Stimme, springen ins Wasser und schwimmen zurück zur* KATHENA. *Noch einmal holen wir meine liebe Mutter ein. Winken und heulen. Und dann ... dann nehmen beide Schiffe ihre Kurse auf. Gott beschütze dich, Mami!*

Wir steuerten Kurs West (Panama), sie Kurs Nord (St. Lucia). 5 Beaufort von achtern füllten unsere Segel. Bald war ULTIMA RATIO im harten Gegenlicht verschwunden. In Gedanken wünschten wir Ingeborg viele Erlebnisse, viel Glück und vielleicht auch einen Mann – der mitfährt. Das dachte Astrid. Toi, toi, toi – und auf Wiedersehen in Europa.

Der Schatz der Kokos-Insel

»In der Good Hope Bay, zwischen zwei
kleinen Inselchen, das Schiff verlassen.
Wassertiefe zehn Yards. An Land dem
Bach folgen, erst 350 Schritt, danach in
nordnordöstlicher Richtung 850 Yards.
Wenn die Abendsonne auf den spitzen
Felsen fällt, wirft er einen Schatten wie
ein Adler mit ausgebreiteten Flügeln.
An der Grenze zwischen Sonne und
Schatten liegt die Höhle, die mit einem
Kreuz bezeichnet ist. In ihr ist der
Schatz vergraben.«
Der Pirat THOMPSON zu seinem Freund
KEATING auf dem Sterbebett; um 1826

Meine Segelfreunde in Panama lachten, als sie mich mit meinem letzten Einkauf an Bord gehen sahen: ein Spaten und eine
Machete. Das sind auf einer Yacht, die in See geht, die unnüt-
zesten Werkzeuge, die man sich denken kann.

»Wenn du zur Kokos-Insel willst, nimm lieber einen Rau-
penbagger mit«, riefen mir die Freunde zum Abschied spöt-
tisch zu. Sicher hatten die Segler vom Balboa Yachtclub schon
so manche Expedition in Richtung Kokos verabschiedet. Nun,
ich warf die Leinen los und verkniff mir jede weitere Diskus-
sion. Zum einen hatte ich keine Expedition vor, andererseits
hatte ich nicht um behördliche Genehmigung nachgesucht, auf
der unbewohnten Kokos-Insel landen zu dürfen, um nach dem
legendären Piratengold zu suchen und zu graben. Die Kokos-
Insel gehört zum Staatsgebiet Costa Rica und liegt 500 Seemeilen entfernt vom Panamakanal im Pazifik.

Zehn Tage steuerten wir westwärts in den Pazifik hinein.
Segel setzen, Segel bergen, Schoten dicht, Schoten fieren, so

ging es während dieser ganzen Zeit. Wohl zwanzig Mal am Tag änderte sich das Wetter. Goss es eben noch in Strömen, so brannte uns im nächsten Augenblick die Sonne auf den Buckel. Ich knirschte mit den Zähnen, aber das Wetter in der Zone der äquatorialen Kalmen zwischen Panama und der Kokos-Insel blieb zum Verzweifeln wechselhaft – aber ruhig. Im Logbuch dominierte, in der Rubrik Windstärke, die Eintragung 0 – 1. Und weiter:

Heiß. Schon morgens um 9 Uhr 33 Grad in der Kajüte und verschwitzte Laken. Wir jammern und haben immer Durst. Essen kaum etwas. Dazu nerven schlagende Segel. Springe über Bord, aber auch im Meer keine Erfrischung: unglaubliche 31 Grad. Sichte beim Schwimmen kleinen Hai. Herde Wale zieht träge vorbei, A. ist entzückt. Erst mit der Dämmerung wird das Leben an Bord angenehmer.

Wie schnell und frisch hatten wir dagegen die Fahrt von der karibischen Insel Bequia nach Panama hinter uns gebracht. Für die 1200 Seemeilen nur zehn Tage. Und dann die 46 Meilen durch den Panamakanal mit seinen sieben Schleusen – neun Stunden unter Maschine und mit Lotsen. Ja, mit einem echten Kanal-Lotsen an Bord, und das für nur 12,04 US-Dollar Durchfahrtskosten.

W. hat heftige Manschetten, aber ich sollte auch noch merken warum. – Bill und seine Nichte, die uns helfen wollen, und natürlich der amerikanische Lotse kommen frühmorgens an Bord, und die abenteuerliche Fahrt kann beginnen. Die erste der drei Gatun-Schleusen zeigt gleich, wie gefährlich für eine kleine Yacht dieser Kanal ist. Vier Wurfgeschosse mit Leinen fliegen auf uns nieder. Ich will diesen Männern nicht absprechen, gute Werfer zu sein und sicherlich auch gut zielen zu können. Nur bei uns ist nicht viel Zielfläche, und ich hätte mich am liebsten in die Kajüte verkrochen. Unsere eigenen Leinen werden dann mittels dieser Wurfleinen an Land belegt, das Wasser eingelassen, doch sind wir voll beschäftigt, die Lose einzuholen und gleichzeitig unser Schiff mittig zu halten, um das gurgeln-

de Schauspiel mitverfolgen zu können. Ein italienisches Kreuz-
fahrtschiff ist mit uns im Schleusenbecken. Es droht achtern
zu sinken, denn alle Zweibeiner staunen und fotografieren
die Nussschale KATHENA *mit vier schwitzenden Individuen.*
Welch ein Spaß! Mit einem kühlen Drink in der Hand. – Auch
wir haben einen Drink in der Hand, am Ende des Kanals –
in Balboa. Verbunden mit dem Gefühl, mal wieder Großarti-
ges geleistet zu haben, denn alles ist gut gegangen. Die drei
San-Miguel-Schleusen sowie die Kammer Miraflores waren
harmlos. Abends gibt's die saftigsten Steaks meines Lebens mit
Pommes frites und Salat für 4,50 Dollar auf der Terrasse des
Yachtclubs – mit Blick Richtung Pazifik.

Das war eine feine Sache. Und jetzt?

Astrid sah sie zuerst – die unbewohnte und verruchteste
Schatzinsel der Welt. Düster wirkt sie in der blauen See, üppig
bewachsen, wie man es von einer Tropeninsel erwartet. Dichte
Regenwolken quollen von den Bergen herab.

Das vorgelagerte Inselchen Manuelita ist rasch gerundet,
und schon ankerten wir im unangenehmen Schwell der Chatham Bucht. Wir pumpten unser Schlauchboot auf und in-
spizierten den schmalen Sandstreifen, den der Dschungel ver-
schont hatte. Unter einem etwa 20 Meter hohen Wasserfall
nahmen wir eine eiskalte Naturbrause und kehrten bald zur
KATHENA zurück. Die Stille in der Bucht wirkte unheimlich,
die Küste mit ihrem eigenartigen Bewuchs gespenstisch. Alles
machte uns plötzlich Angst: die Brecher am Kap, die schwarzen Fregattvögel, der Anker. Er hatte sich an einem Felsen ver-
hakt, und die Kette zerrte im Schwell, furchtbar!

Wir verholten »um die Ecke« in die Wafer Bucht. Und tatsächlich, ruhiges Wasser, mehr Platz, breiter Sandstrand, Kokospalmen. Rechts und links erhoben sich steile, üppig bewal-
dete Hänge, über die silbrige Wasserfälle in die Tiefe stürzten.
Wir waren überwältigt vom Anblick, der sich uns bot. Nie
zuvor hatten wir so eine wilde Schönheit gesehen.

Seit zehn Jahren war diese Insel ein Ziel meiner Träume.
Jetzt war ich da, hatte sie vor Augen und hatte Zeit. Ich erzähl-

te Astrid nochmals und ausführlich von meinen Plänen und von dem Geheimnis dieses Eilandes.

Das heißt, eigentlich sind es zwei Geheimnisse. Denn zweimal wurden auf der Kokos-Insel gewaltige Schätze vergraben. Das erste Mal verlor diese unbewohnte, nur acht mal vier Kilometer große Dschungelinsel ihre Unschuld im Jahre 1816/18. Da tauchte der Seeräuber »Benito Bonito mit dem blutigen Schwert« vor der Isla de Cocos auf. Jahrelang hatte er peruanische Kirchen geplündert und all die fluchgeweihten Messgeräte mitgenommen, die die spanischen Eroberer aus dem zusammengestohlenen Goldschatz der Inkas hatten anfertigen lassen. Benito vergrub das Gold auf der Insel – doch er hatte nichts mehr davon. Denn kurze Zeit später wurde er gefangen und samt seiner Mannschaft aufgehängt.

Nur zwei von der Crew entkamen – einer davon hieß Thompson. Dieser Mann befehligte einige Jahre später eine englische Schaluppe, die 1821 im peruanischen Hafen Callao lag. Zu dieser Zeit gab es heftige soziale Unruhen in Peru, und die reichen Bürger flüchteten mit ihren Kisten gehorteten Goldes auf Thompsons Brigg MARY DEAR. Das Schiff lief auch sofort aus – doch als es vor der Kokos-Insel ankam, lebte keiner der Flüchtlinge mehr. Thompsons Leute hatten sie in der Nacht erschlagen und über Bord geworfen.

Das war das zweite Mal, dass ein blutbefleckter Schatz auf der Insel vergraben wurde.

Aber auch der Benito-Nachfolger und Seeräuber Thompson unterlag dem Fluch der bösen Tat. Als er zusammen mit seinem Kumpan Keating nur einen kleinen Teil des Schatzes bergen wollte, erschlug ihn unter dem Gewicht des Goldes die Brandung an den Klippen. Nur Keating, der von dem im Sterben liegenden Thompson in die Lagepläne des Hauptschatzes eingeweiht wurde, führte bis zu seinem Ende ein flottes Leben.

So ruht der größte Teil der beiden Schätze noch heute auf der einsamen Kokos-Insel. Allein ihr Goldwert wird auf 200 bis 300 Millionen Mark geschätzt, und der Altertumswert ist unschätzbar.

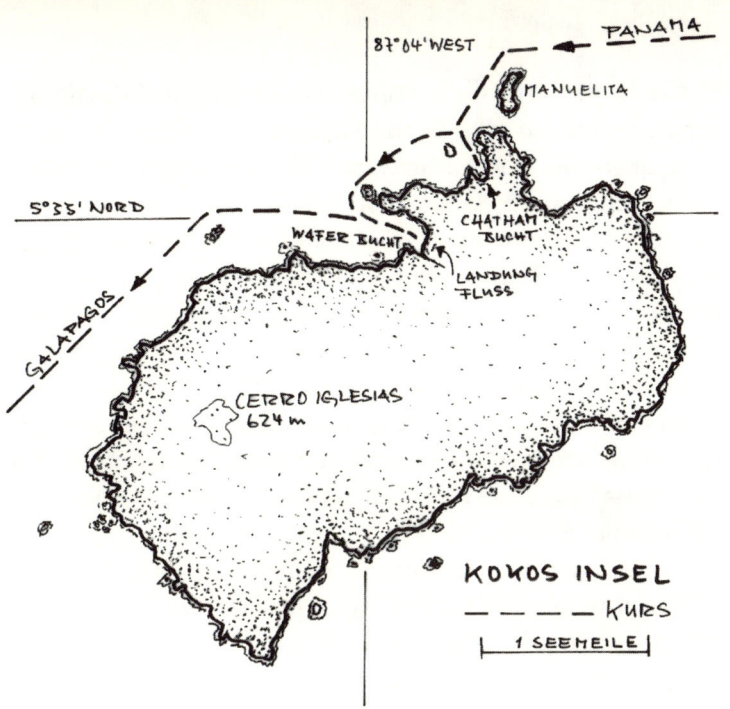

Warum sollte ich nicht mein Glück versuchen und einfach einmal graben und vor allem suchen? Aus einem alten Buch einer Berliner Bibliothek besaß ich eine Skizze des Lageplans der Kisten voller Gold, eine Nachzeichnung jener Karte, die von einem Helfer Keatings angefertigt worden sein soll und auf den verschlungenen Pfaden der Geschichte überliefert wurde.

Glaubhaft oder nicht. Irgendwie fieberte ich jetzt unserem ersten Spaten-Landgang entgegen. Aber wie das so ist mit fluchbeladenen Schätzen – schon vorher gab es eine kleine Auseinandersetzung auf unserer KATHENA. Denn unvorsichtigerweise erzählte ich Astrid nicht nur, was aus jenen Dutzenden von Expeditionen geworden war, die mit dem Spaten unterwegs gewesen waren, sondern auch von denjenigen, die mit modernen Messgeräten nach dem Schatz der Kokos-Insel jagten.

Da ist vor allem die Geschichte vom Frühjahr 1963, die mich auf die unermesslichen Schätze aufmerksam machte und seither nicht wieder losließ: Damals hatten sich drei schriftstellernde Franzosen zum Graben auf der Insel absetzen lassen. Nur einer von ihnen kehrte nach Monaten auf das Festland zurück und berichtete, seine beiden Gefährten seien mit dem kleinen Ruderboot vom Sturm überrascht worden und ertrunken. Doch Fischer, die bald danach die Insel anliefen, fanden ein menschliches Skelett. Es konnte nur einer der beiden Vermissten sein. Jedenfalls hielt sich seither hartnäckig das Gerücht, in Wirklichkeit hätten die drei Streit miteinander bekommen. Einer sei von seinen Kameraden erschlagen worden, der zweite sei entkommen und aufs Festland zurückgekehrt. Der dritte aber sei irre geworden und geistere jetzt noch über die verwunschene Insel.

Ich gebe zu: Die Geschichte kann einem ein prickelndes Schaudern über den Rücken jagen. Und Astrid gab freimütig zu, sie hätte mächtig Bedenken, mit an Land zu kommen.

Wie vorhin fangen meine Knie auch diesmal wieder zu zittern an. Doch weit stärker als in Chatham Bay. Der Gedanke, nochmals eine unbewohnte Bucht zu betreten, behagt mir überhaupt nicht. Dort war es die Wasserfalldusche, die immens anzog. Aber nur kurz. Hier? Hm. Wenn da jemand auftaucht? Oder man Hilfe benötigt? Es ist ein ganz mieses Gefühl.

So warteten wir an Bord bis zum Abend. Mit dem Fernglas suchten wir immer wieder das Ufer ab. Doch nichts rührte sich in dem schier undurchdringlichen Dschungel. Da fassten Astrid und ich Mut, und ich nahm die Paddel, um mit unserem Schlauchboot hinüberzupullen. Nochmals gab es Diskussionen. »Kannst du nicht wenigstens die Steuerpinne von der KATHENA abschrauben und mitnehmen?« beschwor mich meine Frau. Kein schlechter Gedanke. Wenn jemand während unserer Abwesenheit an Bord schwimmen würde, könnte er mit einem Boot ohne Steuer nicht fliehen und uns rettungslos zurücklassen. Doch der Beschlag war nicht einfach abzumontieren. Er war außerdem festgerostet. Würde mir jetzt etwas kaputtgehen, hätte ich kein entsprechendes Werkzeug zur Reparatur. Und wir wären ebenfalls auf die verfluchte wilde Schatzinsel verbannt. So ließen wir es also darauf ankommen.

Nie werde ich meine Gefühle vergessen, als wir landeten. Wir befanden uns auf einem Fleck Erde, der während der letzten 300 Jahre von Freibeutern, Piraten und Schatzsuchern betreten worden war – und doch war dieser Fleck so abgelegen und abweisend, dass niemand geblieben war, um hier zu leben. Ich konnte meine Begeisterung nur mit Mühe verbergen, als ich mich dort umschaute.

Beide vergaßen wir allen Respekt, als ich durch eine kleine Flussmündung aufwärts ruderte zu einem Becken. »Oh, ein herrlicher, ein idealer Platz für unsere große Wäsche!«, so die praktische Astrid. Wir zogen das Dingi ein Stück aufs Ufer und drängten uns entlang des Flusses ein Stück ins Land. Doch tief ins Innere der Insel mochte Astrid nicht. Heute noch nicht. Wir hatten nämlich gelesen, dass die Seeräuber zur Bewachung ihrer Schätze kistenweise Giftschlangen auf der Insel ausgesetzt hätten.

Da Astrid am zweiten Tag nicht mitkommen wollte, machte ich mich allein auf die Suche nach den legendären Schätzen. Das heißt: Allzu tief kam ich nicht ins Land. Die Kokos-Insel hat ein halbes Jahr Regenzeit, und auch außerhalb dieser Regenzeit gießt es oft. Daraus erklärt sich die üppige tropische Vegetation. Ich kämpfte mich über schwarze Lavablöcke und Gebirgsbäche mit toten Baumriesen, aus denen masthohe Farne und Orchideen mit tellergroßen Blüten wucherten. Mit der Machete schlug ich mir einen Pfad durch das üppige Gewirr von Büschen und Bäumen, zwischen denen Lianen einen natürlichen Drahtverhau spannten.

Um mir hundert Meter mit der Machete freizuschlagen, brauchte ich eine ganze Stunde. Die Kokos-Insel hat einen Vulkangipfel von nur 850 Meter Höhe. Der ist wegen dieser Unwegsamkeit – im Gegensatz zu den höchsten Bergen der Welt – noch nie von eines Menschen Fuß betreten worden.

Mitten im Pflanzendickicht stieß ich auf einen verrosteten Herd und die Reste einer Wellblechbaracke. Das war der Platz,

Nach der Schatzsuche folgte das große Wäschewaschen im Fluss.

an dem ein deutscher Kapitän namens Gissler zwanzig Jahre lang hauste – in der Hoffnung, die Schätze zu bergen. Es liegt über einem solchen Ort ein seltsamer Zauber, dem man sich selbst als nüchterner Mensch nicht ganz entziehen kann.

Ich versuchte weiter landeinwärts vorzudringen und erklomm einen Hügel, der die Bucht beherrscht, um die Wafer Bay und die anschließende Good Hope Bay überschauen zu können. Als ich nach großen Schwierigkeiten leidlich oben stand, erstmals einen freien Blick hatte, holte ich meinen so genannten Lageplan aus der Tasche. Nördlich stand der einzige kahle Felsen, der auf der Karte zu erkennen war, und dort fand sich auch die Schlucht und in der Bucht die kleine Riffinsel, die teilweise von der Brandung überspült wurde.

Schweißtropfen standen auf meiner Stirn. Hemd und Hose waren durchgeschwitzt. Im Unterbau des Gehölzes war es stickig heiß, und ich war wegen der Äste in voller Kleidung unterwegs. Nun, ich konnte meine Blicke nicht von den drei markanten Punkten abwenden, die angegeben waren. Nach weiterem Gucken und Hinundhergelaufe fand ich eine Stelle, wo mir ein Versuch lohnenswert erschien. Mit der Machete stocherte ich im Boden, an den Felswänden und unter Steinen. Um mich abzureagieren, begann ich mit dem Spaten zu graben. Um genau zu sein: Ich versuchte es. Doch was kann man mit einem Spaten ausrichten, wenn der Grund aus Stein besteht und die nur fingerbreite Schicht von Humus darüber voller Wurzeln ist?

Nach einer Stunde schweißtreibender Plackerei machte ich erst mal Pause. Ich lehnte mich auf den Spaten, sah mich um und horchte. Von den berüchtigten Schlangen war nichts zu sehen. Sollten sie ausgestorben sein – oder war das Ganze sowieso eine Mär? Aber da erschrak ich plötzlich doch: Etwa zehn Meter weiter im undurchdringlichen Dickicht raschelte es heftig. Der irre Franzose? Ich hob den Spaten zum Schlag. Doch dann brach nur ein Wildschwein schnaubend neben mir durchs Gebüsch – Nachkomme einer jener Säue, die früher von Walfängern als »Nachwuchs« für Frischfleisch auf der Insel ausgesetzt worden waren.

Später am Tag fand ich eine Höhle. Sie war einigermaßen geräumig, doch völlig offen und nicht sehr tief. Sie sah nicht nach einem Versteck aus; ihre gähnende Öffnung war schon von weitem sichtbar. Ich suchte bzw. stöberte noch bis zum Nachmittag weiter, jedoch ohne Ergebnis. Die Insel war zerfurcht von tiefen Schluchten und überwuchert mit dicken Moospolstern, Wurzeln und Steinen. Wie sollte hier jemand jemals einen Schatz wiederfinden?

Abends stürzte ich mich früh in die Koje, und am nächsten Tag erholte ich mich von der Suche. Astrid: *Nachdem wir den geeigneten Waschplatz gefunden haben, raffe ich meine Wäsche zusammen und rudere mit W. an Land. Als wackere Frühaufsteher genießen wir den erwachenden Tag am Ufer des Flussbeckens, das wir gleich am ersten Tag gefunden haben. Eigentlich ein kleiner Stausee: vier mal acht Meter, hüfttief, kühl und klar wie Quellwasser, umgeben von glatt gewaschenen Basaltsteinen und Urwald. Alles suggeriert »Robinson«. Also,*

Seife her, Haare waschen, Wäsche schrubben, Wäsche spülen ...
Könnte man sich dran gewöhnen, hier täglich sein Bad zu neh-
men, denn Haie, die bis in die Brandungswellen kommen, hal-
ten uns vom Schwimmen in der Bucht ab. – Eine Stunde später
flattern meine Laken, Handtücher, Hemden am Strand zwi-
schen zwei Kokospalmen. W. läuft derweil ungestört mit der
Kamera herum, um diese Bilder festzuhalten. Mir ist, nackt wie
wir sind, als hätten wir das Paradies gefunden.

Am vierten Tag meiner Schatzgräberei konnte ich Astrid
zum Mitmachen überreden. Gemeinsam schleppten wir Spaten, Brecheisen, Kompass und zwei Dosen Bohnen fürs Mittagessen mit. Wir kletterten bergan, über glitschiges Gestein,
und waren schon nach ein paar Schritten wieder im Urwald,
wo wir uns mit der Machete vorwärts kämpfen mussten. Wir
rasteten auf einem Felsen, der war steil wie eine Klippe im
Meer und mit Lianen und Moos über und über bewachsen.
Der Blick über die Bucht zeigte uns, dass wir gerade wenige
hundert Meter vom Landungsplatz entfernt waren. Das war
enttäuschend.

Unsere Beine sind jetzt schon wie Blei. Vom Kriechgang, vom
Springen und Hüpfen von Stein zu Stein entlang des Baches
oder vom Balancieren über Urwaldriesen, die über einen Fluss
gefallen sind. Paradox, aber ich komme beim »Wandern« bes-
ser zurecht als mein sportlicher Ehemann. – Nase und Lippen
von der Sonne verbrannt. Glücklicherweise habe ich Gletscher-
salbe dabei – noch vom letzten Urlaub in Österreich. Ha, ha!

Dann sah ich einen Spalt im Gestein. Mit den Händen versuchte ich, ihn größer zu machen, um durchschlüpfen zu können. Aber so ging es nicht. Ich schnappte mir das Brecheisen
und stieß es mit meinem ganzen Gewicht gegen die Felsbro-
cken. Doch nichts gab nach. Ich versuchte es mit Astrid gemeinsam. Außer ein paar abbröckelnden Steinchen bewegte
sich nichts. Plötzlich aber gab der Felsen nach. Mit einem Auf-
schrei rutschten wir schräg nach unten in ein Loch. Als ich die
Augen öffnete, sah ich nichts. Ich spürte nur die angenehme
Kühle einer Höhle.

»Die Schatzhöhle!« schrie ich, aber von Astrid hörte ich keinen Laut. Ich rappelte mich hoch. Jetzt hatten sich meine Augen an den Schimmer des Tageslichts gewöhnt, der von draußen hereindrang. Ich sah Astrid vor mir liegen. Ein Schrecken durchfuhr mich. Ich bückte mich, schüttelte sie an den Schultern.

»Astrid!«

Langsam kam sie zu sich und rieb sich heftig am Kopf. Sie hatte sich beim Fallen den Kopf gestoßen. Nach dem ersten Schmerz krochen wir aus dem Loch. Im gleißenden Sonnenlicht sahen wir, dass sie durch den Sturz eine hässliche Schramme davongetragen hatte – aber glücklicherweise keine ernste Verletzung.

Ich griff mir die Taschenlampe und rutschte allein, ganz vorsichtig, wieder hinunter in unsere neu entdeckte Höhle. Mühsam arbeitete ich mich tiefer vor. Der Boden bestand aus spitzen Felsen. Im Schein der Lampe sah ich eine Ratte huschen. Ich leuchtete die Wände ab, jede Ritze, aber ich fand kein Zeichen dafür, dass hier jemals ein Mensch gewesen war – geschweige denn ein Schatz.

Enttäuscht kletterte ich hinaus, und ich weiß nicht, wer in diesem Augenblick mehr des Trostes bedurfte: Astrid wegen ihrer Schrammen oder ich wegen meiner vergeblichen Schatzsuche. Beinahe verzweifelt suchte ich die Umgebung nach weiteren Erdöffnungen ab. Nichts!

Auf dem Rückweg, als mir vom Kampf mit der Machete gegen den Dschungel schon die Haut von den Händen platzte, dachte ich darüber nach, warum wohl der frühere US-Präsident Franklin D. Roosevelt die Insel mehrfach aufgesucht hat. War es wirklich nur zum Angeln? Oder hatte auch er daran gedacht, seine Finanzen aufzubessern?

Eine knappe Woche versuchten wir uns gemeinsam und mehr und mehr aus Spaß an der Schatzsuche. Das wild zerklüftete Innere der Insel ist einfach schwer zugänglich, aber einmalig stimmungsvoll. Astrid hatte sich zudem inzwischen von der seltsamen Spannung auf der Suche nach irgendwas anstecken lassen, eine Münze oder ein Messer zu finden wäre schön. Zusammen stürmten wir jeden Morgen von Bord. Und abends waren wir so müde, dass wir schnell in tiefen Schlaf fielen.

An einem dieser Abende sagte ich etwas resigniert zu Astrid: »Ich glaube nicht, dass der Schatz vergraben worden ist. Ich nehme eher an, dass er in einer dieser vielen Höhlen versteckt ist. Und diese Höhlen sind inzwischen unzugänglich geworden. Bäume, Wurzeln und anderes Zeug machen die Eingänge unauffindbar. Außerdem gab es seit der Jahrhundertwende drei große und unzählige kleine Erdbeben im Gebiet von Panama und Galapagos. Die haben ganz sicher auch die Kokos-Insel umgestaltet, sodass die früheren Karten, so gut sie auch sind, heute nicht mehr stimmen.«

Wir gaben auf. Waren es nun vier Tage des Herumstöberns oder sechs? Egal. Ich hatte keine Lust mehr. Speziell als ich wieder an die Geschichte des deutsch-amerikanischen Kapitäns Gissler denken musste: In den zwanziger und dreißiger Jahren dieses 20. Jahrhunderts suchte er vergebens auf dieser Insel. Als er sich zum Rückzug einschiffte, klebte plötzlich wie zum Hohn ein Portugaleser am Absatz seines Stiefels. Dieses Goldstück ist bisher das einzige, was von den Millionenschätzen der Kokos-Insel verbürgt wiedergefunden wurde.

Die folgenden Tage verbrachten wir faulenzend am weißen Sandstrand, beschattet von schlanken Palmen. Spaten und Karte waren im Boot weit weg verstaut. Jetzt wollte ich endlich ein paar Fische für Astrid fangen. In der Flussmündung gab es bei Niedrigwasser immer große Schwärme Sardinen. Ich formte meine Hände zu einer Schaufel und warf die Fische mit Schwung einfach auf den Strand. Meine fischgierige Frau sammelte sie auf, sodass die Fregattvögel und Tölpel die kleinen Dinger nicht wegschnappten. Dazu holte ich uns von den Kokospalmen Trinknüsse, die wir beide so gerne mochten. Frisch vom Baum ist das Fleisch der grünen Nüsse noch zart, und die Milch sprudelt wie Champagner.

Vierzehn Tage verlebten wir insgesamt auf der Schatzinsel, die so unzugänglich ist und die sich ihre goldenen Berge bisher nicht entreißen ließ. In diesen Tagen verheilten auch unsere Wunden und Schwielen – vom Schlagen der Machete und ja auch ein bisschen vom Graben. Wir verbrachten auch Zeit damit, die vielen Haie zu beobachten. Bei Hochwasser kamen sie bis ins knietiefe Wasser. Immer zu mehreren und sehr frech. Eines Morgens sichtete ich an die 50 Stück. Schwimmen fiel – logisch – aus. Aber selbst um mit dem Gummiboot zum Ufer zu paddeln, mussten wir uns überwinden.

Und dann hieß es für KATHENA Anker auf mit Kurs auf die nächsten, auf ganz andere Weise verwunschenen Inseln: Galapagos.

Einen riesigen Korb voller Zitronen nahmen wir mit auf die Reise. Wir pflückten sie von dem einzigen Zitronenbaum auf der Insel. Der Schatzsucher Gissler hatte ihn einst gepflanzt.

Bei Südost 2 bis 3 und Kurs Südsüdwest verlor sich die Insel schnell am Horizont. Astrid verholte sich zum Mast und nahm ihr Notizbuch zur Hand:

Mit 80 bis 90 Zitronen (eigentlich Limonen) und Backskisten voller Kokosnüsse an Bord, jedoch ohne Millionenschatz – leider! – verlassen wir die grüne Insel. Ich nehme mir vor, W. nicht mehr in die Wahl der anzulaufenden Inseln reinzureden, denn mit der Kokos-Insel hat er Gefühl und guten Instinkt bewiesen und mir ein unvergleichliches Erlebnis geschenkt. So kann die Hochzeitsreise weitergehen!

Die verwunschenen Inseln

> »Wie ich dahin ging, begegnete ich zwei
> großen Schildkröten, von denen eine
> jede mindestens zweihundert Pfund
> gewogen haben muss; die eine fraß ein
> Stück Kaktus, und als ich mich näherte,
> starrten sie mich an. Diese ungeheuren
> Reptilien in dieser Umgebung von
> schwarzer Lava, blattlosen Sträuchern
> und großen Kakteen erschienen meiner
> Fantasie wie irgendwelche vorsintflut-
> liche Tiere.«
> CHARLES DARWIN, 1833, beim Besuch
> im Galapagosarchipel

Fünfhundert Seemeilen sind eigentlich keine weite Strecke.
Aber an Bord eines kleinen Segelschiffes in den Regionen, wo
Windstille häufiger als Wind ist, kann der Weg ziemlich lang
werden. Die meiste Zeit hatten wir auch noch das bisschen
Wind von vorn. So wurden aus 440 Meilen Luftlinie durch
Kreuzkurse 648 Seemeilen unter dem Kiel und aus der voraus-
berechneten Woche Fahrtzeit von der Kokos-Insel nach den
Galapagosinseln 12 Tage.

Der Crew eines Hamburger Frachters sandten wir manchen freundlichen Gedanken – sie hatte uns, ehe wir in Christobal aufbrachen, einen Arm voll Magazine und Zeitungen an
Bord gebracht. Die wurden jetzt vom Titelblatt bis zur letzten Anzeige durchgeackert. Wenn wir nicht mehr lesen mochten, saßen wir an Deck und sahen in Neptuns großes, gran-
dioses Aquarium.

Unter dem Bug wimmelte es von Fischen in allen Farben. Dunkelrote, blau gestreifte, golden glänzende und silbern
schimmernde. Hin und wieder schoss eine Flottille Doraden
jagend durch die Schar von kleinen Fischen.

Der Dorado ist einer der schönsten Fische des Meeres – über einen Meter lang mit eleganten Linien. Eine schwimmende Farbensymphonie, deren Töne unaufhörlich changieren, während er jagt. Er wechselt von Grünspanfarben bis zum blendendsten Blau. Legt er sich auf die Seite, so wird er schwarz und gelb gestreift wie eine Makrele, und der ganze Fisch leuchtet wie Bronze. Die großen Brustflossen wechseln von Grün zu Gelb mit einer Schnelligkeit, als würden die Farben automatisch von einem elektrischen Kontakt entzündet. Nur sollte man nicht versuchen, diese meterlangen Illuminationen an den Haken zu bekommen. Erstens sind sie schwer zu fangen, zweitens werden sie schon im Sterben blass silbergrau und sind dann traurig anzuschauen.

Um den Mast strich ab und zu ein Fregattvogel, machte ein paar Flügelschläge aufs Meer hinaus und kehrte zurück, um wieder gegen den Horizont zu verschwinden. Dort wurde er zu einem kleinen schwarzen Punkt, den schließlich die Weite verschlang.

Wir waren im Kalmengürtel, dicht am Äquator – in der unbeständigsten Wetterzone unserer Erde. Ein schwaches Lüftchen zeigte sein Kommen mit kleinen Katzenfüßen auf den Wellen an. Eine Bö zog auf – bald stand sie in Ost, bald in Nord –, in einem Augenblick schwang sie um den ganzen Kompass herum. Dann ging es wieder einen Tag vorwärts, bis der Wind meinte, nun habe er lange genug für uns gearbeitet. Still schlich er sich fort, und das Meer war bald glatt wie ein Spiegel.

Ins Logbuch schrieb ich: *Wieder Windstille! Schmoren in der Kajüte. 34 Grad. Liegen auf dem Rücken und starren an die Decke. Kaum fähig für ein paar Worte. Mittags springe ich mit Taucherbrille und Kratzer ins Wasser, um den Boden zu säubern. Ist stark mit Entenmuscheln von drei bis fünf Zentimeter Länge und grünem Tang bewachsen. Zirka alle 30 Sekunden tauche ich auf zum Luftholen. A. hält währenddessen Ausschau nach Haien. Seit dem dichten Haiaufkommen in Wafer Bay habe ich Angst vor ihnen.*

Es war Mittag. Die Sonne hatte ihre größte Höhe erreicht. Ich nahm die Mittagsbreite, legte aber schnell den Sextanten auf den Kartentisch und huschte zum Vordeck. Wir waren auf dem Äquator, und jetzt musste Neptun, der Gott der Meere, an Bord kommen und unsere Taufscheine einsehen. Ich habe meinen bereits in der Handelsschifffahrt erhalten, aber Astrid hat noch keinen. Seit alters her ist es üblich, dass niemand ohne Pass die »Linie« überschreiten darf. Der Pass besagt, dass man die Taufe auf dem Äquator von Neptuns höchst eigener Hand empfangen hat, aber erst, nachdem man zuvor gründlich untersucht worden ist und der Körper für würdig befunden wurde.

Astrid in ihrem Tagebuch: *Merkwürdige Geräusche im Wasser. Sicher ist Wilfried wieder schwimmen. Wie oft habe ich ihn ermahnt, dies nicht allein zu tun! Ich schaue durchs Luk hinaus. Wer kommt da über den Bug? Neptun! Richtig, wir müssen ja auf dem Äquator sein. – Neptun selbst ist ein braungebrannter, langhaariger Mann mit goldener Krone und Vollbart – er spricht mit norddeutschem Akzent –, es ist unglaublich, dass man in diesen Breiten einen Landsmann trifft. Seinen Dreizack habe ich doch schon mal gesehen!*

Da Neptun keinen Gefährten mithatte, musste er die Doktor-, Barbier- und Polizistenarbeit für die Taufbehandlung selbst verrichten. Zunächst wurde die Patientin einer sorgfältigen Leibesvisitation unterzogen, bei der eine Segellatte, eine Ölspritze und eine Zahnbürste als Instrumente dienten. Erst nachdem Neptun sie für gesund erklärt und sie gezwungen hatte, einen großen Löffel Pfeffersoße zu schlucken, konnte die Taufe stattfinden.

Weiter in Astrids Tagebuch: *Hustend und mit Tränen in den Augen erhebe ich mich vom Deck, und im selben Augenblick bekomme ich eine Pütz Wasser ins Gesicht. Ich japse nach Luft und will fliehen. Aber wohin? Mit der großen Flasche »Ajax Salmiakreiniger« und unserer harten Deckbürste werde ich regelrecht rot geschrubbt. Wie ein Hund werde ich danach über die Seite geworfen (sicher schrie ich dabei), aber da Neptun*

hinterher springt und mich in die Arme nimmt, heißt das wohl,
dass ich in sein Reich aufgenommen bin.

Der maschinengeschriebene Taufschein wird mir ausgehän-
digt, und ich stelle fest, dass Neptuns Schreibmaschine I's, O's
und B's hat, die ganz wie unsere aus der Reihe tanzen. Aber
wer hängt sich an einem Tag wie diesem an solche Bagatellen!
Ich werde auf den Namen »Tintenfisch« getauft. Sollte das rein
zufällig sein oder weil ich mit meinen langen Armen schon
jemanden eingefangen habe?

Nachdem Neptun verschwunden war, gab es für die ganze zweiköpfige Mannschaft ein Fress- und Saufgelage. Berge
von trocken gekochtem Reis mit Zwiebeln und Corned Beef
und als Nachtisch Pudding wurden im Cockpit aufgetra-
gen. Getrunken wurde Rum, noch echter Mount Gay aus Barbados – aber nur ein Glas für jeden (Neptun außenbords eingeschlossen). Wir sangen Lieder und erzählten uns bis tief in
die laue Tropennacht hinein Geschichten von Gott und der
Welt. Und der Familie. Fragten uns, wie es wohl unseren Eltern erginge. Was die flotte Tante macht. Ob mein Bruder noch
Radrennen fährt und wie und wo Astrids Mutter mit ihrem
Trimaran segelt.

Neptun hatte Astrid als kleines Taufgeschenk eine leichte,
schöne Brise aus Nordost geschickt. Am anderen Morgen lag
eine Reihe von Bergen wie Zacken eines Sägeblattes am Horizont. Die Galapagosinseln.

Diese einsame Hand voll Inseln am Äquator hat nur wenig
Geschichte. Sie sind wie fast alle einsamen, in den Ozeanen liegenden Eilande vulkanischen Ursprungs. Einige der größeren
haben Vulkane von ungeheurem Durchmesser, die zum Teil
noch aktiv sind. Auf dem ganzen Archipel gibt es mindestens
zweitausend Krater aus Lava und Schlacken.

Die Inseln sind schwarz und öde. Erst in höheren Lagen
haben sie Vegetation und Wasser. Ihr Aussehen und die
Beschwerlichkeit des Anbaus nutzbarer Pflanzen haben die
Menschen stets abgestoßen. Abgesehen davon, dass vorbeifah-
rende Seeleute und Walfänger in den vielen Buchten Zuflucht

vor Stürmen suchten oder landeten, um sich mit den Riesenschildkröten – als lebendem Proviant – zu versorgen, sind die Inseln bis in die jüngere Zeit selten besucht worden.

Der Entdecker der Galapagosinseln, Thomas de Berlanga, nannte sie im Jahre 1535 »Las Encantadas«, die verzauberten Inseln, weil er meinte, sie würden auf der Meeresoberfläche treiben. Ungewöhnliche Kompassfehler, Strömungen und Schönwetterdunst, der die Inseln verschleierte, veranlassten ihn und auch viele der nachfolgenden Seefahrer zu diesem Glauben.

Auf diesen Inseln war es auch, wo der berühmte britische Naturforscher Charles Darwin entscheidende Anregungen für seine Lehre von der Abstammung der Arten empfing. Während seiner Reise um die Welt (1831–1836) hielt er sich hier längere Zeit mit der BEAGLE auf und studierte die auf der ganzen Erde einzigartige Lebewelt der Galapagos, spezielle Tierarten, die nur hier vorkommen – Riesenschildkröten, Leguane, Seelöwen, Vögel. Und alle haben sie noch heute keine Furcht vor dem Menschen.

Diese Tierwelt wollten wir erleben. Zunächst aber mussten selbst auf diesem abgeschiedenen Teil der Welt Formalitäten erledigt und die örtlichen Behörden begrüßt werden. Irgendwann, nach nochmals unzähligen Kreuzschlägen, legten wir KATHENA in Wreck Bay, dem Hafen am Südende der Insel San Christobal, vor Anker. Die gelbe Flagge an der Backbord-Saling gesetzt, in der Kajüte lagen die Reisepässe bereit. Wir waren klar zum Einklarieren. Das offizielle Empfangskommando kam in einem kleinen Boot und bestand aus einem Matrosen, der ruderte, dem Polizisten, dem Immigrationsoffizier und dem Hafenkommandanten Wilfriedo Paziäo.

Da wir kein Visum für die Inseln hatten, sahen wir dem Besuch der »Garnison« mit gemischten Gefühlen entgegen. Ecuador, zu dem diese Aschenhaufen gehören, verlangt für jede Yacht ein Besuchsvisum. Es kann auch hier in Wreck Bay ausgestellt werden. Das kostet natürlich weitaus mehr als beim Konsul zum Beispiel in Panama City. Freundlicherweise legten

Oberherrlich: das Ankern in unbewohnten Buchten

wir noch schnell Bier und für jeden eine Schachtel amerikanischer Zigaretten bereit.

Der junge und sehr freundliche Kommandant zeigte sich unserer kleinen Schatulle gegenüber sehr aufgeschlossen. War es vielleicht, weil er und ich denselben, nicht eben häufigen Vornamen hatten? Wenigstens verlangte er uns nur sechzehn US-Dollar ab. Darin waren gleichzeitig ein dreimonatiger Aufenthalt und die Ausklarierung enthalten. Verschiedene andere Yachten, die wir später trafen, hatten das Doppelte zahlen müssen, und manche Amerikaner noch mehr. Die Umstände waren nicht durchschaubar. So bezahlte die Crew der amerikanischen Yacht REBELL, die neben uns vor Anker lag, trotz eines ecuadorianischen Visums nochmals Gebühren. Die Visa seien veraltet gewesen.

Die tiefe Bucht säumten zwei Dutzend ziemlich verwitterte Holzhütten. Das Militär »logierte« in einer Baracke etwas abseits auf einem Hügel. Mehr als freundlich und billig war das Leben innerhalb dieser Ansiedlung. Billard und Limonade fast umsonst in der einzigen Kneipe. Gerade einen Vierteldollar kostete eine große Staude Bananen. Ein Arm voll schmackhaftem weißen Kastenbrot noch weniger. Wir schauten uns auch die Umgebung an: Am Ufer zwischen zwei rötlichen Lavafelsen wurde ein Boot gebaut. Die Spanten aus dem harten Holz der Insel ragten schon gegen den Himmel. Auf einem Gestell sägten zwei Männer, einer unten, der andere oben, mit einer Art Schrotsäge die Planken zurecht. Eine höllische Arbeit in der sengenden Sonne ganz nahe am Äquator. Man baute allerdings schon zwei Jahre an dem Boot. Als ich ein Stück Planke ins seichte Wasser warf, sank es. Ich erfuhr, Matazana, so hieß das Holz, schwimmt nicht.

Zwei Tage nach unserer Ankunft verholten wir von dieser Niederlassung mit ihren auf den Klippen verstreut liegenden Hütten zur unbewohnten Insel Santa Fe. Dort gibt es die Robbenbucht, in der sich das ursprüngliche Tierleben ungestört beobachten lässt.

Wir laufen kurz vor Dunkelwerden in die enge Lagune ein. Es ist noch hell genug, um einige wandernde dunkle Punkte im Wasser zu erkennen. Später finden wir dann anhand eines unserer klugen Bücher heraus, dass es Teufelsrochen sind. Begeisterung rufen die Seeschildkröten (Tortuga) bei mir hervor. Sie tauchen nur für Momente auf. Es findet sich also kaum Zeit, auf das Ankermanöver zu achten. Und er fällt dann auch prompt auf zu flachen Grund, denn Vollmond ist zu erwarten, und da wird's bei Niedrigwasser brenzlig. Das zweite Mal klappt's. Und endlich wird der Motor abgestellt. Drei Stunden hat er helfen müssen, die 28 Meilen zu überwinden. – Dieser Tag ist der Jahrestag unseres Polterabends. Es gibt Mount Gay und Cola nach W.'s neuestem Kühlverfahren. Er wickelt ein nasses Handtuch um die Blechdose mit dem Inhalt und lässt die Feuchtigkeit im Wind verdunsten. Ich gebe ihm für das Kühlsystem eine 3 minus – für den Abend eine 1 plus.

Gleich in der engen Einfahrt zur Robbenbucht tauchte auch der mächtige Schädel eines Seelöwenbullen neben unserem Boot auf. Das Wasser perlte in großen Tropfen von seinem glänzenden dunklen Fell, und Schaumflocken hingen in den borstigen Schnurrhaaren. Große dunkle Augen blickten uns neugierig an. Der Bulle war so nahe, dass ich in sein Maul blicken konnte, als er sein raues Gebrüll anstimmte. Ööh, ööh …

Ein Seelöwe, der uns anderntags besuchte, kam längsseits geschwommen, guckte uns neugierig an und promenierte außenbords viele Male auf und ab. Dabei berührte er mit einer Flosse immer KATHENAS Rumpf, als wollte er ihn polieren. Plötzlich kam ein großer Hai herangeschossen. Wir erwarteten einen gewaltigen Kampf zwischen den beiden Tieren. Aber es zeigte sich, dass der Seetiger Angst vor dem Seelöwen hatte; sooft ihre Wege sich kreuzten, bog der Hai in einem scharfen Winkel ab, während der Seelöwe weiterschwamm, als wäre nichts geschehen.

An den beiden Stränden hielten sich nicht weniger als zwanzig Seelöwen auf. Die Alten spielten mit ihren Jungen in Wasserlöchern zwischen den schwarzen Lavablöcken. Der erste Landgang bestätigte, was wir schon aus dem Buch des Weltumseglers Moitessier, der hier 1965 monatelang ankerte, kannten. Nämlich relativ scheue Tiere. Viele Seelöwen beobachteten uns Eindringlinge, wie wir das knallgelbe Dingi auf den weißen Strand zogen. Sie ließen sich nicht stören, doch kam man ihnen zu nahe, wichen sie zurück, immer in Richtung Wasser, denn dort sind sie schnell. »Wie elegant sie durchs Wasser gleiten können«, meinte Astrid. Und doch erlebten wir, wie ein Seelöwe in panischer Angst auf die Lavafelsen vor uns floh und in erstaunlicher Geschwindigkeit über die scharfen Steine watschelte. Wir hätten nicht folgen können. Abseits vom Strand stieß eine Seelöwin ein merkwürdiges Gebrüll gen Himmel. Als wir näher kamen, sahen wir ein kleines totes Junges neben ihr im Sand liegen.

Auf den Klippen krochen Seeleguane herum, die letzten urweltlichen Echsen, und unter den baumhohen Kakteen ihre Vettern, die Landleguane. In Form und Größe – sie können gut einen Meter lang werden – sind sie ziemlich gleich, nur die

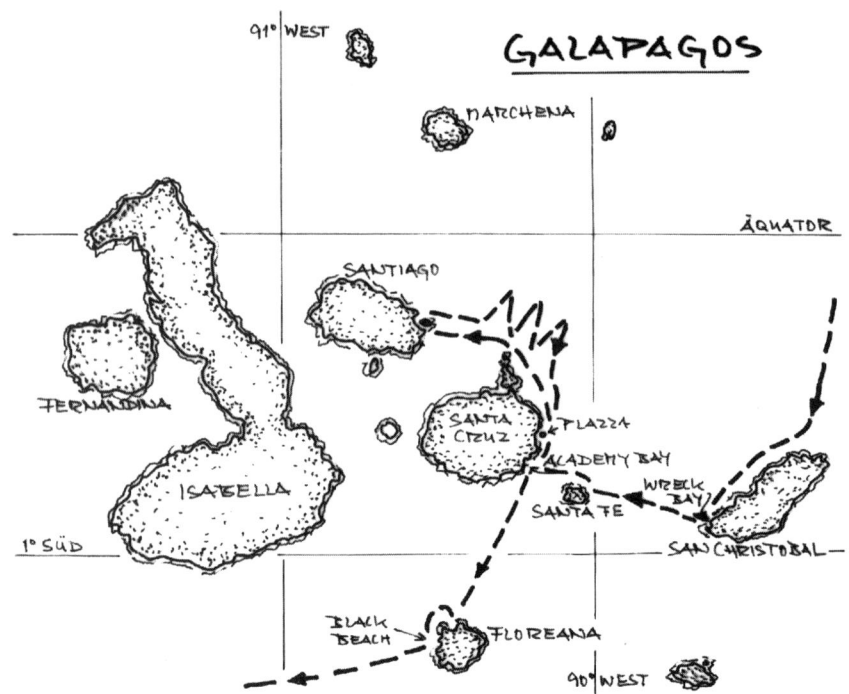

Farbe ist verschieden: Der Landleguan variiert von staubgrau bis gelblich, der Seeleguan von rotbraun zu graugrün.

Mit diesen Tieren hatten wir genauso viel Spaß wie mit den Seelöwen, die in den folgenden Tagen zutraulicher wurden. Schnell fassten die friedlichen Landleguane so viel Vertrauen zu Astrid, dass sie sich von ihr mit Bananen füttern, anfassen und sogar kurz am Bein hochheben ließen.

Ähnlich amüsant verhielten sich die Seeleguane, die ihre Pflanzennahrung am Meeresboden suchen und wie Fische schwimmen, indem sie den hochkant platten Schwanz hin und her schlängeln, während ihre Beine untätig am Körper baumeln. Zur Ruhe liegen sie in ganzen Kolonien am Ufer. Als wir näher kamen, starrten sie uns neugierig an. Und als wir nach ihnen haschten, mussten wir verblüfft feststellen, dass diese guten Schwimmer ganz offenbar wasserscheu sind. Denn sie flohen im letzten Augenblick nicht zum Wasser, sondern höher hinauf aufs Land. Zoologen meinen, der Seeleguan sei ein früheres Landtier – das zum Seetier geworden ist. Das Fehlen von Schwimmhäuten zwischen den Zehen scheint darauf hinzudeuten.

Diese paradiesische Bucht mit Pelikanen und Tölpeln, Seeschildkröten und Fischen ist auch ein Schlaraffenland für Angler. Astrids Tagebuch zu diesem Thema: *Dicht am Wasser leben handgroße rote Krebse, die zu fangen uns nicht gelingt. Einige Muscheln wandern dafür in die Plastiktüte, mit denen ich meinen ersten Fisch fangen will. Schon im Dingi bereitet W. den Köder am Fischhaken vor, und er selbst holt sofort einen Pufferfisch hoch, der sich hässlich aufbläst. Er ist ungenießbar. Mir selbst gelingt dann gleich darauf der große Coup. Ein appetitlich aussehender, silbern schimmernder, armlanger Fisch findet innerhalb kürzester Zeit seinen Weg über die Pfanne in meinen Magen.*

Leider konnte kein Stück von Astrids knusprigem Fisch in meinem Magen landen. Seit ich denken kann, habe ich zwar schon des Öfteren Fisch probiert. Aber ich bekam immer Hautausschläge und Übelkeit davon. Ja, schade. Fischallergie nennt man das wohl. So wird ein Robinsontraum von mir, einmal auf einer einsamen Insel zu leben, immer ein Traum bleiben müssen.

Gut zwei Flitterwochen verlebten wir in dieser urigen Aschen-Einsamkeit. Grün boten nur die stämmigen Kakteen. Schwellschutz die von Leguanen bevölkerte Robbeninsel. Besuch nur für eine Nacht von der englischen Yacht STARDRIFT. Wir arbeiteten auch am Schiff. Astrid räumte die Kajüte aus, um sie total zu säubern, ich ging den Rostflecken mit Sandpapier und Farbe zu Leibe, lackierte den Aufbau und das Cockpit weiß. Dabei gab's, zum Leidwesen meiner Frau, einige Farbnasen. Aber: Wer aus der Handelsschifffahrt kommt, nimmt solche Sachen nicht so genau.

Klar doch: Nach dem Polterabend feierten wir auch die erste Wiederkehr unseres Hochzeitstages – eng umschlungen unterm Sonnendach. Und mit der Erinnerung an unsere Freunde und Verwandten im nasskalten Deutschland, damals in Astrids

Apartment mit einem Fass Düsseldorfer Altbier und an das Hochzeitsessen in der Schnellenburg am Ufer des trüben Rheins. So schön das alles war – jetzt mussten wir ehrlich zugeben: Diese Art Leben hier, dieser Landfall, dieses Zeitgefühl … das war es, was wir uns wirklich mit Erdumseglung wünschten.

Heute ist doch Samstag? Ach, erst Freitag. Na, spielt auch keine Rolle. Der Wochentag hat keine Bedeutung. Tatsache ist, Zeit ist nur innerhalb der Windsysteme wichtig. Niemand wird mit Nachrichten, Rechnungen, Post konfrontiert. Geld ist kein Thema. Geldbörse und Papiere liegen tief unten im Schrank. Politik interessiert erst recht nicht. Zusammengefasst: All die Dinge, die Landratten den Kopf verdrehen und Probleme bereiten, sind in Buchten wie dieser und auf dem Meer fremd.

Wehmütig nahmen wir Abschied von der Robbenbucht und richteten den Bug der KATHENA auf ein neues Ziel: die Academy Bay von Santa Cruz. Das ist im Archipel der 16 verwunschenen Inseln von Galapagos das Eiland mit der verrücktesten Abenteurergeschichte unserer Zeit.

Einer dieser Abenteurer hatte uns kommen sehen. Während wir nach dem Ankermanöver noch an Bord aufklarten, ruderte er auf uns zu – ein Mann mit kräftigen Armen und Händen und einem muskulösen, braun gebrannten Oberkörper. Wir hatten von den sonderbaren Bewohnern dieser Insel längst gehört und waren deshalb auf eine Begrüßung in deutscher Sprache gefasst. Wer sich uns da mit einem Anflug von breitem hamburgischen Dialekt bekannt machte, war Gus Anger-meyer.

Mit seinem lecken Beiboot schaffte er uns an Land und führte uns sofort in seine Besucherhütte (er nannte sie Cave, also Höhle), die zur Bucht hin geöffnet war. Wir kamen kaum dazu, die Schildkrötenköpfe, Muschelschalen, Haifischgebisse und Walknochen an den Wänden zu bewundern. Schon gar nicht einen sorgfältigen Blick auf das Walskelett vor dem Haus zu werfen. Gus hatte schnell einen »Puro« (eine Art Zuckerrohrschnaps) eingeschenkt und prostete uns nun ein Willkommen zu.

Es war gewiss nicht der Schnaps, der ihm die Zunge löste. Es lag an seinem weltfernen Dasein, dass er so gesprächig war und uns ohne besondere Aufforderung haarklein seine Geschichte erzählte, die wir schon in groben Zügen kannten. Sie allein würde ein dickes Buch füllen, deshalb kann ich sie hier auch nur in Stichworten wiedergeben.

Die Geschichte beginnt in den zwanziger Jahren des vorigen Jahrhunderts in der grauen Hamburger Industrievorstadt Harburg. Dort lebten drei Brüder namens Angermeyer neben dem Haus eines Kapitäns, der den wissbegierigen Jungen immer wieder von Galapagos vorschwärmte: Dort könnt ihr was schaffen, dort könnt ihr alles haben, was das Herz begehrt.

Um ein kühnes Bild zu gebrauchen: Das Garn des alten Seebären fing bei den Jungen Feuer – und nicht nur bei ihnen, sondern auch bei ihrem Vater. Der verkaufte sein Haus und zog in eine Mietwohnung, um seinen Kindern den Lebenstraum zu erfüllen. Aus dem Erlös erstanden sie einen ausgedienten Lotsenkutter und machten sich auf den Weg, als der Jüngste gerade zwanzig war. Man schrieb das Jahr 1933. Und wahrscheinlich war der Vater weitsichtig und wollte seine Kinder vor den Nazis retten.

Die drei Brüder kamen nur langsam voran. Zwei Jahre nach dem Start hingen sie immer noch an Englands Küste herum. Der Segelkutter war beinahe verrottet, und es fehlte an Geld für Reparaturen wie für Proviant.

So verzichteten sie darauf, die Inseln ihrer Träume auf eigenem Kiel zu erreichen. Sie verscheuerten das halbe Wrack, verdingten sich als Hilfsarbeiter und kratzten gerade so viel zusammen, dass es für eine Schiffspassage um die halbe Welt reichte.

Sie waren beharrlich, wie es wahre Abenteurer nun mal sein müssen. Vier Jahre nach ihrem Aufbruch aus Hamburg, 1937, trafen sie am Ziel ihrer Wünsche ein. Ohne einen Dollar in der Tasche, nur mit einer Kiste sorgfältig ausgesuchten Werkzeugs landeten sie hier in der völlig unbewohnten Academy Bay.

Zuerst ließen sich die Brüder Gus, Fritz und Karl Angermeyer in den Bergen nieder. Dort, wo die Vegetation beginnt, machten sie sich Land urbar, pflanzten Früchte und Gemüse. Das notwendige tierische Fett für ihre Nahrung holten sie sich durch die Jagd auf jene verwilderten Nachkommen von Hausschweinen, die von früheren Besuchern der Inseln als lebende Fleischreserve ausgesetzt worden waren.

Aber die in Hamburg aufgewachsenen Brüder waren nicht ausgewandert, um Farmer zu sein, sondern um am und vom Meer zu leben. In der Academy Bay bauten sie sich ihr erstes Boot. Es fiel bescheiden aus, denn es fehlte an Material. Mit diesem schwimmenden Ungetüm betrieben sie Fischfang. Die Beute wurde auf den Klippen getrocknet und dann verkauft. Stockfisch brachte damals Geld ein, und zum ersten Mal nach vielen Hungerjahren hatten die Gebrüder wieder satte Bäuche.

Doch 1942 mussten die Abenteurer aus Hamburg-Harburg den Aufenthalt in ihrem bescheidenen Paradies unfreiwillig unterbrechen: Als Deutsche wurden sie des Weltkrieges wegen nach Ecuador evakuiert. Welch ein Kontrast: Nach der absoluten Freiheit wurden sie in ein Lager gesteckt. Gleich nach Ende des Krieges kehrten sie alle drei nach Galapagos zurück – zwei von ihnen aber verheiratet. An der »Baranco«, der Steilküste in der Bucht, steckten sie sich Land ab, bauten aus Lavagestein kleine einfache Häuser und leben heute noch hier.

Heute sind sie nicht mehr auf die schwere Arbeit der Fischerei angewiesen. Vor wenigen Jahren wurde eine wissenschaftliche Station, nach Darwin benannt, zur Erforschung der Inseln eingerichtet; dort helfen die Angermeyers. Und seit kurzem gibt es einen bescheidenen Tourismus auf Galapagos; gelegentlich kommen reiche Globetrotter, die von den Angermeyers Boote chartern. Wurde ihre Sehnsucht nach einem Robinson-Leben fern aller hektischen Zivilisation damit zerstört? Ich frage Gus danach, als wir in seiner Palaverhütte hocken, »Puro« trinken und hinausschauen auf die Bucht, wo unsere KATHENA sanft vor Anker schaukelte.

Gus lachte: »Ihr seht ja: Wir laufen hier zwar nicht nackt herum wie im Paradies. Wir haben Tisch und Stuhl, Konservendosen, Taschenlampen, Papiergeld und Radio. Aber auf den wesentlichen Unterschied zum Leben des 20. Jahrhunderts legen wir Wert: Wir haben Zeit. Wir nehmen sie uns.«

Astrid und ich konnten uns selbst davon überzeugen. Das stundenlange Gespräch nimmt kein Ende. Und es fasziniert uns.

Astrid bohrte weiter: Ob es ihm auf dieser abgeschiedenen Insel immer noch gefällt? Gus beugte sich vor. Eindringlich versicherte er uns mit leiser Stimme: »Wisst ihr, auf dieser Ascheninsel bin ich als Ältester unserer ganzen Sippe so etwas wie ein König. Das Meer liefert mir Fische, das Land die wilden Ziegen, und die Kakteen tragen mir Melodien zu, wie sie kein Mensch besser empfangen kann.«

»Du bist also wirklich zufrieden?« fragte ich mit letztem Zweifel, denn seit über 30 Jahren war er weder in den Staaten noch in Europa gewesen wie sein Bruder Karl.

»Schaut euch um, all dieses habe ich mit eigenen Händen gebaut. Das Haus aus Lavasteinen, den Hof, die Mauer drumherum. Das Boot aus Matazanaholz gezimmert …« Gus schien wirklich einer der wenigen zufriedenen Menschen zu sein, die wir auf der Welt getroffen haben. Selbst auf diesen verwunschenen Trauminseln versuchten sich viele friedliche Kolonisten mit Plantagen und Fischfabriken. Die meisten von ihnen scheiterten und kehrten zurück in die so genannte zivilisierte Welt, oder sie blieben verschollen.

Gus sprudelte förmlich über vor Mitteilungsbedürfnis, als wir in seiner Hütte saßen, und so erzählte er uns auch, als wir auf die gescheiterten Abenteurer zu sprechen kamen, die Schicksalsgeschichte jener österreichischen Baronin, die sich 1930 auf der Nachbarinsel Floreana zur Königin von Galapagos aufgeschwungen hatte.

Die Baronin Wagner-Bousquet lebte ganz flott in Paris, doch eines Tages, Ende der zwanziger Jahre, war sie dieses reichen und sinnlosen Lebens überdrüssig. Auf der Suche nach einem Paradies drehte sie den Globus und stieß auf die Gala-pagosinsel Floreana. Hier wollte die lebenslustige Dame ihr Traumreich gründen. Und sie fuhr hin. Aber nicht allein. Sie hatte zwei Liebhaber dabei. Der eine groß und stark; sie nann-te ihn Bubi. Der andere war schwach und bleichsüchtig und hieß Lorenz. Das Gepäck bestand aus einem Scheckbuch, einer Sammlung von Büchern über Landwirtschaft, ein paar Koffern mit Kleidung und einem Bienenschwarm. Die drei nahmen sich Land, bauten eine Blockhütte und schlugen ans Tor ein Plakat: »Willkommen Freunde im Paradies!«

Wie die Familie Wittmer, die in unmittelbarer Nähe wohnte, zu berichten wusste, gab es jedoch nicht viel Frieden im Para-dies. Von der Besitzung der Baronin hörte man in der Nach-barschaft oft wildes Heulen und Schreien. Eifersuchtsdramen und Prügelszenen schienen nichts Ungewöhnliches im Haus-halt der Baronin zu sein. Hin und wieder kam es vor, dass die »Piratenkönigin« dem großen Bubi einfach befahl, den kran-ken, geschwächten Koch über die Lavasteine zu jagen, bis er niederstürzte und sich ohne Widerstand verprügeln ließ, wäh-rend die Baronin zusah.

So kam es, dass der blasse der beiden Liebhaber, Lorenz, eines Abends zitternd bei den Wittmers vor der Tür stand und um Unterkunft bat. Er erzählte, die Baronin und Bubi seien verschwunden. Eine Yacht sei gekommen. Die beiden hätten ihre Habe mitgenommen und ihn, Lorenz, seinem Schicksal überlassen.

Lorenz blieb nicht lange bei den Wittmers. Eines Tages lief ein Fischer namens Nuggeröd von San Christobal mit seinem offenen Boot DYNAMIT ein und nahm Lorenz an Bord. Das Boot wurde in den nächsten drei Wochen von anderen Inseln aus gesichtet, aber eine der besiedelten Buchten lief es nicht an. Es schien ohne Zweck und Ziel bald hierhin, bald dorthin zu segeln. Dann hörte man längere Zeit nichts mehr von dem Fahrzeug und seiner Besatzung.

Man suchte sie. Auf der kleinen, öden Insel Marchena fand man den Skipper Nuggeröd und jenen rätselhaften Lorenz. Sie lagen ein Stück vom Strand entfernt. Ihre Leichen waren von der Sonne ausgetrocknet. Von Nuggeröds eingeborenem Matrosen, der sich mit an Bord befunden haben muss, war keine Spur zu entdecken. Ebenso keine Spur von dem Boot.

Von der rätselhaften Yacht, mit der die Baronin und Bubi entschwanden, hat man in anderen Teilen des Archipels weder etwas gehört noch gesehen. Deshalb meint man, Lorenz habe endlich genug von den Quälereien bekommen und in einem Anfall von Wut die beiden Mitfahrer im Schlaf ermordet. Noch lange geisterte das Gerücht über die Inseln, dass auch etwas anderes als Eifersucht und Rachgier dahinter gesteckt haben könnte. Die Galapagosinseln sind stets Seeräubernester gewesen, und die Sage von vergrabenen Schätzen geht immer noch um. Lorenz – so heißt es – soll ein Gespräch zwischen der Baronin und Bubi belauscht haben und dadurch in Erfahrung gebracht haben, wo ein solcher Schatz verborgen ist. Das würde auch die seltsamen Fahrten der DYNAMIT erklären, und dass die drei Insassen auf einer Insel landeten, die sonst nichts von Interesse bot. Haben sie dann gegeneinander um die vermeintlichen Schätze gekämpft? Wo ist das Boot geblieben und wo der Matrose? Die ganze Affäre ist noch heute in einen Schleier undurchdringlicher Mystik gehüllt.

Mehrmals während unseres Aufenthaltes auf Galapagos besuchten wir die Darwin-Station, die das einzigartige Tierleben dieser Inseln erforschen und schützen soll. Manager der Station ist ein junger Deutscher, Rolf Sievers, der mit seinen Eltern und seiner jungen Frau Rosanna im schönsten Haus auf dem schönsten Hügel wohnt. Auch dort kehrten wir häufig ein, um das Angenehme mit dem Nützlichen zu verbinden: Bei opulentem Gastmahl und reichlich Kaffee erfuhren wir alles über die Aufgaben der Station.

Rolf hatte uns gleich zu Anfang das gesamte Gehege gezeigt, wo Vögel und anderes Getier wissenschaftlich beobachtet werden. Daneben gibt es eine große Anlage, wo frisch geschlüpfte Riesenschildkröten bis zum fünften Lebensjahr großgezogen werden. Erst dann setzt man sie auf den Inseln aus. So sollen die urigen Tiere vor dem Aussterben gerettet werden. In den Bergen von Santa Cruz und Isabella gibt es nämlich nur noch 10.000 dieser Panzerträger, die bis zu drei Zentner schwer und dreihundert Jahre alt werden. Am stärksten haben die Walfänger in den vorigen Jahrhunderten die Schildkröten dezimiert. Oft trieben sie an einem Tag zweihundert Stück zusammen und schleppten sie an Bord. Dort konnte man sie als vorzüglichen Frischfleischvorrat monatelang am Leben halten, ohne sie füttern zu müssen. Auch als der Walfang später abnahm, setzte sich das Vernichtungswerk an der einheimischen Fauna fort. Denn hier wie überall anderswo auf der Welt hat der weiße Mann Schweine und Ziegen ausgesetzt und Ratten eingeschleppt. Speziell diese drei »Kulturfolger« des Menschen drohen die natürliche Lebewelt völlig zu zerstören.

Auf Galapagos zum Beispiel fressen die Ratten die Gelege und die kleinen jungen Schildkröten, sodass diese Tierart ohne die Hilfe der Wissenschaftler keine Chance mehr hätte. Die verwilderten Ziegen zerstören durch Kahlfraß jegliche Vegetation und verwüsten damit das Land im wahrsten Sinne des Wortes. Deshalb sind die Männer der Darwin-Station über jede abgeschossene Ziege glücklich – abgesehen davon, dass diese Naturvernichter die billigste Fleischquelle für die Insulaner sind.

Deshalb zogen wir eines Sonntags los – Gus, Rolf und ich –, um Ziegen zu jagen. Wir ruderten aus der Academy Bay hinaus und landeten etwas nördlich davon in einer kleinen Bucht. Sie ist dicht von Mangroven eingeschlossen und vom Land her unzugänglich.

Sieht man von einigen Kaninchenjagden während meiner Schulzeit ab, so sollte das hier meine erste Pirsch werden. Ich fand es ungemein aufregend, hier zwischen Lava und Kakteen zu jagen.

Es war noch sehr früh am Tag – die beste Zeit für die Jagd, denn dann gehen die Ziegen auf Nahrungssuche und verstecken sich nicht. Außerdem ist es morgens noch nicht so unerträglich heiß.

Eine Welt, die die Furcht noch nicht kennt: Seelöwen auf der Insel Plaza

Knapp eine Stunde stolperten wir durch Kakteen und blatt-lose Sträucher. Dann stießen wir aufs erste Rudel. Die Büchsen von Gus und Rolf knallten und rauchten. Ich selber hatte kein Schießeisen. Meine Aufgabe war es, den getroffenen Tieren die Kehle mit dem Messer durchzuschneiden. Scheußlich! Mir wurde leicht übel, und Gus lachte sich kaputt.

Weiter ging die Jagd. Über viele kleine Krater und Felsen-spalten zogen wir bis Mittag durch die Steinwüste. Dann hatten wir die dritte Ziege. Gus traf sie mit einem Weitschuss – wenn man bedenkt, dass er sein Gewehr seit seiner Einwanderung benutzt, ist das eine beachtliche Leistung. Wir schulterten je-der eine Ziege und schleppten sie zum Boot. Wir waren alle durstig und tranken kannenweise Wasser und Saft.

Drei Tage lang gab es dann bei uns an Bord frisches Ziegen-gulasch und Leber. Für den Nachtisch, Kaffee und Kuchen, sorgten weiter Frau Sievers und Marga Angermeyer, die Frau von Karl. *Oh, ja, wir hatten a hell of a good time!* – So steht es in Astrids Tagebuch. A hell of a good time – das ist durchaus doppeldeutig. Denn wir lebten auf diesen verwunschenen Trauminseln keineswegs nur unbeschwert in den Tag hinein. Ausgerechnet in diesem abgeschiedenen Winkel der Welt und kurz nach unserem ersten Hochzeitstag kam es zum ersten Mal zwischen uns zu dem, was man als eine Art Ehekrise bezeichnen kann.

In Astrids Tagebuch liest es sich so: *Seit vierzehn Tagen sind wir nun in Academy Bay vor Anker. Nach den vielen gemeinsamen Erlebnissen mit den Sievers und Angermeyers folgt jetzt dieser Tag, an dem W. mit sehr großem Enthusiasmus auf einem nahen Hügel ein Haus bauen will. Er ist nicht abzubringen von seinem Tatendrang, Land abzustecken. Mich ergreift eine tiefe Traurigkeit, denn dies ist nicht das Fleckchen Erde, wo ich mich niederlassen könnte. Es ist hier nicht so wie an jenen anderen Orten, wo wir beide einhellig sagten: Die Landschaft gefällt uns, hier möchten wir wohnen. Aber ich kann es gar nicht beschreiben, wenn W. mich fragt, warum ich hier nicht bleiben möchte, wahrscheinlich ist es dieses abgeschnittene Leben, so entfernt von meiner eingegrabenen Bürgerlichkeit. Andererseits verstehe ich W. sehr gut, dass man begeistert sein kann bei dem Anblick der hübschen kleinen Lavahäuschen der hier ansässigen Siedler. Man nimmt sich Land, kauft sich ein paar Sack Zement, schlägt sich Lavasteine zurecht und hat letztlich kaum Geld ausgegeben.*

Hauptsächlich das Wissen, in Deutschland so etwas nach vielen Jahren harter Arbeit nicht erreichen zu können, reizt wohl. Aber ich hoffe, dieses Datum, zwei Tage vor seinem Geburtstag, hat keinen starken Einfluss auf unser weiteres Leben.

Ich gebe zu, ich war in diesen Tagen hin und her gerissen, war wohl etwas verwirrt. Die Weltumseglung abbrechen? Nie mehr all das wiedersehen, was im fernen Europa unser Zuhause war? Was sollte man dort? Aber was sollte ich für den Rest meines Lebens hier – wenn es meiner Frau nicht gefiel?

Wir hatten ein langes Gespräch an diesem Abend an Bord. So eines, nach dem man deutlich weiß, wohin man wirklich gehört: an Bord der KATHENA! Schließlich sind wir gemeinsam auf diese Reise gegangen und wollen sie auch gemeinsam beenden. Noch so viel: In dieser Nacht wurde mir wieder ganz klar, wie sehr ich Astrid und ihre Art mag. Über alles andere.

Wir waren wohl schon zu lange geblieben in der Academy Bay, hatten dort zwar unvergessliche Tage verlebt, mit langen »Kaffeebesuchen« bei den Sievers, Angermeyers und den drei noch vor Anker liegenden Weltumsegleryachten, aber jetzt drängte es uns beide, wieder Segel zu setzen und im letzten Augenblick der Gefahr zu entfliehen, dem Bann der verwunschenen Inselbucht zu erliegen.

Nieselregen, als wir die Segel setzten. Übrigens der erste in diesem Jahr. Gus warf noch ein Bootsmesser und eine uralte Seekarte von den Inseln an Deck. Dann gingen wir ankerauf. Mir hat es mit allen Siedlern gefallen. Die Kette der Einladungen und Aktivitäten nahm überhand. Wir mussten sozusagen »flüchten«. Allen Angermeyers, Herrn und Frau Sievers, Rolf und Rosanna ein trauriges Auf Wiedersehen.

Sieben Stunden später und 17 Meilen weiter plumpste der Anker dicht am Landungssteg von Plaza. Das Südinselchen ist schön, eben und leicht begehbar. Und als Ankerplatz sicher.

Astrid und ihr Tagebuch (schon getränkt vom Schweiß der Galapagos-Hitze): *15. April. Um die Zeit nicht nur mit Kaffeeklatsch zu »vertrödeln«, entschließen wir uns, mehr von den Inseln zu sehen. Plaza ist eine treffliche Entscheidung. Wir feiern W.s 30. Geburtstag, soweit das mit Konserven möglich ist. Von mir bekommt er als Geschenk einen selbst gebastelten Flaschenkopf aus Stoff mit gelben Wollhaaren. Am Nachmittag folgt die Familienwanderung, natürlich mit Kamera. Es sollte sich lohnen, zahme Seelöwenbabys lassen sich streicheln und nass spritzen. Und die hässlichen Landleguane sogar auf den Arm nehmen. Mein Weltumsegler wagt es nicht, die zehn Kilo schweren Kriechtiere hochzuheben, so kann ich protzen, mutiger zu sein, und schon hatte mich eins der Biester in den Daumen gebissen. Sie beißen in der Tat auf alles. Verschlingen ruckartig ganze dieser stachligen Kaktusfrüchte.* KATHENA *liegt dicht am Ufer, so kommen wir beim Einschlafen in den*

Genuss der Seelöwenmusik, aber leider auch des Löwengestan-
kes, aber was macht das, der Tag war, wie man sich einen Fest-
tag vorstellt.

Nach kurzen Zwischenbesuchen auf den Inseln Santiago und nochmals Santa Cruz landeten wir vor Floreana. Genau vor Frau Wittmers Black Beach. Die Frau wusste viel und gut zu erzählen. Doch für unseren Geschmack hatte sie sich ein zu hässliches Fleckchen ausgesucht. Rundum alles öde und leer. Der Strand schwarz.

So stiegen wir den mühseligen und staubigen Weg zur üppigen Vegetationsgrenze hinauf, um Ananas und Bananen zu kaufen und ein paar wild wachsende Limonen und Guayaven am Weg zu pflücken. Ich war erstaunt über die scharfe Grenze, die sich bei etwa 400 Meter Höhe zwischen Kakteenlandschaft und dem grünen Hochland hinzieht. Dort oben, an der Flanke des Vulkans, stillten wir, fünf Liter waren nicht genug, unseren Durst an der einzigen Quelle der Insel. Schrecklich, diese Trockenheit! Seit einem Jahr kein Regen! Unterhalb des Hochlandes nur verdorrtes Gestrüpp. Nach dem ebenso beschwerlichen Abstieg über Steine und zerklüftete Lavabrocken stürzten wir uns ins Meer. Danach verabschiedeten wir uns von den letzten Robinsons auf Galapagos. Mit der obligaten Bananenstaude am Heckkorb setzten wir am 27. April Kurs auf die Marquesas, zu den Polynesischen Inseln, zu den Inseln der Südsee.

Die Fischaugen

»Es gibt kein Geschöpf auf Erden, das
gegen sein eigenes Geschlecht so wütet
wie der Mensch.«

HEINRICH VON LANGSDORFF, 1810

*So, das wäre geschafft, 3008 Seemeilen in 35 Tagen. Die süd-
lichste Insel, Fatu Hiva, kommt am Vormittag verschwommen
in Sicht. Ein fast 1000 Meter hoher Gipfelklotz am Horizont.
Wahnsinn. Mühsam kämpfen wir uns voran. Der Wind wird
stärker, die Wellen enorm hoch, stürzen ins Cockpit, und wir
beide sind sehr überrascht, als wir eine hässliche Salzwasser-
dusche bekommen. Als dann noch kohlrabenschwarze Regenböen aufziehen und die Insel hinter einer dichten Wolkenwand
verschwindet, verhole ich mich unter Deck. Zitternd vor Nässe
und Kälte warte ich unten, dass das Heulen des Windes und das
Prasseln des Regens endlich aufhören. W. segelt tapfer weiter,
und zu meiner Überraschung sind wir bald in Höhe des nördlichen Kaps. Jetzt nur noch 3 Meilen. Aber die von Fallböen be-
wachte Leeküste der Insel muss erobert werden. Das Wasser
zwar ruhig, aber der Wind kommt mit 70 Knoten die Steilhän-
ge herabgepfiffen. Wenn er uns trifft, macht* KATHENA *irre Be-
schleunigungssprünge, und das Wasser rauscht. Die Leeseite des
Bootes taucht bis zu den Fenstern weg. Irre. Um an unseren
Ankerplatz zu kommen, müssen wir den Motor zu Hilfe nehmen. In Hanavave Bay geht's noch mal hoch her, der stürmische Fallwind kommt direkt von vorn. Nur: Trotz Maschine
läuft die Kiste nicht. W. springt vor Ärger über Bord und kratzt
unsere lästigen Freunde, die Entenmuscheln, vom Propeller.
Danach läuft's besser. Der Sturm peitscht den dicken Regen gegen mein Gesicht. Mir wird eisig kalt, aber ich bleibe an der
Pinne, da W. sich sputen muss, die Anker klar zu kriegen. Uff,
so ein Wetter! Hinter den Regenwänden lassen sich hohe Fel-*

sen mit üppiger Vegetation vermuten. Den ersten Blick in die Runde können wir erst Stunden später tun; es zeigt sich ein imposantes Bild. Hohe steile Felswände, so recht geschaffen für schwere Böen und überall Kokospalmen zur Herstellung von Kopra, dem Exportgut Nr. 1 der Marquesas. Lange schlanke Palmen, die bei diesem Wind umzubrechen scheinen. Vom Dorf ist nur die Kirche zu sehen, die Hütten sind hinter Blumen und viel Grün versteckt. Der liebe Gott hat ein Einsehen, er lässt uns tief und ungestört schlafen und schenkt uns am anderen Morgen ein amüsantes Erlebnis.

Da waren wir also in der »Baie des vierges« (Jungfrauenbucht), wie sie auf meiner Seekarte bezeichnet wurde. Ich war der Auffassung, diese Bezeichnung sei dem Scherz eines Missionars entsprungen nach dem vergeblichen Versuch, den Schönen dieser Südseeinseln das sechste Gebot zu predigen. Astrid war da anderer Ansicht. Sie deutete auf die gewaltigen Felsnadeln, die die Bucht einschlossen, und versuchte mich davon zu überzeugen, dass sie verblüffend an Marienstatuen erinnerten. Sicher, mit etwas Fantasie könnte man eine Ähnlichkeit entdecken. Bevor ich aber näher darauf eingehen konnte, wurde unser Gespräch im Cockpit von einer hellen Stimme unterbrochen.

»Bonjour, Monsieur, Madame!«

Ich sah mich um und entdeckte einen kräftigen Mann mit zwei langhaarigen Mädchen, die in einem Auslegerkanu ein gutes Stück an der KATHENA vorbeitrieben. Er winkte freundlich.

»Der spricht ja französisch«, stellte Astrid freudestrahlend fest.

»Ja, nun antworte mal sofort, damit er näher kommt«, sagte ich schnell.

Der Mann begriff und nahm Kurs auf die KATHENA. Er schien mühelos gegen die scharfen Böen, die das Tal herunterkamen, anzukommen.

»Du, die sind ja nur mit Tüchern bekleidet«, meinte Astrid plötzlich mit großen Augen und etwas stockend.

Ich stand am Heckkorb, machte eine Leine fürs Festmachen des Kanus klar und lachte: »Ja, jetzt siehst du deine ersten Südseeinsulaner.«

»Vielleicht bringen sie uns an Land.«

Das hoffte ich auch. Denn seit einer ganzen Nacht lagen wir hier in der Jungfrauenbucht auf Fatu Hiva und konnten nicht an Land. Unser Schlauchboot aufzubauen, um damit an Land zu paddeln, war uns sinnlos erschienen. Gegen die Böen, die fast ohne Unterbrechung durchs enge Tal in die Bucht schossen, wären wir sicherlich nicht vorwärts gekommen. So lechzten wir doppelt nach frischen Früchten, nach Brot und waren neugierig auf die Leute im Dorf, auf das Dorf überhaupt, das wir nicht sehen konnten, da es größtenteils von einem Vorsprung der Steilküste verdeckt wurde.

Für die 3000 Seemeilen von den Galapagos bis zu dieser Bucht hatten wir 35 Tage benötigt. Mehr als zu lange – bei achterlichem Wind. Aber während der ganzen Zeit hatte der in diesem Gebiet vorherrschende Südostpassat nicht in der erwarteten Stärke geweht. Passatgürtel sind Regionen mit stetigem und mäßigem bis frischem Wind. Pustekuchen! Alle drei Winde stachen nicht, flaue und leicht stürmische machten Arbeit und müde. Niemand hatte an so etwas gedacht, als wir die Strecke quer über den östlichen Pazifik angingen. Ein Stimmungsbild aus dem Logbuch:

1. Tag: *Kein Herzklopfen, als wir Floreana verlassen. Das Vertrauen in* KATHENA *und uns ist offensichtlich grenzenlos – ganz im Gegensatz zum Atlantik.*

5. Tag: *Bananenschwemme hält an. Können die 200-Stück-Staude nicht bewältigen. A. verputzt an die 20 direkt von der Staude, ich gut die Hälfte. Daneben gibt's sie noch gebraten, in Milch zerquetscht und zu Marmelade verarbeitet.*

11. Tag: *Eine gebrochene Fockschot holt mich nach Mitternacht aus der Koje. Das Tau hat sich im Block durchgescheuert. – Spielen Canasta, wie so häufig auf dem Kajütboden. Lesen. Träumen von noch 30 Tagen Segelzeit.*

16. Tag: *Liege in der Koje und denke an Baumbrüche, und dass der Backbordbaum empfindlich dafür ist. Mitten in meinen Überlegungen gibt's einen Knall, Segel schlagen ... ich mit einem Hechtsprung an Deck. Backbordbaum im ersten Drittel gebrochen. Zerre Segel runter. Regenguss. Nackend, wie ich bin, schlagen die Tücher heftig auf meinen Körper. Friere. Schnell noch eine Spiere beigebändselt. Segel hoch. A. ist derweil an der Pinne und meint – wir sollten reffen. Ich: Wollen doch schnell sein. Anschließend kuscheln wir uns warm.*

18. Tag: *Das Meer ist blau. Damit verbunden dieser knallblaue Himmel. Nordseesegler können davon träumen. Kissen und geknuddelte Handtücher mindern das Rollen in der Koje.*

21. Tag: *Es ist einfach schön, achtern zu sitzen und abwechselnd aufs weite Meer und in die aufgehende Sonne zu blinzeln. Das Licht changiert, hell und dunkel, die wenigen Wolken werfen Schattengebilde aufs Wasser. Die anlaufenden Wellen treffen im schrägen Winkel auf das schäumende Kielwasser, das wie eine Barriere alles bricht. Mit einer Rollbewegung schwappt eine See übers Achterdeck. Ich bekomme nasse Füße. Zeit für einen Kaffee.*

23. Tag: *Eine Goldmakrele gefangen. Mit einem Stück vom Fliegenden Fisch als Köder. Leine war erst zwei Meter überbord, schon war sie auf meinem Haken. Zehn Kilo Fisch. Hat enormes Spektakel in der Plicht gemacht. Alles voller Blut. A. total aufgeregt und zugleich begeistert von den zu erwartenden leckeren Filetstücken, die sie sich herausschneidet. Ungesalzen und mit wenig Öl kommen die Stücke in die Pfanne. Erst nach beidseitigem Anbraten wird gesalzen und am Schluss eine Limone darüber ausgequetscht.*

29. Tag: *Bin grenzenlos enttäuscht vom Passat. Gestern, heute und womöglich morgen Windstille. – Dafür in der Früh stundenlang Regen. Wir waschen uns gegenseitig und fangen gleichzeitig 30 Liter auf.*

32. Tag: *Wir sahen bisher: einen Sturmvogel, zwei undefinierbare Vögelchen, zwei Wale in der Ferne und soeben über-*

holen wir eine große Meeresschildkröte. Sonst nichts, kein Stück Treibgut, kein Schiff, keine Segelyacht.
34. Tag: Winde zwischen 1 und 5. Regenböen mit Wucht. – Dazu Radionachrichten über französische Atombombenexplosion auf den Tuamotus – stattgefunden vor einer Woche. Sollten wir deswegen dieses lang anhaltende miserable, quälende Wetter haben? Kann ein Atombombenversuch überhaupt so starke Auswirkungen auf das Wettergeschehen haben?

Die Marquesas-Inseln. Ein Archipel von neun Inseln, werden von Tahiti verwaltet und das wiederum von Paris. Das Ganze, Tuamotus inbegriffen, heißt Französisch Polynesien.

Die Seekarte von unserer Landfallinsel Fatu Hiva lag noch immer auf dem Tisch. Ein gewaltig zerklüfteter Vulkanschroffen mit zahlreichen Buchten – aber nur mit dieser einen geschützten mit ihren 300 Meter steilen Klippen. Ein Anblick, den es wohl in Polynesien kein zweites Mal gibt. Und jetzt sollte es an Land gehen. Doch zunächst stiegen die Insulaner übers Heck an Bord. Vater und zwei Töchter brachten uns Orangen, Pampelmusen und Papayas. Die Früchte waren als Tauschware gedacht. Nach einigem Hin und Her entschloss sich Astrid, ihnen zwei Frotteetücher und eine Flasche Parfüm zu geben. Sie zeigten sich vergnügt, die beiden Mädchen versuchten mit viel Mühe, beim Übersteigen ins Kanu ihre einenviertel Meter Bekleidung festzuhalten, und es fehlte nicht viel und der böige Wind hätte uns zwei nackte Südseeschönheiten präsentiert.

Astrid palaverte dann noch ein bisschen mit dem Mann, der recht sympathisch aussah.

»Komm, Wilfried, zieh dir schnell ein Hemd an. Sie nehmen uns mit. Außerdem hat er uns in sein Haus eingeladen. Ich glaube sogar zum Essen.«

Ich beeilte mich, die Ankertrossen gegen das Schamfilen zu schützen. Ich hatte vorsichtshalber zwei Anker mit je 25 Meter Kette und 15 Meter Nylontrosse ausgelegt. Da die KATHENA stark schwoite, konnten die Trossen innerhalb weniger Stunden in der Klüse durchscheuern. Vorsichtig stiegen wir in das wacklige Kanu. Astrid griff sogar ein Paddel und stieß es heftig ins Wasser. Sie konnte es kaum erwarten, an Land zu kommen. Die 35-Tage-Fahrt war schwer für sie gewesen. Sie war nicht imstande gewesen, regelmäßig ihr langes Haar zu kämmen. Wenn es so weit kommt, dann steht es schlecht um sie. Umso erstaunlicher war ihr Elan beim Einlaufen, und jetzt erst …

Bereits nach wenigen hundert Metern sahen wir hinter dem einen »Jungfrauenfelsen« ein winziges natürliches Hafenbecken mit einer kleinen Plattform aus Natursteinen. Dahinter standen ein paar Polynesier in farbenprächtigen Hüfttüchern und Kleidern zwischen den Palmen.

Und dann betraten wir endlich die Insel. Keiner von uns sagte ein Wort. Wir blickten uns nur an, und ein Gefühl der Überwältigung erfüllte uns. Geschafft, und jetzt stehen wir wohl in der schönsten Bucht der Südsee.

Wir folgten unseren Kanufahrern und wurden mit Geleit durchs Dorf geführt. Die kleine einklassige Schule hatte gerade Pause. Teils lachende, teils uns anstierende Kinder begrüßten uns. Die zwei Wege des Dorfes machten einen gepflegten und sauberen Eindruck. Mitten auf der Straße und überall alle Arten von Früchten, das sah paradiesisch aus. Allemal in Gegenwart von blättergedeckten Hütten. Die meisten Häuser jedoch waren aus Holz und Wellblech. Die Frauen und Männer, denen wir begegneten, winkten und lachten. Aber die kleinen Kinder auf den Armen ihrer Mütter weinten und brüllten bei unserem Anblick. Sie hatten bisher wohl nur selten Weiße gesehen.

Astrid redete unentwegt mit unserem neuen Freund und übersetzte mir in Stichwörtern, um was es ging.

»Weißt du, er spricht recht gut Französisch und war schon auf Tahiti. Übrigens, er heißt Puane – jedenfalls habe ich das so verstanden. Auch können wir mit einem Mittagessen rechnen.«

Puane wohnte in einem Stichweg unmittelbar an einer steilen Felswand. Mehrere junge Männer und Mädchen begrüßten uns mit Handschlag.

Eine Weltumseglung ist Sinnbild für idyllische Inseln und pure Freiheit.

Ohne die Trinknüsse der Kokospalme wäre die Reise nur halb so schön.

Unser Boot in den Weiten des atlantischen Ozeans

Segeln vor einem herrlichen Passatwind

Der Weltempfänger lieferte uns Nachrichten und die genaue Zeit.

Typische Lavaküste mit hohen Kakteenbäumen auf den Galapagos

Der Landleguan wirkt bedrohlich, ist aber ein harmloses Kriechtier.

Blaufußtölpel beim Balztanz auf der Insel Santiago

An vielen Stränden der Vulkaninseln leben die Seelöwen in Kolonien.

Im Dschungel von Hiva Oa stieß Astrid auf einen Stein-Tiki.

Vom Meer in die Berge. Unberührt das Innere der Marquesas Insel Fatu Hiva

Paradiesisch: KATHENA vor den Felskulissen in der Bucht von Hanavave

Moorea, Robinson Cove: der wohl schönste Ankerplatz der Südsee

Und weiter geht's – mit frisch gepflückten Kokosnüssen.

»Das ist Puanes Familie«, bedeutete mir Astrid kurz, und dann ließ sie mich stehen, um mit dem Hausherrn gleich die Schweine zu besichtigen, über die sie geredet hatten. Die Schweine waren mit Leinen an die Bäume gebunden.

Ich sah mich um. Das ganze Anwesen bestand aus drei aneinander liegenden Hütten. Die eine, aus einfachen Kistenbrettern zusammengezimmert, war nur zum Kochen, die Küche also. Die zweite war aus Palmblättern geflochten – sozusagen das Speisezimmer. Die dritte Hütte war die größte, massiv aus Baumstämmen und Brettern erbaut: der Schlafsaal für die ganze Familie.

Ich wartete und sah einer Frau zu, die vor den Hütten mit einer runden Holzkeule emsig Tapa schlug. Das ist dünne zerschlagene Palmenrinde, die einst nur von Eingeborenen zur Herstellung von Kleidung gebraucht wurde. Heute kauft der ungefähr monatlich vorbeikommende Schoner aus Tahiti den Tapa-Stoff auf, um ihn dann in Tahiti an Touristenläden teuer zu verkaufen.

Astrid kam mit Puane heiter schwatzend von den Schweinen zurück. Wie wohl sie sich jetzt offenbar fühlte! Inzwischen hatten hinter meinem Rücken fleißige Hände in der Hütte schnell ein Gastmahl hergerichtet. Wir nahmen auf dem Boden vor einer Bastmatte Platz, auf der Brot und Honig, gekochte Bananen, gedünstete Brotfrucht und ein großer bunter Fisch hergerichtet waren. Nur Astrid und ich bekamen ehrenhalber Messer und Gabel, und Astrid übersetzte mir kurz, dass sich unsere Gastgeber ebenso verlegen wie wortreich entschuldigten: Sie seien es gewöhnt, mit den Fingern zu essen.

Ich sah mit Grausen den dicken bunten Fisch vor uns liegen und bat Astrid rechtzeitig, unseren Gastgebern zu erklären, dass ich absolut keinen Fisch essen könne. Astrid gab sich offenbar alle Mühe, aber begreifen konnte das wohl niemand. Ein Mann, der keinen Fisch aß, sozusagen das Hauptgericht der Inseln. Unvorstellbar. Ich begnügte mich dann mit Brotfrucht, Bananen und Honig.

Doch das dicke Ende kam für Astrid noch. Während ihrer wortreicher Erläuterung um meine Fischgeschichte legte Puane ihr nun den ganzen Kopf des Fisches vor. Sie erschrak. »Mensch, sieh dir das an! Das kann ich doch auch nicht essen, mit all dem Gnusch drumherum und sogar noch mit den Augen.«

Ich gebe zu: Ich war nicht fair, als ich meiner Frau das Problem überließ, das ich sehr gut von der letzten Weltumseglung kannte: »Sei kein Frosch! Fischaugen gelten hier als Delikatesse. Du würdest die Leute beleidigen, wenn du sie nicht schluckst. Mensch – diese kleinen Dinger!«

Dabei sah ich selbst vor lauter Ekel nicht hin; Astrid sah nicht hin, und auch unsere Gastgeber haben es wohl nicht bemerkt, auf welche Weise sie die delikaten stumpfen Fischaugen beseitigte. Wenigstens lief das Gespräch, während ich mich genüsslich über meine Brotfrucht mit Bananen hermachte, munter fort.

Es war für Astrid nicht leicht, unseren Gastgebern klar zu machen, dass wir aus Deutschland kamen und dass dort nicht dieselbe Lebensweise gilt wie die der weißen Menschen auf Tahiti. Tahiti selbst, das ist für die Bewohner dieses Tals nur ein verschwommener Begriff von mehrstöckigen »Hütten«, befestigten Straßen, papierenem Geld und überhaupt: von unverständlich unnatürlicher Lebensweise. Deutschland, wie Astrid es ihnen schilderte, mit Heizung, festen Arbeitszeiten und Bezahlung für alle Lebensmittel und Miete – das ging ihnen nicht in den Kopf.

Dann sagte Puane – welterfahren, weil er schon mehrmals mit dem Schoner in Tahiti war: »Aber das ist ja genauso wie in Tahiti! Man muss für alles bezahlen: Wohnen, Früchte, Fische … Es war schön von euch beiden, dass ihr zu uns gekommen seid. Zu unserer Insel, wo man den Fisch nicht kaufen muss.«

Alle in der Hütte lachten, und wir waren reichlich hilflos, als uns Puane erklärte: »Hier gibt es genug zu essen für alle, und man arbeitet nur, wenn man will …«

Aber andererseits: Für ein armlanges Stück Tapa wollten sie fünf Dollar. Ganz offensichtlich wussten die Insulaner nicht

Die Steilküsten von Fatu Hiva greifen wie Bärentatzen ins Meer.

den Wert des Dollars einzuschätzen. Am liebsten waren ihnen Tauschgeschäfte: ein Liter Honig für eine Flasche Shampoo beispielsweise.

Mit dem Versprechen, am nächsten Tag wiederzukommen, kehrten wir an Bord zurück. Ein halbwüchsiger Bursche und ein Mädchen, wie alle hier mit langen glatten Haaren, ruderten uns zur KATHENA. Erst mal von dem Ausflug ausspannen und die Schönheit dieses Fleckens Erde auf uns wirken lassen. Dazu gab es dann noch ein Fußballspiel von der Weltmeisterschaft in Mexiko. Dem Radio konnten wir mit großer Mühe einen Spielbericht und das Ergebnis entlocken: Deutschland – Marokko 2:1.

Zwei Jungen wollten uns anderentags für den lächerlichen Betrag von nur einer Packung Zigaretten zu den berühmten Lagerstätten polynesischer Totenschädel führen. Also machten wir uns gemeinsam auf in Richtung Inselmitte. Bald blieben die letzten Hütten der Siedlung hinter uns zurück. Wir schritten dem Schluss des Tales zu, wo die Felsen senkrecht in den

99

Himmel ragen. Ich fragte mich schon, wie wir da rüberkommen sollten, und hatte den Eindruck, das Wichtigste vergessen zu haben, nämlich Kletterschuhe und Bergsteigerpickel. Aber plötzlich öffnete sich die Wand vor uns. Durch eine schmale Schlucht traten wir bequem in ein liebliches Palmental, das sich tief ins Innere der Insel zog. Das Tal war unbewohnt. Nur ab und zu trafen wir einen Menschen, der mit einer Machete Kokosnüsse halbierte und das Fleisch herausschnitt, um es für den Export zu trocknen. Andere wuschen irgendwelche Tücher im Bach, indem sie die Stücke auf Steine schlugen, oder badeten einfach.

Der Weg führte steil aufwärts. Bald befanden wir uns auf einem Kamm, wo wir freie Sicht über die Bucht genossen. Es war herrlich. Schlichtweg überwältigend. Vor uns das weite tiefblaue Meer, im Rücken das wilde Gebirge der Insel. Nach einem weiterem Stück Pfad, es ging über Gestein und durch hohes Gras, führten uns die Jungen zu einer Nische und zeigten bedeutsam auf ein paar dünne Knochen. Das sollten die polynesischen Schädel sein. Sie ähnelten eher Hundeköpfen. Ich nahm ein Exemplar in die Hand – und ließ es sofort wieder fallen. Es stank fürchterlich. Die Jungen grinsten sich eins und steckten sich eine Zigarette an, während ich versuchte meine Hände mit Gras zu säubern.

Auf dem Rückweg trafen wir Puane, der uns nachgegangen war, und erzählten ihm von dem Fund. Doch Puane winkte mit beiden Händen ab und erklärte: »Aber, meine Lieben, marquesische Schädel liegen sicher verwahrt in Felsgrotten. Da kommen keine Fremden ran.«

»Und warum wurden sie nicht begraben?«

Das Geheimnis konnte oder wollte er uns nicht erklären.

Es war schon ziemlich spät am Nachmittag, und die Sonne war längst hinter den hohen schroffen Bergwänden verschwunden. Uns umgab dichtes Grün, die Baumkronen schlossen sich zu einem gewaltigen Dach über uns zusammen. Mir fiel das Bibelwort vom Tal der Finsternis ein, und ich fühlte mich merkwürdig beklommen.

Im Halbdunkel erkannte ich, dass wir durch einen richtigen Orangenwald wanderten. An jedem Baum hingen Hunderte grüner, dicker Früchte.

»Schade, dass sie nicht reif sind«, bedauerte Astrid. Ein wenig Orangensaft wäre uns nach der vitaminlosen Kost auf See ausgezeichnet bekommen. »Sie sind reif«, antwortete Puane, der uns jetzt führte. »Hier werden die Orangen nie gelb. Ihr werdet sie meistens süß und saftig finden, auch wenn sie grasgrün aussehen.« Und wir dachten, die geschenkten Früchte an Bord müssten wir erst reifen lassen.

Mit einem Stock schlug er ein paar herunter, und wir schälten uns einige. Sie schmeckten ziemlich fad, löschten aber, da sie sehr saftig waren, unseren großen Durst. Der Boden war von verfaulten Orangen übersät. Ich fragte Puane verwundert, warum niemand die Früchte pflückte und nach Tahiti schickte, wo fünf Stück einen Dollar kosteten. Jedenfalls, als ich damals dort war.

»Wisst ihr, die Schonerkapitäne sind nicht daran interessiert, welche zu kaufen. Der Weg ist zu weit, die Handhabung umständlich, und in der Regel faulen die Früchte schnell. Die Matrosen, wie ich zu meiner Zeit, pflücken meistens ein paar Kisten für den eigenen Verbrauch und schon mal für den Verkauf. Allerdings ohne dafür zu bezahlen.«

»Aber warum lassen es die Eingeborenen zu, dass die Matrosen sich ihre Orangen ohne Bezahlung nehmen?«

»Das ist ganz einfach. Ohne Schoner gibt es keinen Zucker, kein Mehl, keinen Tabak. Ohne diese Schätze kann keiner auskommen. Darum ist es am besten, sich mit dem Kapitän gut zu stellen.«

»Na ja, aber schade ist es doch um die Orangen und vor allem um die kinderkopfgroßen Pampelmusen.«

»Vielleicht. Jedenfalls haben wir genug, um ganz Tahiti damit zu versorgen. Nach einem Sturm liegt der Boden dicht mit Früchten bedeckt. Sogar das Bachwasser schmeckt danach.«

Wir gingen weiter, folgten einem schlüpfrigen Pfad und wateten durch einige eiskalte Bäche. Verdammt noch mal, wohin

Einsam und wild: die Küsten und Buchten der polynesischen Inseln

schleppte Puane uns nur? Plötzlich blieb er stehen und zeigte zur Bucht hinunter. Dort, ganz einsam innerhalb zweier Steilwände, lag im Abendlicht unsere KATHENA.

Das Dorf Hanavave war neben dem Dorf Omoa, 5 Meilen südlich, die einzige Ansiedlung auf Fatu Hiva. Beide lagen in der Nähe des Strandes. Das Innere dieser Täler und die gesamte Gebirgsregion waren unbewohnt.

Wer die fast menschenleeren Buchten der Marquesas sieht, kann sich kaum vorstellen, dass diese abgelegene Inselgruppe einmal zu den am dichtesten besiedelten ganz Polynesiens zählte.

Als erster Europäer entdeckte der spanische Seefahrer Alvaro Mendaña 1595 die hoch aufragenden Inseln. Er benannte sie nach seinem Wohltäter, dem Marquis de Mendosa. Sein Chronist hat die Eindrücke beim Ansteuern der Bucht Vaitahu auf der Insel Tahuata so trefflich formuliert, dass ich sie hier wiedergeben möchte:

»Und da kamen sie auch schon auf ihren Auslegerbooten

dahergepaddelt, vierhundert gleich große, schöne, stattliche Gestalten im Schimmer einer makellosen Haut, die wie Bronze glänzte, mit Blumen im Haar, mit blitzenden Zähnen, mit dem Wohllaut einer reinen Stimme und Sprache, kindliche, fröhliche Menschen ohne Knoten in Leib und Seele, die mit Grazie einer gelösten Anmut die fremden Wesen willkommen hießen und mit großen Gebärden auf ihre Hütten wiesen, die gastlich vom blanken Strand herüberwinkten und sich in Palmenhaine schmiegten, die in der Brise des Abends leise wogten wie ein Fächer, der Linderung bringt und alle Hitze von der Stirne weht. Niemand war an Bord, den der Zauber dieser Inseln und Menschen nicht alsbald bewegt und gebannt hätte. Es war einer jener großen, einmaligen, ach so unwiederholbaren Augenblicke, da wirklich ein Neues geschah, da sich zwei fremde Welten und Rassen begegneten, in einem Wunderland, von dem noch der Charme eines unberührten Daseins ausging, wo noch die letzte Harmonie des Paradieses in Friede und Schönheit zu wohnen schien.«

Verglichen mit diesem Zitat klingt es wie bitterer Hohn, was nach der Entdeckung der Marquesas folgte. Der Kontakt mit den Eingeborenen wurde bald kriegerisch. Mendaña und seine Leute machten den Anfang. Als er absegelte, ließ er Dutzende toter Polynesier zurück.

Bevor diese Inseln erneut erwähnt wurden, vergingen fast zwei Jahrhunderte. Der freundliche Captain Cook machte 1774 auf seiner zweiten Weltreise hier halt. Nach seinen Schätzungen lebten dort 70 000 bis 100 000 Menschen, also mehr als zehnmal so viel wie heute. Die Marquesaner hielt er für die robustesten unter allen Polynesiern.

Warum haben sie sich trotzdem derart stark reduziert? Da ist zum einen der Brotfruchtbaum, ihre Hauptnahrungsquelle. Da er nicht das ganze Jahr über Früchte trägt, erlitten die Insulaner furchtbare Hungersnöte. Hinzu kam der Mangel an Ackerland, der zu Konflikten und schrecklichen Kriegen führte. Ganze Täler wurden entvölkert. Als die Europäer kamen mit Missionaren und Keuchhusten, mit Typhus und Syphilis, mit Bedarf an Holz für ihre Walfänger und an Frauen für ihre Mannschaften, da wurde die Bevölkerung der Inselgruppe fast ausgerottet. 1930 lebten hier noch ganze 2200 Insulaner. Heute ist die Zahl wieder auf gut 7000 gestiegen. Und trotz der unsäglichen Erfahrungen, die ihre Vorfahren mit uns Weißen gemacht haben, werden wir wie lang ersehnte Freunde behandelt.

Die Vaitahu Bucht, wo der Entdecker Mendaña geankert hatte, sollte unser nächstes Ziel sein. Um Mitternacht gingen wir in See, um am nächsten Tag noch vor Einbruch der Dunkelheit dort anzukommen. Die KATHENA war mit Früchten beladen; außerdem hatten wir noch ein paar Tauschgeschäfte getätigt. Astrids letzte Ohrringe, Cremedosen und Nagellackfläschchen wurden gegen Honig, Eier und vor allem Mehl eingetauscht. Ich war froh, endlich all die vielen unnützen »Bottles« von Bord zu haben.

Die Überfahrt zur Insel Tahuata war bei dem halb einfallenden Wind eine schnelle Sache. Die Leeseite der Insel versorgte uns dafür nur mit leichten Winden aus den Bergen. Nach jedem Felsvorsprung schrie Astrid: »Da! Das ist Vaitahu.« Sie irrte. Es waren immer nur kleine Buchten, die zwischen den steilen Hängen wie eingefräst wirkten mit schmalen Sandstreifen und ein paar Palmen am Scheitel.

An dem Kap, hinter dem ich Vaitahu vermutete, segelte ich ganz dicht vorbei. Mit einem Mal öffnete sich die Bucht vor uns zu einem lieblichen Bild. Vor dem kilometerlangen schwarzen Kiesstrand brachen sich die Wogen zu einer weiß schäumenden Mauer. Dicht hinter dem Strand zog sich ein schmaler Streifen grünen Grases entlang. Dahinter ragten schlanke, sich wiegende Palmen empor. Zwischen den Kokospalmen schimmerten ein paar rote Hausdächer. Ein breiter Weg zog sich in die Tiefe, eingefasst von blühenden Tiare- und Puraubäumen. Der Pfad verlor sich indessen bald am Hang. Man glaubte sich fast in ein Theater mit gemaltem Rundhorizont versetzt, so harmonisch wirkte der Aufbau. Über alledem lag ein Hauch von märchenhafter Stille, von Unberührtheit und tiefstem Frieden.

»Ist das nicht bezaubernd?« sagte ich zu Astrid, während ich KATHENA weiter zum Scheitel der Bucht steuerte, wo sich der Ankerplatz befand.

»Sicher wirkt das so auf uns, weil es in der Bucht auf Fatu Hiva immer so böig war«, meinte Astrid.

»Oder weil hier so viele weiße Vögel über die Palmenkronen segeln.«

»Es ist ja auch gleichgültig«, winkte Astrid ab, und es hörte sich so an, als ob sie den überwältigenden Anblick des Vaitahu Tals ohne viel Gerede genießen wollte.

So verharrten wir schweigend und reglos, als könne sich das Zauberbild jeden Augenblick auflösen.

Aus der Verzückung erwachten wir erst, als ein Kanu längsseits kam – der Dorfpolizist, der unsere Papiere einsehen wollte. Astrid bat ihn an Bord, doch plötzlich schienen die »Passeports« nicht mehr so wichtig. Der Mann wollte gerne Munition für sein Gewehr kaufen. Da die Marquesaner von der französischen Verwaltung nur rationiert Munition zugeteilt bekommen, sind sie immer in Verlegenheit. Sie brauchen die Patronen für die Ziegenjagd hoch oben in den Bergen. Leider konnten wir dem Mann nicht helfen, denn wir führten weder Waffen noch Munition mit.

Mit unserem Schlauchboot kamen wir wohlbehalten durch die Brandung, wenn man davon absieht, dass nur ich nass wurde. Einen Landungssteg gab es nicht. Wir zogen das Boot ein Stück den Strand hinauf, und dann standen wir, wie wir glaubten, mitten im Paradies.

Aber aus der Nähe sah auf einmal alles ganz anders aus. Überall wucherte wildes Buschwerk, die Palmen waren vermorscht und überaltert. Rund um die Stämme hingen Reste von rostigen Blechringen, die einmal dazu gedient hatten, die Ratten am Erklettern der Baumkronen und damit am Aufnagen der Nüsse zu hindern.

Auch hier finden wir ein junges Mädchen, als wir am Strand landen, das auf all unsere Fragen eine Antwort geben kann. Vaitahu hat schon Stadtcharakter: 300 Einwohner und viele

Häuser aus Stein. Die Terrassen sind dekoriert mit Muschelket-
ten und Stoffbahnen in leuchtenden Farben. – Ich esse meine
erste Mangofrucht. Gelbes Fruchtfleisch. Saftig. Süß. Ein vor-
trefflicher Geschmack. Verleitet zu mehr und zu ein paar sehn-
süchtigen Blicken in den Baum. Das Mädchen kapiert, holt mir
einen ganzen Bastkorb voll dieser köstlichen Früchte. In einem
Laden kaufen wir noch Reis und dann geht's bald zurück an
Bord: zu viert durch den Surf. Unsere kleine Freundin, samt
Schwester, will unbedingt mit hinüber. Ich bewundere ihr lan-
ges, glattes, schwarzes Haar, sie mein langes blondes. Aus mei-
ner Kollektion Ohrringe dürfen sie sich je ein Paar aussuchen.

Das Dorf war wirklich hässlich: Zu beiden Seiten des Weges
durchs Dorf lagen etwa zwei Dutzend Häuser. Stein und un-
behandelte Holzbretter bildeten die Wände, darüber rostrote
Dächer aus Wellblech. Das waren die Farbtupfer, die wir von
See aus gesehen hatten. Fast alle Gebäude sahen alt, verfallen
und schmutzig aus. Leere Konservendosen, Papier und Ge-
rümpel lagen überall herum.

Wie gut hatten die 80 Eingeborenen im Hanavave Tal dagegen ihre Häuser in Ordnung gehalten. Ihre Palmen, Wege und
Strände hatten gepflegt ausgesehen. Fatu Hiva war unberührter, wahrscheinlich weil es weiter von der Inselgruppe der Marquesas abliegt, von der Hauptinsel 150 Seemeilen.

Als verspätetes Mittagessen gab's Brotfrucht wie Bratkartoffeln in der Pfanne zubereitet. Während ich die großen Stücke –
cross und mürbe zugleich – mit der Gabel aufpiekste, sagte ich
zur Köchin: »Hier bleibe ich nicht lange.«

Das leuchtete auch Astrid ein, allerdings nur zum Teil:
»Aber die Bucht ist fantastisch, nur der Surf beim Anlanden
stört, na ja, das Dorf ist auch nicht gerade sehenswert. Aber
vor Anker ist es doch auch schön – so ungestört.« Also blieben
wir.

Anderntags gingen wir nochmals ins Dorf und zum »Chi-
nois«, so heißen in der Südsee die Läden, weil die Händler
meistens Chinesen sind. Hauptsächlich, um nach Brot und
Stoffen zu schauen und um etwas zu trinken. Das Geschäft

war das schönste Haus im ganzen Tal, offenbar erst vor kurzem gebaut und blau gestrichen. Der Verkaufsraum war mit Regalen ausgestattet, auf denen Konservendosen, Stoffballen und allerlei Kram ausgebreitet lagen. Ein halbes Dutzend Marquesaner saßen am Boden und tranken Limonade. Wir verlangten auch eine. Der Chinese holte eine dunkle Flasche mit gelblichem Inhalt ohne Etikett hervor und verlangte 25 Francs, umgerechnet etwa eine Mark.

»Ist das Limonade aus Tahiti?« erkundigte sich Astrid.

»Das ist mein eigenes Erzeugnis!« erwiderte der Chinese selbstbewusst.

Wir probierten die »Limonade«. Brrr! Wir hielten es für besser, den Rest stehen zu lassen – das Gesöff schmeckte nach hundert Jahren.

Wir setzten unsere Wanderung bis zum Ende des Dorfes fort. Ein kleiner Bach schlängelte sich am Weg entlang. In der schmalen gelblichen Wasserrinne waren Kinder damit beschäftigt, Wasser in alte Bierflaschen zu füllen. Astrid fand heraus, es sei Wasser für die Limonadenfabrik. Oh! Wir eilten danach zum Strand hinunter. Unser Revier. Er war sauber und schattig. Hier wollten wir nicht noch einmal ins Dorf gehen.

Der letzte Blick zurück, als wir unser Schlauchboot klarmachten, erinnerte uns an ein weiteres Zivilisationsgut, mit dem Europäer und Amerikaner die unbedarften Völker rund um die Welt »gesegnet« haben: Alkohol. Auf dem Kiesstrand saßen zwei Marquesaner, stark angetrunken und offenbar nicht mehr Herr ihrer Sinne.

Ich erinnerte mich, mal gelesen zu haben, dass es in alten Zeiten auf den Marquesas keine destillierten Getränke gab. Das einzige Rauschmittel, das man mit einiger Berechtigung so nennen konnte, war Cava. Sie wurde aus bestimmten Wurzeln zubereitet, die man zu dickem Brei zerkaute. Die ganze Mischung spuckte man dann in einen Bottich mit einigen Zutaten und ließ sie gären. Danach wurde die Masse mit Wasser angerührt. Auch wenn die Cava nicht vollkommen harmlos war, richtete sie doch keinen dauerhaften Schaden an. Bei übermäßigem Genuss konnte ein Hautausschlag auftreten und sich eine gewisse Nervosität bemerkbar machen. Als die Marquesaner jedoch Rum und anderen Schnaps kosteten, begannen sie bald, ihre Cava zu verschmähen. Da die Einfuhr alkoholischer Getränke begrenzt war, zeigten sie sich natürlich hell begeistert, als ihnen ein paar Seeleute beibrachten, wie man aus Früchten Schnaps brennen kann. Überall wurden so genannte Destillen eingerichtet.

Vier Stunden waren es bis zur nächsten Bucht von Hanamenu an der Nordwestküste Hiva Oa. Dort ankerten wir dicht am Strand vor einer gepflegten Kokospflanzung, die tief ins Tal reichte. Sie wurde von einer einzigen Siedlerfamilie, Tahiti-Franzosen, bewirtschaftet. *Hübsch hinter Palmen versteckt meisterhaft angelegt und peinlich sauber präsentiert sich die 6-Personen-Siedlung der Rohis. Es scheint, auch von Kopra kann man gut leben.* – Bei den Kopramachern sah ich auch die am saubersten gebauten Palmblätterhütten. Gleich hinter der Pflanzung, auf einem Hügel, entdeckte ich viele Fundamente ehemaliger Hütten. Man findet sie auf den Inseln in verlassenen Buchten und Tälern. Die überwucherten Fundamente und Tikis, steinerne Götterfiguren, erzählen stumm von der alten Zeit. Mir wurde klar: Dies war eines der Täler, in denen Hungersnot, Kriege oder der weiße Mann ihre Vernichtungsfeldzüge siegreich vollendet hatten.

Heute ist das Tal ohne Bewohner. Die Brotfruchtbäume, Papaya und Zitronenbüsche wuchsen wild weiter. Die riesigen Mangobäume waren voller schmackhafter Früchte, die kein Mensch pflückte. Wir konnten frei ernten. Dazu Frischwasser aus einem Bach schöpfen.

Ich rede hier nur von mir – denn Astrid kam selten mit an Land. *In der Bucht gibt's nicht etwa als Erstes ein Rendezvous mit Bewohnern, sondern mit den berüchtigten Nonos. Diese Insekten sind stecknadelkopfgroß und unangenehm – und manchmal bösartig. W. stechen sie sowieso nicht. Ich wasche also mein Haar im glasklaren Bach und ignoriere vorläufig noch all das Viehzeug, das auf mir herumkrabbelt.* – Soweit

Astrids erster Landgangsbericht. – *Wir sitzen in dem aus Palmwedeln geflochtenen Haus, durch das auch nicht der hier übliche Sturzregen rinnt, da ergreife ich schon bald wieder die Flucht. Oh, verdammt. Es ist geradezu lächerlich, wie die Nonos mich traktieren und plakatieren. Ich laufe in langer Hose, Gummistiefeln und W.'s Oberhemd umher. Bei dieser Hitze! Ein Glück, dass sie nicht die hundert Meter bis zum ankernden Boot fliegen!* – Sie ist furchtbar empfindlich gegen Insekten jeder Art, und in dieser Bucht wimmelte es von Stechfliegen, den Nonos. Die Stiche sind zwar nicht gefährlich, aber sie jucken so stark, dass man sie oftmals aufkratzt. Dann bilden sich scheußliche Entzündungen. Wir trafen in Tahiti Segler, die nach ihrem Besuch auf den Marquesas mit einem Dutzend schlimmster Eiterungen behaftet waren. Sie mussten sich ärztlich behandeln lassen.

Nachdem meiner Frau auch noch bei dem Schwell die Spaghettisoße vom Kocher gefallen war, hallten laute Flüche durch die Bucht. Tücher, Kajütdecke, Polster, Gardinen, Teppich … wirklich alles voller Tomatentunke. Oh Gott, selbst die Seekarte hatte Spritzer abbekommen. Die letzte schöne Zwiebel lag kläglich am Boden. Nur die Würstchen konnte sie retten. Also auf ein Neues – im doppelten Sinne: Wir machten KATHENA seeklar und verließen die Bucht mit Kurs Tahiti.

Tahiti, die glückliche Insel

>»Wo kann ein Mensch glücklicher sein
>als auf dieser Insel, wo er in einem der
>besten Klimate der Welt den Luxus des
>Lebens bequem und reichlich genießen
>kann?«
>Der britische Entdecker JAMES COOK
>1769 beim Besuch der polynesischen
>Inseln

Der nächste Seetörn fing gut an. Deutschland schlug England bei der Fußballweltmeisterschaft in Mexiko 3 : 2 nach Verlängerung. Die KATHENA machte 6 Knoten, so verschwanden die Marquesas bald im Kielwasser unter dem Horizont. Unseren Lebensrhythmus an Bord fanden wir schnell wieder: Wachegehen, Kochen, Navigieren, Lesen und natürlich Schlafen.

Schlafen ist eine der Hauptbeschäftigungen auf so einem Schiff und während einer solchen Reise. Denn der Schlaf wird durch Segelmanöver und Kurskontrollen immer wieder unterbrochen. Man muss also stets Schlaf nachholen. Außerdem ist er nicht so tief und erholsam wie an Land in einem richtigen Bett, denn die Koje ist kurz und schmal; dazu liegt das Boot schräg, schlingert oder stampft oder macht sogar beides. Um nicht aus der Koje zu fallen, liegt man meist angespannt, klemmt und keilt sich irgendwie fest.

So kommt es, dass man auf See nur leicht schläft und viel träumt – wie wir jetzt von unserem nächsten Landfall auf dem Manihi Atoll im Tuamotu Archipel –, und dass man auch von Alpträumen geplagt wird. Diese hatten angesichts unseres nächsten Ziels einen besonderen Grund: Einen Begriff von der Gefährlichkeit jener Inselkette bekam ich, als ich sie drei Jahre zuvor allein durchsegelt hatte. Und dabei wäre ich um ein Haar auf einem Riff gestrandet. Nachdem ich zunächst das

Atoll Taiaro passiert hatte, versetzte mich nachts eine Strömung auf das Riff von Kauehi. Was für ein Zufall, dass ich gerade im Cockpit war und daher die Brandungsgeräusche rechtzeitig hörte! Das war damals knapp. Eine Zigarette in der Kajüte – und es wäre zu spät gewesen!

Die 78 Inseln der Tuamotus sind nur niedrige Korallenriffe, die sich kaum einige Meter über den Meeresspiegel erheben und vereinzelt mit Palmen bewachsen sind. Man kann sie nur 5 bis 7 Seemeilen weit sehen, und es ist manchmal genauso schwer, sie zu finden, wie ihnen zu entgehen. Starke und tückisch wechselnde Meeresströmungen zwischen den Inseln können einem Segler leicht zum Verhängnis werden. Deshalb spricht man auch vom »Gefährlichen Archipel« oder von den »Labyrinthinseln«. Wie es um die Navigation zwischen den Tuamotu Inseln bestellt ist und wie die Inselschoner sich zurechtfinden, verdeutlicht eine Anekdote, die auf Tahiti sehr populär ist.

Da sagt der Kapitän zum Rudergänger: »Du siehst die Wolke dort über dem Horizont, steure darauf zu.« Dann geht er beruhigt in die Kajüte. Kommt aber nach einer Weile wieder an Deck.

Nun befiehlt er: »Die Vögel ziehen nach Nordost, das bedeutet, dass da irgendwo Land ist. Steure ihnen nach, so gut du kannst.« Allmählich taucht wirklich ein Ringatoll mit Inseln am Horizont auf.

Jetzt meint er: »Sieh da, eine Laguneneinfahrt mit zwei Korallenblöcken in der Mitte. Das muss Tahanea sein.« Oder er sagt vielleicht: »Keine Palmen auf der Südseite? Das muss Toau sein.«

»Solltest du die Insel nicht genau wiedererkennen, so geh' einfach an Land und frage.« Auch so ein Tipp auf Tahiti.

Tatsächlich spielt es sich noch heute oft so ab. Denn es gibt keine Leucht- und Funkfeuer in diesem Archipel, und die Angaben in den Seekarten sind fehlerhaft und irreführend. Da heißt es etwa im Seehandbuch über eines der kleineren Atolle: »Diese Insel soll nach Berichten von 1882 etwa 5 Meilen östlich der angegebenen Position liegen, 1920 wird sie bedeutend nördlicher angegeben. Ihre Länge ist unsicher.«

Als wir uns Manihi näherten, schlug das bisher schöne Wetter um. Das Barometer fiel stetig. Die Nacht wurde schauderhaft. Einige Böen waren so stark, dass ich das Großsegel wegnehmen musste. Dazu setzte starker Regen ein, und ich musste in diesem Mistwetter, der heftigen Böen wegen, draußen Wache gehen.

Während der Morgendämmerung regnete es zwar kaum noch, dafür begann der Wind zu schralen. Es wurde schwierig, den Kurs auf Manihi zu halten. Meiner Berechnung mit dem Sextanten nach durften wir erst gegen Mittag Land erwarten. Doch wir hielten schon jetzt eifrig Ausguck nach dem geringsten Zeichen, das auf die Nähe von Land schließen ließ.

Stunde um Stunde verging. Kein Sonnenstrahl zeigte sich am Himmel; alles war grau in grau. Unsere Augen schmerzten. Vereinzelte leichte Schauer nahmen uns fast ganz die Sicht. Ich überlegte schon, ob ich nicht vorsichtshalber abdrehen sollte, um in der nächsten Nacht frei von den Inseln zu sein, da ertönte plötzlich Astrids Schrei: »Wilfried, komm schnell! Da unter der Fock – sind das nicht Palmen?«

Ich sah nichts. Hastete aufs Vordeck und kletterte in den Mast, sieben Meter hoch bis zur Saling. Von dort konnte auch ich die Palmenwipfel erkennen. Palmenkronen, die auf der Kimm zu schwimmen schienen. Ein einzigartiger Anblick.

»Du hast Recht«, schrie ich hinunter, »es ist ein Atoll. Hoho!«

»Ist es Manihi?«

Ich rutschte wieder an Deck.

»Die Palmen- und Rifflinie ist unterbrochen, das müsste der Seekarte zufolge Manihi sein.«

»Bist du sicher?«

»So sicher, wie man hier eben sein kann. Trotzdem, wir werden nicht in die Lagune einlaufen.«

»Warum eigentlich nicht«, fragte Astrid enttäuscht, »wo wir so nah dran sind? Mann, ist das nicht dort am Kap die Village?«

h	Fahrt Knots	Ka Kurs	Wind	Ba	Wet	Temp	See	Segel	Mot	Log	Bem
02	4,0	225	ENE 2-3		c		2	D-F		638	
04		220	- " -	1013	c			"			
08	2,5	225	NE 2	1014	o	22/25		"			
10		230	NE 1-2		c			"			
12	3,0	230	NE 1	1015	o	34/25	2	G+FoI		659	Noch 50 sm bis Tahiti
14		245	o		o,r			/			leere Segel - Flaute
18		250	NW		o,r,q	27/25	2	/			heftige Regenböen aus N-NW
20		250	NNE 1-2	1014	o			G+FoI			setze Segel
22	2,5	255	- " -		o			- " -			Wachwechsel - alle 3 Std.

Mit. Br. 17°16' S   Etmal   71 sm,   MittBw. 12° E
Mit. Lä. 148°41' W   Gesamt 748 sm,   Strom /

9. Tag - Montag

Warten sehnsüchtig darauf, daß Tahiti aus dem Meer steigt. Bis
Mittag leider nichts. Dann Flaute mit Segelschlagen - lie im leere -.
Damit wirds heute nicht mehr mit dem Ankommen. Schade. Dafür:
Großes Saubermachen - Kajüte, Deck, Außenbords. - Klebe schon mal

TAHITI AND MOOREA
Scale 16 Miles to the Inch

unser Ziel ins Logbuch: TAHITI + MOOREA - die pure Südsee.
A. ist riesig gespannt. Und es wird Zeit nach 7 Monaten wieder
bißchen Stadt zu erleben

»Die Strömung in die Passage ist zu gefährlich. Das Wasser spült an der einen Seite des Atolls über die Riffe in die Lagune und sucht sich dann den einfachsten Weg zurück durch die Pässe. Und gerade bei diesem Starkwind brodelt dort die Strömung zu heftig. Außerdem jetzt den Ankerplatz anzusteuern, wäre vom Wetter her waghalsig. Schau selbst, der Himmel ist bedeckt, da ist eine Riffnavigation unmöglich.«

Ich gebe zu: Ich selber bedauerte es auch, dass wir die Insel liegen lassen mussten. Als wir daran vorbeisegelten, konnten wir uns ein Bild von der kabbeligen See in der Einfahrt machen. Aber es half nichts. Es blieb uns nichts anderes übrig, als direkt auf Tahiti zuzuhalten.

Das Wetter blieb unbeständig. Ein paar Stunden später hatten wir Ahe und Arutua mit großem Abstand passiert. Jetzt war vor dem Steven alles frei – bis Tahiti.

Im Logbuch notierte ich am 20. Juni erleichtert: *Oh, Gott, zum zweiten Male die Tuamotus durchquert. Ich höre den Stein von meinem Herzen plumpsen. Bedaure aber auch, Manihi nicht wenigstens versucht zu haben. Da kommst du nie wieder hin. Und wahrhaftig wehte der Wind so stark, dass wir mit Surfpartien durch die Nacht rauschten. Hartes Rudergehen mit beiden Händen an der Pinne war erforderlich. A. geht trotzdem tapfer ihre vier Stunden Wache. In Verbindung mit der üblichen Seekrankheit. Manihi ade.*

Am neunten Tag seit unserer Abfahrt von Hanamenu war es geschafft. Tahiti und rechts daneben Moorea erhoben sich aus der Weite des Pazifiks. Um die Mittagszeit schlängelte sich die KATHENA mit wenig Wind in den Segeln durch die mit Bojen gut gekennzeichnete Riffeinfahrt in den Hafen von Papeete. Das 2231 Meter hohe Tahiti ist ganz von einem Riff umgeben. An der berühmten Wasserfront, genau gegenüber der Hauptpost, ließen wir unseren Anker fallen und machten die Heckleinen an Land fest. Astrid fand gleich Zeit, Neues zu entdecken. Dazu gehörte die rote JOSHUA Bernard Moitessiers, die unverkennbar am nicht befestigten Kai lag. Typisch Bernard, er liebt das Abseits.

Die Ankunft eines Segelbootes nach längerem Seetörn spielt sich fast ab wie ein festes Ritual. Das Erste ist ein »Smalltalk« mit dem Bootsnachbarn.

»Wo kommt ihr her?«

»Wie viele Tage wart ihr unterwegs?«

»Habt ihr die Yacht Soundso gesichtet?«

Und noch bevor der Zoll oder die Polizei zur Passkontrolle an Bord erscheint, werden ein langes frisches Weißbrot, Milch und Obst als Willkommensgeschenke auch unter unbekannten Segelkameraden herübergebracht. Das alles gab es schon lange nicht mehr an Bord der KATHENA.

Dann folgt sofort der erste Landgang. Es klingt paradox, aber es ist so: Man bewegt sich zunächst unsicher auf dem festen Boden.

An Land, im Café Vaima, gleich schräg gegenüber, schleckten wir erst einmal ein Eis, ein zweites, ein drittes, und dann stürzten wir ein Bier darauf.

Ich ging hinüber zur Hauptpost und rief Richard Backer an, einen alten Freund seit meinem ersten Aufenthalt auf Tahiti während meiner Allein-Weltumseglung ein paar Jahre zuvor. Richard schien seinen Ohren nicht zu trauen: »Was? Du bist wieder hier? Eine Frau hast du auch bei dir? Ich komme sofort!«

Richard, gebürtiger Deutscher, war bis 1944 auf dem Schlachtschiff TIRPITZ als Maat gefahren. Dann hatte es ihn in die Fremdenlegion verschlagen. Als Soldat in Indochina und Algerien verdiente er sich eine schöne Pension. Außerdem tut er heute noch als Zivilbeamter bei der Legion Dienst und erwirbt sich so die Butter zu seinen Brötchen. Er ist auf Tahiti einfach hängen geblieben, lebt zusammen mit einer viel jüngeren Tahitianerin, die ihn kürzlich zum Vater machte. Die beiden kamen nach meinem Anruf sofort zum Hafen, um »Bonjour« zu sagen. *Das wurde ein Empfang, nach minutenlangem Küsschengeben haben wir viele Blumen- und Muschelketten um den Hals. Weiß, rot und lange und kurze, so recht tahitisch. Für mich fremdartig, doch so herzlich und begeisternd. Mere ist eine einheimische Schönheit.* Für Astrid war's der Empfang ihrer Träume.

Zum Abendessen wurden wir von Richard ins Auto verladen und zu seinem Haus gebracht. Es liegt paradiesisch, gleich an der Lagune, mit hüfttiefem klarem Wasser, davor eine kleine Wiese, von Palmen und Bananenbäumen überschattet. Das war für uns das richtige Fleckchen zur Erholung von den Strapazen der See. Spät am Abend kehrten wir zur KATHENA zurück. Wir legten uns satt und zufrieden in unsere Kojen und lauschten noch beim Einschlafen durchs offene Kajütluk dem leisen Gesang und der Musik, die aus den Lokalen an der Wasserfront zu uns herüberdrangen. Die Blumenketten, die wir auf den Tisch abgelegt hatten, dufteten so stark, dass sich der Duft in unsere Träume mischte.

Mit der Sonne ging auch die Schönheit unseres Liegeplatzes auf. Ein kleiner Park neben der Post, bestückt mit zwei Kanonen, die einst der deutsche »Seeteufel«, Graf Luckner, hier gelassen hat. Dazwischen liegt allerdings die viel befahrene Hauptstraße Papeetes. Sie führt rings um die Insel. Rechts und links dieser Straße leben die rund 60 000 Tahitianer. Das Innere der Insel ist unbewohnbar. Der Verkehr auf dem Boulevard störte uns nicht. Wenigstens mich nicht. Im Gegenteil. Astrid notierte in ihrem Tagebuch: *W. kann sogar Gefallen daran finden, denn vom Cockpit aus kann er nun gemütlich die Schönheiten der Insel in Pareo oder Supermini auf ihren Solex oder Vespas vorbeiflitzen sehen. Eine Beschäftigung, der er sich Stunden widmet.*

Gleich am Morgen nach unserer Ankunft ging ich zur Post, die am Vortag schon geschlossen hatte, um unsere Briefe abzufordern, die wir von Freunden aus aller Welt und vor allem aus der Heimat erwarteten. Das ist ein spannender Moment auf einer Weltumseglung. Monatelang hat man nur für sich selber gelebt und nichts gehört aus dem persönlichen Umkreis, dem man trotz äußerlicher Entfernung innerlich immer noch so verhaftet ist. Ist der Freund schon in seine neue Wohnung gezogen? Sind die Bootsnachbarn, die man auf Barbados kennen lernte, auch wirklich bis nach Panama gekommen? Wie war eigentlich der letzte Winter zu Hause? Gab es Schnee?

Der Postbeamte reichte mir mehr als zwanzig Briefe, alle mit der Anschrift »Wilfried und Astrid Erdmann, Tahiti, Poste Restante« – unsere erste Adresse im Pazifik.

Ich eilte an Bord zurück, riss die Umschläge hastig auf. Und dann lasen wir beide stundenlang, unterbrachen uns gegenseitig, teilten uns die wichtigsten Neuigkeiten mit, auch wenn sie schon einige Monate alt waren. Nach langem Seetörn Post zu kriegen – das ist wie Weihnachten mitten im Jahr. Von Astrids Mutter waren gleich ein paar Briefe dabei. Der letzte berichtete von der Ankunft auf den Bermudas: »Himmel, wieder mal habe ich es geschafft. Für die 840 Meilen von den Virgin Islands brauchte ich 12 Tage. Eine gute Zeit für meine geliebte ULTIMA. Ich bin happy, wenn ich bedenke, dass das Sargasso-Meer mit seinen Windstillen dazwischenlag. Das neue Groß-segel hat geholfen. Ja, ich habe mir eins in der Karibik nähen lassen. – Bermuda ist ein Traum. Das ist ja nicht nur *eine* Insel, es sind etwa 300 kleine Eilande. Allesamt flach und mit Riffen verbunden. Alles ist so sauber und die Straßen in dem Städt-chen blumenumsäumt. Und die versteckten Badebuchten zwi-schen den Riffen. Herrlich. In die Bar des Segelclubs, vor dem ich ankere, ließ man mich nicht rein, die ist nur für Männer. Die Ladies haben einen separaten Raum. Sooo englisch ist das hier.«

Ein Luftpostpäckchen war auch dabei mit vielen Mark Por-to drauf – das erste Exemplar des Buches über meine Weltreise als Einhandsegler. Ich hatte meine Manuskripte, Logbücher und Kartenskizzen zurückgelassen, als wir, ziemlich hastig, zu dieser Hochzeitsreise aufbrachen. Inzwischen war dieses schö-ne Buch entstanden – mein erstes. Ich warf es Astrid hinüber auf ihre Koje: »Da, lies mal. Stehen ein paar Sachen drin, die du noch nicht kennst. Kannst mich kennen lernen.«

Und während Astrid anfing zu schmökern, machte ich mich abermals über die Post her. So schön es ist, Post zu erhalten, so schrecklich ist es, sie zu beantworten. Viel schlimmer, als aus dem Urlaub an all die Verwandten, Nachbarn und Bekannten die obligatorischen Grußpostkarten zu schicken. Ich schrieb und schrieb an alle, wenn auch ein bisschen kurz, ein bisschen flüchtig, ja fast schon im Telegrammstil: »Nur ein paar Zeilen, meine Lieben. Fühlen uns prächtig, werden wahrscheinlich länger hier bleiben.« Über die Straße zur Post, Marke drauf – bums – bums –, in fünf, sechs Tagen würden alle wissen, dass es uns noch gibt. Es geht nämlich täglich ein Jet nach Amerika und nach Europa.

Wenn man so als Segler in einem Hafen liegt, sieht das Leben doch ein bisschen anders aus als das eines Urlaubers. Er hat das Gefühl, dass er das bezahlte Geld »ausnutzen« müsse. Er wohnt in einem Pensions- oder Hotelzimmer meist so unpersönlich, dass es ihn stets hinaustreibt zu Ausflügen, Besichtigungen, Spaziergängen und Kneipenbesuchen. Und persönliche Bekannte gewinnt er in der kurzen Zeit höchstens nur oberflächlich durch kurze Worte von einem Lagerplatz am Strand zum anderen.

Segler dagegen haben Zeit mitgebracht, die fast nichts kostet. Sie haben ihr eigenes Heim – das Boot – fast gratis bei sich. Da bleibt man viel eher »zu Hause«. Und außerdem gibt es viel schneller eine tiefere persönliche Verbindung untereinander durch den gemeinsamen Kampf gegen widrige Strömungen, Flauten und Gegenwinde sowie gegen Proviantmangel und all die anderen Schwierigkeiten des Metiers.

So hatten wir sofort herzlichen Kontakt zu Pierre und Kathrin Deshumeur, die schon hier lagen, als ich meine erste Weltumseglung machte. Genauso freundschaftlich verkehrten wir mit Yves und Babette Jonville, die wir später noch in vielen anderen Häfen trafen. Zudem begegneten wir in Papeete einem Landsmann von Astrid, dem Düsseldorfer Klaus Alvermann, der mit seiner nur sechs Meter langen Slup allein unterwegs war. PLUMBELLY (Pflaumenbauch) heißt sie, und so sieht sie auch aus – eben bauchig. Als Dreißigjähriger baute er sie sich selbst auf der Karibikinsel Bequia – aus dem Holz der Insel.

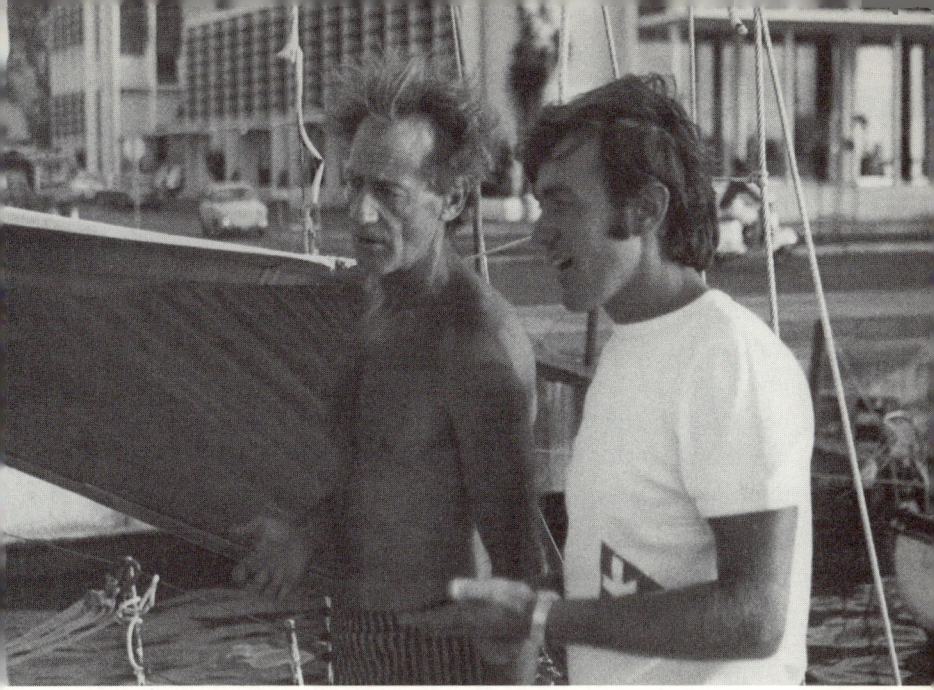

Mit Weltumsegler Bernard Moitessier am Kai von Papeete

Die größte Freude war für mich indes das Wiedersehen mit meinem Freund Bernard – dem Astrid gleich ihr Exemplar seines Buches »Kap Hoorn – Der logische Weg« zur Widmung in die Hand gab.

Bernard Moitessier – der Name ging um die Welt. Von den einen wurde er als großer Weiser und als größter Einhandsegler aller Zeiten bewundert, von den meisten als großer Spinner abgetan. Lange bevor er ohne eigenes Zutun zu einer zweifelhaften Berühmtheit hochgejubelt wurde, habe ich ihn kennen gelernt. Das war 1966 in Alicante an der spanischen Mittelmeerküste. Ich war sozusagen ein »Greenhorn des Meeres«, hatte mir gerade meine erste KATHENA gekauft und große Pläne im Kopf, aber keine Erfahrung im Segeln, schon gar nicht im Einhandsegeln.

Bernard hatte zusammen mit seiner Frau Françoise auf seiner Ketsch JOSHUA den Törn von Tahiti nach Alicante rund ums Kap Hoorn hinter sich. Ich war an diesem 29. März 1966 beim Festmachen dabei. Nach 126 Tagen auf See segelten die beiden in den Hafen. Machten einen Aufschießer, der Anker fiel, und mit Hilfe von uns Seglern waren die Heckleinen der motorlosen JOSHUA schnell am Kai belegt. 126 Tage und Kap Hoorn, für uns alle am Kai in Alicante unbegreiflich. Und die beiden sahen ganz normal aus. Lange Haare hatten sie, gut, und das Schiff hatte etliche Roststreifen. Es unterschied sich ohnehin von allen anderen Booten im Hafen und sah ganz anders aus, präziser gesagt: eigenwillig. Mir gaben all die Drähte, die Fallen und sonstiges gespanntes Tauwerk damals den Eindruck: Da kann man wenigstens nicht über Bord fallen.

Er hatte schon damals einen Namen in der Fachwelt, ich dagegen war ein völlig unbeschriebenes Blatt. Ganz natürlich, ich lag nur ein paar Boote weiter, dass wir uns kennen lernten. So zurückhaltend, ruhig und eigenbrötlerisch er war, so hilfsbereit war er auch. Als ich ihn andeutungsweise merken ließ, was für hochfliegende Pläne ich hatte, machte er sich ungefragt sofort daran, mir die Grundbegriffe der Navigation beizubringen. Und dabei prägte er den für mich aufmunternden Satz: »Es ist doch alles gar nicht sooo schwierig.«

Ich beäugte stundenlang seine rot gestrichene JOSHUA und bewunderte Bernard grenzenlos. Es ging mir so wie einem jungen Boxer aus der Provinz, der einmal Max Schmeling gesehen hat und jede Geste in Erinnerung behält. Allerdings trifft dieser Vergleich nicht ganz zu: Der eine scheute die Publizität – mir ganz sympathisch –, während der andere ihr sehr wohlgesonnen zu sein scheint.

Gerade diese Abneigung gegen alle Publizität hat wohl dazu geführt, dass Moitessier von allzu flotten Journalisten als Irrer dargestellt wurde, als er die größte Leistung in der Geschichte des Fahrtensegelns vollbrachte.

Das war im Frühjahr 1969. Bernard lag vorn im Rennen um den Preis für den Mann, der als Erster – allein und ohne irgendwo anzulegen – um die ganze Erde segeln würde. Ausgeschrieben hatte diese Nonstop-Regatta für Individualisten die »Sunday Times«. Sie nannte es Golden-Globe-Race. Dem

Schnellsten winkte ein Geldpreis von 5000 Pfund. Acht Segler gingen in diversen Häfen Englands an den Start.

Moitessier war im englischen Hafen Plymouth gestartet, er hatte den Atlantik südwärts um Afrika, den Indischen Ozean und den Pazifik durchsegelt, schließlich Kap Hoorn umrundet und brauchte jetzt nur noch das »letzte Stückchen« durch den Atlantik nordwärts nach England zu segeln. Aber da lief er plötzlich nach 204 einsamen Tagen auf See in die Tafelbucht von Kapstadt ein. Er legte – den Regeln des Rennens entsprechend – nicht an, sondern warf dem entgegenkommenden Lotsenboot nur einen Plastiksack mit Nachrichten zu. Dann allerdings drehte er statt in den Atlantik ums Kap der Guten Hoffnung in den Indischen Ozean ab. Damit verschenkte er den offiziellen Sieg als erster Nonstop-Einhand-Weltumsegler in der Geschichte.

In einem Brief an die Veranstalter des Rennens, der sich in dem Plastiksack befand, versuchte er zu erklären, was dennoch kaum jemand verstand: »Meine Arbeit ist, die Reise fortzusetzen, immer noch nonstop, aber in Richtung auf die pazifischen Inseln. Denn da gibt es viel Sonne und mehr Frieden als in Europa. Bitte, glaubt nicht, dass ich Rekorde aufstellen will. ›Rekord‹ ist ein dummes Wort auf See. Ich fahre weiter, einfach weil ich auf See glücklich bin – und vielleicht, weil ich meine Seele retten will.«

Da behaupteten viele, Bernard sei durch die lange Einsamkeit verrückt geworden und die pazifischen Inseln erreiche er in dieser Verfassung nie.

Er erreichte sie natürlich. Nach 308 Tagen und 41 000 Seemeilen machte er in Papeete fest. Das ist eine weitaus längere Segeltour als die von Robin Knox-Johnson, der später in das Logbuch der Geschichte als erster Non-Stop-Einhand-Weltumsegler nach den Regeln des Wettbewerbs einging.

Seither liegt Bernard mit seiner JOSHUA im Hafen von Papeete. Und ist Legende. Wir fielen uns zwar nicht wie alte Bekannte um den Hals, denn das ist nicht sein Wesen, als wir uns gleich nach der Ankunft der KATHENA entdeckten, aber wir hatten uns schon einiges zu erzählen. Dass ich ein Stahlboot gewählt hatte, gefiel ihm, und dass ich mich navigatorisch weiterentwickelt hatte, und vor allem dass ich mein damaliges Vorhaben, allein um die Erde zu segeln, umgesetzt hatte. »Man muss konsequent bleiben«, wiederholte er mehrmals und bezog sich offensichtlich damit ein. Wir hockten häufig zusammen, nicht an Bord, er mied Bordbesuche wie die Pest, jedoch auf dem einzigen Fleckchen Rasen am ganzen Kai, direkt vor seinem Boot. Die Jonvilles und Klaus Alvermann waren meistens mit dabei.

An einem dieser lauen Abende in gemütlicher Runde auf dem Rasenfleck machte uns Bernard ein besonderes Essen nach Tahiti-Art: Poisson Cru. Hier kurz das Rezept für dieses aparte Mahl: Man schneidet rohes, weißes Fischfleisch, am besten vom Thun oder von der Makrele, in Würfel und lässt es im Saft mehrerer ausgedrückter Zitronen mindestens zwei Stunden marinieren. Danach presst man Kokosnussmilch durch ein Tuch über den Fisch. Das Ganze wird etwas gesalzen und mit Gemüse – am besten mit Möhren – serviert.

Das war – weil ich ja keinen Fisch mag – natürlich nichts für mich. Ich hielt mich wie üblich an Bananen und Reis. Und sehr an Bernards Wein. Dieser Wein war eigentlich ganz gewöhnlicher spanischer Rotwein; dennoch stellte er etwas Besonderes dar: Er hatte, abgefüllt in Plastikkanister, schon mehr als eine Weltumseglung hinter sich. Kenner mögen sich streiten, ob einem »edlen Getränk« das monatelange Durchschütteln an Bord und die Tropenwärme bekommen. Wenn ich ehrlich sein soll: Das Zeug schmeckte wie »Knüppel auf den Kopf«, also erst nach dem dritten, vierten Glas. Aber was machte das schon: War es doch Originalwein, der rund um alle großen Kaps der Erde gesegelt worden war – von Bernard Moitessier im Bauch der JOSHUA!

An einem solchen Abend war es auch, dass ich Mut fasste, Bernard nach den tieferen Gründen zu fragen, warum er den ausgeschriebenen Preis von 5000 englischen Pfund und allen damit verbundenen Ruhm für den ersten Nonstop-Weltumsegler in den Wind schießen ließ.

»Ruhm?« fragte Bernard. »Das ist eine Vokabel, die ich aus meinem Wortschatz gestrichen habe. Es gibt ein paar Wörter, die mir nichts bedeuten: ›Nationalismus‹ und ›Materialismus‹. Die schreckten mich von einer Rückkehr nach Europa ab. Da wäre ich doch ganz sicher in den Strudel von Geldmacherei geraten. Wenn man ständig mit seinem Thema konfrontiert wird, denkt man irgendwann: Hast du die große Fahrt wirklich gemacht?«

Tatsächlich hat Bernard nie viel von den Segnungen der Zivilisation gehalten. Und er hatte die Nonstop-Tour um die Erde längst beschlossen, als die »Sunday Times« mit Geld und Ehren waghalsige Männer zu dem kühnen Abenteuer verlockte. Erst kurz vor seiner Abfahrt in Plymouth vermochten die »Sunday Times«, Yachtclubmitglieder und Freunde den berühmten Segler zu einer Teilnahme an dem Rennen zu bewegen. Da hatte er wohl, da er ein netter Mensch ist und nicht unfreundlich sein wollte, ohne innere Überzeugung nachgegeben. Unterwegs in der langen Einsamkeit hat er zu sich selbst zurückgefunden. Deswegen ist er dann bei Kapstadt aus dem Rennen ausgeschert und in die Südsee »geflüchtet«.

»Und hast du nun dein Paradies gefunden?« fragte ich Bernard in unserer Runde auf dem Fleckchen Rasen mit Bäumen und Gebüsch im Hintergrund, das Schutz vom Straßenlärm bot, vor seinem Boot in Papeete.

Solche saloppen Fragen mochte er nicht. Ich wusste das und spürte es. Er kratzte sich nachdenklich am Kopf und wendete sich leicht ab. »Vielleicht – soweit man das als Mensch noch kann, der seine Jugend in Südostasien verbracht hat.«

Moitessier ist in Vietnam aufgewachsen. Das Land hat er erst als Mittzwanziger verlassen – zünftig, mit einer alten Dschunke.

Vielleicht ging ihm auch meine paradiesische Frage in Bezug auf seine Familie zu nahe. Jedenfalls lebt seine Frau Françoise, die er in seinem Buch noch liebevoll »le petit Cap Hornier«

nannte, allein mit ihren drei Kindern in Frankreich. Hier auf Tahiti lebt er mit einer »Vahine«, einer Inselschönen, zusammen, die ihm einen Sohn geboren hat. »Der Kleine ist jetzt meine Aufgabe«, ließ er mich wissen, »ich möchte, dass er schwimmen lernt, noch bevor er ein Jahr alt ist.« Drüben auf der Nachbarinsel Moorea hat sich der 46-jährige Nonstop-Segler abseits jeder Straße in einem Tal ein Stück Land gekauft, aber er lebt noch immer auf der JOSHUA im Hafen von Papeete. Sein Tagesablauf wirkte selbst auf uns etwas ungewöhnlich:

Morgens von vier bis elf Uhr schrieb er an dem Buch über seine seltsame, aber einmalige Weltumsegelung. Dann schwamm er die gut 200 Meter durch den Hafen zur Yacht seines Freundes Pierre, hielt dort einen kleinen Plausch und begab sich dann im Dauerlauf – immer noch in Badehose – zum Postamt, um nach Briefen zu fragen. Nach einem Mittagsschlaf arbeitete er von vier bis fünf an seinem Boot – nach dem tahitianischen Motto: Aita peapea (immer schön langsam). Im ersten kühlen Abendhauch traf er sich mit uns am Steg. Ab und an wurde er auch zum Kind. Während der Festivitäten um den 14. Juli, den französischen Nationalfeiertag, lud er uns immer wieder auf die Kirmes zum Dosenwurf ein. Essen? Hm, zu Freunden oder in ein billiges Restaurant. Und spät abends korrigierte er noch ein bisschen am Manuskript seines Buches.

Übrigens: Das Buch wurde nach Erscheinen in Frankreich schnell zu einem Bestseller. Was mit den Einkünften aus dem Verkauf geschah, ist wiederum typisch für Bernard, den man gewiss nicht als wohlhabend oder gar reich bezeichnen kann: Auf seinen ausdrücklichen Wunsch hin wurden alle Honorare an die katholische Kirche überwiesen. Andererseits eröffnete er während unserer Monate in Papeete das erste öffentliche Schwimmbad – gegen Entgelt.

Unsere eigenen Erlebnisse klingen ungleich bescheidener, aber sie waren eben nicht in erster Linie für die Ohren anderer Leute geplant, sondern dem Zufall überlassen, wenn auch nicht weniger stark empfunden. Was uns so auf Tahiti widerfuhr, beschreibt Astrids Tagebuch: *Mein Selbstvertrauen wurde heute erheblich gestärkt. Zunächst holt mich Mere, die Freundin von Richard, mit ihrem Motorroller ab. Das muss bestimmt ulkig ausgesehen haben: zu zweit auf dem kleinen Ding, vorne eine Dunkelhäutige mit langem schwarzem Haar, hinten eine Weiße mit langem blondem Haar.*

Wir essen und plappern ein bisschen im Haus. Danach lasse ich mich von ihr überreden, zum Riff schwimmen zu gehen. Davor habe ich eigentlich eine scheußliche Angst. So weit weg vom Land den Haien vor der Nase herumzupaddeln, behagt mir gar nicht. Zögernd frage ich Mere:

»Hast du gar keine Angst vor Haien?«

»Es gibt hier keine.«

»Aber ich habe doch welche gesehen, als wir neulich die Insel ansteuerten.«

»Ja, draußen gibt es sicherlich welche, aber in die Lagune kommen sie nicht«, antwortet Mere, und es klingt überzeugt.

Zögernd werfe ich ein: »Aber wenn sich einer verirrt?«

Mere steht schon bis zur Hüfte im Wasser und sagt nur noch: »Ach, es gibt hier genug Fische, sie werden uns nicht angreifen.« Dann taucht sie weg.

Ich also hinterher. Im Nu hat Mere vier Fische harpuniert. Ich lasse derweil die Unterwasserwelt durch die Taucherbrille auf mich wirken: farbige Fische und die verschiedenartigsten Korallen. Wie ich mich auch drehe und wende – ich fühle mich nicht so richtig wohl in dem nassen Element. Hinter jedem Korallenblock vermute ich einen Hai. Das legt sich erst, nachdem ich meine erste Südseemuschel gefunden habe, eine Tigerkauri. So werde ich zur weiteren Suche angespornt und vergesse darüber nicht nur meine Angst, sondern verliere sogar jedes Zeitgefühl. Über zwei Stunden schlängele ich mich über und an Korallen vorbei, immer wieder nach neuen Muscheln Ausschau haltend. Wahrhaftig, so lange bin ich noch nie im Meer schwimmen gewesen. Dafür friere ich hinterher auch wie ein Schneider. W. wundert sich am Abend über so viel Mut und über meine Hand voll bizarrer Naturschätze.

Währenddessen füllte ich unsere schwindsüchtige Bordkasse auf. An einer einheimischen Yacht, der eines Tahitifranzosen, war das undichte Deck zu reparieren. Anschließend strich ich das ganze Boot weiß. Mit Farbe und Pinsel konnte ich gut umgehen. Außerdem machte mir das Reparieren Spaß. Zum Beispiel war bei Pierre Deshumeur der Holzmast in Höhe der Saling durchgefault. Den konnte man nur schäften, das heißt, ein neues Stück Holz schräg einsetzen. Das war eine verdammt schwierige Aufgabe mit meinem Minimum an Werkzeug: Ein großer Fuchsschwanz, ein Handhobel, ein Hammer, ein Stecheisen, ein paar Zwingen waren fast alles, was mir zur Verfügung stand. Zumal dann auch ständig Gucker drumherum standen, die mir Ratschläge erteilten, denn all diese Arbeiten geschahen am berühmten Boulevard von Papeete. So etwas kann ganz schön nerven, zumal Bernard Moitessier seinem Freund Pierre täglich kopfschüttelnd andeutete: Das wird nix! Damit schaffst du es vielleicht gerade bis Moorea. Moorea liegt in Sichtweite von Tahiti. Nun, der Mast stand nicht nur gerade, nachdem er wieder gerriggt war, er hielt auch langen Südseetörns stand, wie ich später erfuhr. Und: Der Verdienst half uns, die langen Wochen im teuren Papeete zu überstehen.

Aber auch Astrid konnte einmal helfen, unsere Kasse flott zu halten. Als eines Morgens unsere müden Blicke über den Hafen glitten, blieben sie in der Takelage der norwegischen Viermastbark REGINA MARIS hängen. Sofort waren wir hellwach und flitzten. Schließlich hatten wir diesen wunderschönen, aber übertakelten Großsegler schon in Las Palmas getroffen und kannten einige Besatzungsmitglieder. Dort südlich der Kanaren hatten sie damals in einer weißen Bö das gesamte Rigg verloren.

Das französische Fernsehen ORTF war schon am Kai, um diesen seltenen Besuch festzuhalten, und als wir an Bord kletterten, suchte der Regisseur gerade nach einem Übersetzer. Die Kapitänsbrüder Wilson aus Oslo sollten interviewt werden. Mit einem kleinen Schubs von mir besorgte Astrid die Übersetzung vom Englischen ins Französische. Ihre Fremdsprachenkenntnisse lohnten sich: Sie bekam für ihre zehn Minuten Mühe 900 Pacific Francs (35 Mark). Die wurden von ihr gleich in zwölf Meter Pareostoff umgesetzt, jenen bezaubernden Stoff, den es nur in der Südsee gibt. Dieser bunt bedruckte Stoff ist wahnsinnig praktisch. Er wird um den Körper geschlungen und verknotet – auf der Schulter oder vor der Brust.

Von mir bekam Astrid noch ein Kleid dazu. Fällig waren auch ein paar schicke Sandalen, ein weißer Minirock und ein Bikini (aus Pareotuch). Sie sah toll aus. Das lange weizenblonde Haar. Eine Tiareblüte hinterm Ohr. Es war ganz logisch, dass auch ich komplett mit Tahitikleidung versorgt wurde. Ich musste mich generös zeigen, denn der Weg mit der KATHENA nach Hause war noch weit …

Nach Hause – daran erinnerte uns der deutsche Frachter SENATOR POSCHEL, der eines Tages in die Bucht einlief. Ich ging wie zufällig dort an Bord, um die Landsleute zu begrüßen – mit dem Hintergedanken, vielleicht ein paar alte deutsche Zeitungen abstauben zu können. Lektüre ist für einsame Segler noch wichtiger als für Dampfermatrosen. Ich erhielt ein paar Hefte und lud die Seeleute dafür zum Abend auf einen Drink ein.

Zu ihrer großen Ehre sei's gesagt: Die Sailors ließen sich nicht lumpen. Sie ahnten wohl unsere Situation und hielten mich frei. Während Astrid die KATHENA hütete, gingen die Matrosen und ich ins Quinns, Tahitis bekannteste Bar mit dem enthemmtesten Nachtklub des südlichen Pazifik. Mit süß duftenden Blumenketten um den Hals (alles im Preis inbegriffen) tranken wir Hinano und Manuia – die einheimischen Biere – und sahen dem lebhaften Treiben der Tanzenden zu. Ich versuchte mich sogar selber im Hüftenwackeln – zur großen Freude aller Zuschauer. Alles schien mir bei Quinns vertraut. Sogar die Toiletten waren für Frauen und Männer noch gemeinsam. Es fiel mir schwer zu glauben, dass schon drei Jahre seit meinem letzten Besuch verstrichen waren. Es war wie in alten Zeiten.

In Papeete lebten wir prächtig. Die Einladungen nahmen kein Ende. Wir besuchten das Gauguin-Museum. Umrundeten die schöne Insel per Auto. Bewunderten die beidseitig der Straße liegenden Blumenfelder, immer wieder die Hibiskusbüsche, Tiare- und Frangipaniblüten.

Auch das Leben im Hafen wirkte auf mich heimatlich. Viele Bekannte von früher traf ich wieder, die immer noch hier lebten oder die schon wieder da waren. Andere liefen gerade ein, auch neue. Sie wurden immer mit großem Hallo begrüßt: STARDRIFT, SHEARWATER, KARMA mit der Familie Last und viele andere. Aber es gab auch Wiedersehen in gedrückter Stimmung. Zum Beispiel mit Pam und Ted Bosch, die wir mit ihrer Yacht RENEGAAT auf Galapagos getroffen hatten. Tahiti – das war kurz vor ihrem Zuhause, Neuseeland. Doch kurz vor der Ankunft hier setzte sie der heftige Strom einige Meilen nördlich auf die Riffe der Insel Tetiaroa. Ihr Boot blieb auf dem Riff und wurde langsam von der See zerschlagen. Wortwörtlich stand ihnen das Wasser bis zum Hals, als sie sich auf das unbewohnte Atoll retteten, das übrigens Marlon Brando gehört. Drei Tage verbrachten sie dort, Ted mit schlimmen Wunden von den scharfen Korallen, Pam mit gebrochenem Arm und der dreijährige Sohn Markus mit geschwollenen Gliedern von den unzähligen Moskitostichen. Zufällig wurden sie von einem Sportflugzeug entdeckt.

Weniger lebensgefährlich, aber ähnlich hart verlief die Begegnung mit Tahiti für viele andere Segler, die es nicht verstanden, sich dem Touristenrummel zu entziehen, der die Insel beherrscht, seit sie täglich von großen Düsenflugzeugen mit dollarkräftigen Kurzbesuchern überflutet wird.

Selbst uns wurde klar, dass wir hier nicht unseren Lebensabend verbringen konnten. Wir rüsteten die KATHENA deshalb langsam zur Weiterreise, ließen sie mit einem Kran für zehn Tage an Land setzen und schufteten Tag und Nacht, um das gesamte Schiff zu überholen und mit neuer Farbe zu versehen. Astrid euphorisch: *Das Resultat ist das schönste und sauberste Segelschiff im Hafen. Und es liegen immerhin 14 Yachten am*

Das Schönste an Tahiti ist der Blick auf die Schwesterinsel Moorea.

Kai. Der Selbststeueranlage wegen waren wir auch in der Werft. Es wurde ein Gestänge ans Heck geschweißt, und W. hat nach harter Arbeit die selbst gebaute Windsteueranlage montiert. Jetzt ist hoffentlich Schluss mit dem elendigen von Hand Steuern.

Der Abschied fiel uns schwer. Wir schoben den Tag vor uns her – bis zum 5. September. Ich bezahlte unser Hafengeld: 584 Pazific Francs inklusive Wasser für 56 Tage, dann gaben wir uns selbst den Schubs. Richard und Mere, Pierre und Kathrin, Yves und Bernard behängten uns über und über mit Muschelketten, dem traditionellen Abschiedsgeschenk. Bernard rief uns noch ein »very good« nach – sein fachkundiger Kommentar über unser Ablegemanöver unter Segel.

Drei Stunden später lagen wir bereits in Robinson Cove auf der 15 Seemeilen entfernten Nachbarinsel Moorea. Der Grund in dieser reizvollen Bucht fällt steil ab. So ließen wir den Anker in zehn Meter tiefes Wasser fallen und konnten doch die Achterleine an einer Palme festmachen. Wir zogen das Heck der KATHENA so nahe an den Strand, dass es möglich war, über den Heckkorb in knietiefes Wasser zu springen. Der Wunsch eines jeden Seeseglers ging damit in Erfüllung.

Astrid sagte nur: »Hast du das gesehen?« Und meinte die Vulkangipfel, die sich steil aus den vielen Buchten der Insel erheben, und vielleicht meinte sie auch das Korallenriff, das die Insel umschloss, denn als sie das sagte, segelten wir gerade durch die enge Passage.

Robinson Cove ist einer der vollkommensten Ankerplätze, die ich je angelaufen habe. Der schmale Strand besteht aus sauberem weißen Sand und wird von außergewöhnlich hohen Kokospalmen beschattet. Diese Palmen hatten es uns angetan. Denn es war heiß, und wir waren sehr durstig, und die zwanzig Meter hohen Palmen hingen voll mit Trinknüssen.

Rasch schnitt ich aus einem Palmenblatt einen Streifen, knotete ihn als Schlinge und schlug ihn um meine Füße. Wie ein Südseeinsulaner glitt ich im Nu den schlanken Stamm hinauf. Mehr als 20 Nüsse purzelten in schöner Reihenfolge auf den Strand. Genug für die restlichen Tage hier und für die Überfahrt nach Samoa.

Als ich wieder hinunter wollte, passierte es. Die Schlinge an meinen Füßen riss. Ich kam ins Rutschen, und erst nach etlichen Metern konnte ich mich mit letzter Kraft festhalten. Aber Fetzen Haut von den Händen, Armen, Beinen und vom Brustkorb blieben auf der Rinde des Stammes.

Ich stürzte mich sofort in das Salzwasser der Lagune, um eine Entzündung zu vermeiden. Es nützte nichts. Mit Fieber und Schmerzen lag ich einige Tage in der Koje. Die Wunden vernarbten erst auf dem Weg nach Samoa.

Das war unser Abschied von Französisch-Polynesien.

Apia, Western Samoa

>»Home is the Sailor, home from the Sea
And the Hunter home from the hill.«
Daheim ist der Seemann, daheim von der See,
und der Jäger daheim von den Hügeln.
Worte, die ich auf dem Grab von ROBERT
LOUIS STEVENSON in Samoa gefunden habe.

*Die Erinnerung an die letzten 1340 Seemeilen ist mir nicht die
Liebste. Für meinen Geschmack war immer zu viel Wind. Die
Selbststeueranlage verbog sich nach 55-stündigem tadellosen
Arbeiten, dann fanden wir ein winziges Atoll nicht. Der Navi-
gation zufolge segelten wir gerade über Mopelias Hauptstraße.
Trotz intensivem Ausguck war Mopelia jedoch nicht zu entdecken. Dann verpassten wir unser eigentliches Ziel Suwarow.
W.s und eigentlich auch meine und sicherlich Tom Neales
Trauminsel, das ist der Mann, der dort fast 20 Jahre allein lebte.
Ein Sturm, sogar ein Minizyklon, zerstörte unsere Pläne. Er
trieb uns an dem Atoll vorbei. – Auch der Landfall von Western Samoa war alles andere als gelungen. Regen und unerwarteter Strom taten ihr Bestes, um uns mitten in der Nacht einen
kräftigen Schrecken einzujagen – wir hörten die Brandung,
wussten aber nicht, wo genau wir waren. Der Pass in den
Hafen war dann anderntags nicht zu finden, und so meine ich,
dass wir unglaubliches Glück hatten nach dieser 14-tägigen Segelei, den Anker, ohne Schaden genommen zu haben, in Apias
Hafengrund fallen zu lassen.* – So weit Astrid, sichtlich erleichtert, in ihrem Tagebuch, das sie auf See selten zur Hand nimmt.
Von einem Weltumsegler, sagte sie nach der Ankunft, hätte sie
navigatorisch mehr erwartet.

Zugestanden, die Riffeinfahrt gestaltete sich problematisch:
Das Korallenriff lag weit vor der Hafeneinfahrt. Markante Seezeichen waren nicht auszumachen. Die Lagune wirkte trübe

Das ist Segeln. Endlich haben wir eine mechanische Selbststeueranlage.

und hatte die geisterhafte Farbe abgestorbener Korallen. Und auf See machte ein bewölkter Himmel die astronomische Positionsbestimmung unmöglich. Dabei gab ich alles. Schoss wie eine Rakete beim kleinsten Aufreißen der Wolkendecke zum Sextanten oder bei der Ansteuerung von Apia in den Mast. Um mir einen besseren Überblick zu verschaffen, enterte ich ihn fünf Mal. Dieses Hochhangeln ging mir mächtig an die Kraft. Abschürfungen an den Schienbeinen und Unterarmen waren die Folge. Ich ziehe mich gewöhnlich Hand über Hand an den Unterwanten (7 mm) bis zur Saling hoch, von dort geht es dann mithilfe der Taufallen in den Masttopp. Tja, Astrid meinte ohnehin, weil sie einen Segelschein hat, könne sie besser segeln.

Apia nach dem Ankern. Still ruhte die Lagune. Ein Hitzefilm lag auf dem Wasser. Es nutzte nichts. Wir mussten ran an die Arbeit. Schlauchboot aufpumpen, Holzboden einlegen und rüber zum Hafenmeister pullen. Er hatte für uns einen Stapel Briefe aus der Heimat gesammelt – und ein paar Formulare auszufüllen. Und das dauerte. Stempeln die Leute hier langsamer? Ein kleines Zigarettengeschenk, ein Lächeln – und die Einklarierung war praktisch abgeschlossen, erledigt. Ich bekam ein seltenes »Nice you visit us« – Schön, dass ihr uns besucht.

Astrid klarte derweil an Bord auf. Legte die Segel zusammen, verstaute sie in Säcke. Schlug Schoten auf, band Fallen ab und räumte die Kajüte auf, spannte ein Segeltuch gegen die Sonne. Als ich zurückkam, stand ein Getränk bereit. Dagegen waren Kochen und Essenszeiten einhalten nicht ihre Stärke. Wir aßen eigentlich immer erst dann, wenn wir Hunger fühlten. Im Augenblick hatten wir Appetit auf Lagunenwasser. Schwimmen in angenehmen 27 Grad Celsius. Astrid dankbar in ihrem Tagebuch: *Schwimmen im Pareo, der so herrlich aufschwimmt, warum habe ich das nicht schon früher ausprobiert? In Moorea zum Beispiel. Also, weg mit dem blöden Bikini. Fantastisch ist es, das Wasser überall auf der Haut zu spüren. Wir tauchen unterm Schiff durch, längs und quer und immer wieder. W. juchzt, wenn er mich untertaucht. Spielen im Wasser Verstecken. Den Rest will ich nicht festhalten. Es ist einfach ein fantastisches Gefühl, ja es ist für mich das kostbarste Stück Freiheit auf der Weltumseglung: vom Meer kommen, vor Anker gehen und dann vom Wasser getragen werden. Augenblicke, in denen alles in Butter ist. Wer wollte da Sportlehrerin in Düsseldorf sein?*

Schöne KATHENA. Ein traumhafter Anblick, wie sie aus der Schwimmperspektive vor dem Anker schwoite. Ihr Rumpf blendend weiß gestrichen, der Wasserpass grün abgesetzt, Mast und Großbaum aus Spruce und naturlackiert. Übers Cockpit eine blaue Persenning gespannt. Am Heck das Metallgestänge der Selbststeueranlage (leider noch arg defekt). Unser Schiff. Unsere kleine schwimmende Insel.

Und ich konnte berichten: *Gleich an der Uferpromenade neben dem Wrack befindet sich eine Werkbank und ein Wasserhahn. Das ist doch was.* Wäschewaschen an der Beach Road unterm Gatea Baum. Umringt von Mädchen, die beim Auswringen halfen. Dunkle, in Pareo gehüllte Mädchen, die aber auch kess zu mir sagten, der ich nebenan die Selbststeueranlage reparierte: »Next time you come alone!«

Apia ist die Hauptstadt des unabhängigen Samoa. Ein kleiner Südseehafen mit der Hauptstraße um die Bucht und einem Kricketplatz seewärts. Eine Markthalle an dem einen Ende und dem berühmtesten Hotel der Südsee an dem anderen Ende der Stadt. Landeinwärts geht's in die tausend Meter hohen Dschungel-Berge, wo zahlreiche Flüsse und Wasserfälle locken.

Uns nicht. Unsere Landgänge zeichneten sich durch Geldausgeben aus. Speziell für Bier in »Aggies Hotel«, denn es war unbeschreiblich heiß. Ja, der Äquator war auch wieder etwas näher gerückt. Um uns vor der drückenden, schwülen Hitze der Stadt zu befreien, verholten wir uns meist vom Boot ins Hafenwasser. Richtige Strände, von denen aus man schwimmen konnte, hatte Apia nicht. Und wenn die Sonne tiefer stand, holten wir uns im Store eine gekühlte Flasche und leerten sie am Matautu Point: hinter uns das Rauschen der mächtigen Banyan-Bäume, vor uns das Riff mit seiner Brandung, dazwischen weißer Sand und schwarze Lavabrocken, auf denen wir hockten. Der stete Rhythmus der See gegen das Riff war wie eine Droge. Der Gedanke, dass nichts dieses Geräusch zum Schweigen bringen wird, gab uns eine »Umarmen-Tropen-Stimmung«.

Aus der Hafenbucht von Apia »entführen« tat uns ein großer Mann, der fast hundert Jahre tot ist: Robert Louis Stevenson, der hier einige Jahre gelebt und geschrieben hat und 1894 hier beerdigt wurde. Berühmt und zur Legende geworden durch seinen Roman »Die Schatzinsel.« Mit einem Regenschirm gegen die Sonne und einer Basttasche mit Essen um die Schulter machten wir uns auf den mühseligen Weg – immer bergauf bis Vailima, seinen ehemaligen Wohnsitz, eine prächtige Villa, die heute Sitz des Regierungspräsidenten ist. Von dort führte ein Pfad zu Stevensons Grab. Es ist ein beschwerlicher Weg, der über Bäche führt und eingeengt ist durch Gebüsch, Lianen und hohe Bäume. Es geht steil hinauf zum Mount Vea –

364 Meter genau. Von dort haben wir eine wunderbare Aussicht auf Berge mit tiefen Schluchten, Abstürzen, Wasserfällen, auf Flüsse und Dschungel, auf Apia und die Küste und die weite blaue See. Wirklich ein großartiger Platz.

Stevensons Grabmal ist ein weiß getünchter Stein in Form eines Sarkophags. Auf einer Tafel, die den Grabstein ziert, seine Verse:

> Under the wide and starry sky
> Dig the grave and let me lie:
> Glad did I live and gladly die
> And I laid me down with a will.

> This be the verse you grave for me:
> Here he lies where he longed to be;
> Home is the sailor, home from sea,
> And the hunter home from the hill.

Hier oben auf diesem kleinen Fleck Erde, man konnte gerade ums Grab gehen, lagen nun die Gebeine des großen Schriftstellers. Von den Samoanern wurde er verehrt und mit dem Namen Tusitala – großer Geschichtenerzähler – geehrt. Er hat sich sehr für Samoa eingesetzt, das damals noch unter deutscher Kolonialverwaltung stand. Nach Samoa war er 1890 gekommen, um gesund zu werden. Er litt unter einer immer wiederkehrenden Erkrankung der Atmungsorgane.

Eine der ungewöhnlichsten Busfahrten galt es auch noch zu überstehen. Nach dreistündiger Fahrt über holprige Straßen stiegen wir in Samatau aus und kamen mal wieder der Dorflehrerin recht, als es zur Pause läutete. Hunderte, alle gleich gekleidete Kinder stürmten laut johlend auf uns zu, begeistert von den Fremden. Neugierig beäugten sie Astrid und wurden still. *Die Mädchen sind außergewöhnlich hübsch, und wie sie sich freuen, dass ich mit ihnen Englisch übe! Köstlich! Ganz zaghaft berühren sie mein Haar und fragen mich nach dem Namen, und ich frage zurück: »What is your name?« Drei von den Schulkindern nennen mir ihren: Miliana, Sera und Soeu.*

Samoanische Frauen im Kittelkleid winkten uns zu sich, nachdem die Pause vorüber war, in ihr »fale« – so heißen hier die Blätterhütten, die durch ihre Bauweise wie in die Natur eingebettet scheinen. Herzlich, freundlich hießen sie uns auf einer Bastmatte willkommen. Legten in Emailleschüsseln Brotfrucht und kalten gebackenen Fisch vor uns ab. Zu trinken gab's samoanischen Kakao, angemischt mit Wasser, gestoßenem Kakaopulver und viel Zucker. Um uns herum weitere dieser urwüchsigen Hütten der Samoaner. Sie sind für mich die schönsten der Südsee und haben alle die gleiche Form: Schlanke Baumstämme werden in einem Abstand von etwa ein bis zwei Metern im Kreis oder oval aufgestellt. Von einem starken Stamm in der Mitte fällt das Blätterdach nach allen Seiten ab. Geflochtene Jalousien aus Palmwedeln können nachts oder bei Regen heruntergelassen werden, gewöhnlich steht die Hütte ringsherum offen, sodass der Wind frei hindurchwehen kann. Anscheinend die beste Lösung bei der schwülheißen Luft der Insel.

Von Samatau ging es direkt wieder zum Boot. Die Hauptbeschäftigung während der rumpligen Rückfahrt bestand im Zählen der Kirchen und Kricketplätze. Unterhalten konnte man sich sowieso nicht. Unsere Reaktion auf diesen Tag: ein 14-stündiger Schlaf. Bleibt noch zu erwähnen, dass uns eines Nachts ein heller Warnton aus dem Bett schreckte: Hellwach wurden wir beim Anblick der TOFUA, eines neuseeländischen Fracht-Passagierschiffes, das bei finsterster Nacht und tropischem Regen in großem Bogen durch den Hafen auf den Anlegepier zufuhr. Doch eben dieser große Bogen wäre beinahe unseren drei Yachten zum Verhängnis geworden. Wir in äußerster Position konnten dem ergreifenden Schauspiel nach kurzer Aufregung ruhig zuschauen. Ich hatte hastig versucht, den Anker einzuholen, doch wir bemerkten, dass das mordsmäßige Heck der TOFUA uns nicht gefährlich werden konnte. Unser Nachbar jedoch kam trotz Regen ins Schwitzen beim Ankereinholen, er kam um Haaresbreite frei! Das waren zwölf Tage Samoa.

Das Paradies liegt auf 176 Grad West und 13 Grad Süd

> »Dass wir diese Leute hier in unseren
> europäischen Sprachen Wilde nennen,
> ist ein dumm-dreister, durch nichts
> gerechtfertigter Größenwahn.«
> Der deutsche Dichter und Weltreisende
> ADALBERT VON CHAMISSO über die
> Südseeinsulaner

Wir näherten uns dem Pass gemächlich. Lange genug hatte ich wortlos, mit Blick aufs Riff, überlegt. Jetzt stand mein Entschluss fest.

»Meine liebe Astrid, wir laufen ein.«

»Wie bitte?«

Ich konnte die Verblüffung von ihrem Gesicht ablesen.

»Hier?«

»Ja, hier!«

»Du bist wohl verrückt! Was ist denn mit dir los? Wir waren uns doch schon einig, dass wir wegen der gefährlichen Laguneneinfahrt nicht reingehen würden.«

»Trotzdem. Mich reizt eine Insel, die so schwer zu erreichen ist. Was meinst du, was man da erleben kann.«

Mich ärgerte immer noch, dass wir damals Manihi in den Tuamotus links liegen ließen.

»Nun hör auf. Überlege mal! Hier gibt es bestimmt nichts anderes als auf den Marquesas, auf Moorea oder Samoa.«

»Oh doch. Hier gibt es vielleicht alles, was ich bisher noch nicht kennen gelernt habe. Eine ruhige Lagune mit vielen kleinen Inseln auf dem Riff, die wir besuchen können. Eine …«

»Ja, aber … Wir riskieren in dem Pass mit den starken Wirbeln unsere KATHENA und vielleicht …«

»Ist bisher nicht alles prima gelaufen«, versuchte ich sie zu beruhigen. »Habe ich bisher die Auswahl unserer Inseln nicht gut getroffen? Denk an die Kokos-Insel, auf die du partout nicht wolltest. Du hast dich nachher dann doch riesig gefreut, oder?«

Ich steckte das Fernglas unter mein Hemd und enterte damit den Mast bis zur Saling empor. Deutlich sah ich durchs Glas das Riff, das die Insel umgab. In aller Ruhe rutschte ich hinunter und begann KATHENA für die Einfahrt klarzumachen. Schoten, Fallen, Anker, Motor – alles wurde überprüft. Danach warf ich noch einen Blick ins Seehandbuch: »… Insel Wallis auf 176 Grad Minuten West und 13 Grad Minuten Süd liegend … Von einem Riff umgeben … Der an der Südseite liegende Pass weist Strömungen von 8 Knoten auf …« Nun wurde ich doch wieder nachdenklich. Um ganz sicher zu sein, enterte ich erneut in den Mast. Inzwischen war die Einfahrt deutlich zu sehen, sie öffnet sich wie ein schmaler Trichter im Riff und war beiderseitig von weißen Schaumstreifen eingerahmt. Es sah ungeheuerlich aus. Mein Herz pochte. Um meinen Entschluss nicht doch wieder umzuwerfen, rutschte ich schnell an Deck. Aus Astrids Augen liefen Tränen. Ich wollte sie unbedingt beruhigen, aber es gelang mir nicht. Was nun, dachte ich. Ich hatte schon diese kristallklare Lagune in ihrer leuchtenden Pracht von oben aus dem Mast gesehen …

»Astrid, es ist so weit. Kaum Wirbel in der Passage. Also, pass gut auf! Jetzt geht's los!«

Ich kurbelte den Motor an. Er und die Segel sollten es zusammen gegen den Strom schaffen. Langsam näherten wir uns dem Nadelöhr, immer langsamer. An beiden Seiten des Bootes brachen sich die schäumenden Wassermassen wie in »Surfers Paradise«. Wenige Meter vor der Gefahr kam der Wind von vorn, und ich musste die Fock bergen. Mit voller Motorkraft näherten wir uns dann der engsten Stelle des Passes, die nicht breiter war als eine normale Straße. An Backbord und Steuerbord sahen wir die Korallen beinahe in Griffweite an der Wasseroberfläche vorbeiziehen. Sie schimmerten blau, grün und dunkelbraun, ebenso schön wie feindlich. Der Strom drückte sehr stark aufs Ruderblatt, weshalb Astrid mit beiden Händen steuern musste. Ich stand auf dem Bugkorb, um ihr die Richtung zu weisen.

Mein Herz klopfte bis zum Hals. Ich war sicher: Astrid ging es genauso. Gleich haben wir es geschafft! Doch da – ein lautes »Oh komm schnell«, meine Steuerfrau rief mich nach achtern. Das Ruder reagierte nur noch flau. Ich sah, dass die Pinne angebrochen war, genau am Ruderkopf.

»Schnell, Astrid, halte den Beschlag mit beiden Händen, ich muss eine Schraubzwinge auf die Bruchstelle setzen.«

Ich behob den Schaden in Windeseile, zur Sicherheit noch mit einer zweiten Zwinge – es bleibt mir bis heute unbegreiflich, wie diese übergroße Holzpinne eigentlich knacksen konnte. Gewiss: Der Strom war stark, aber brechen …

Um den Korallen nicht zu nahe zu kommen, hatten wir mehrmals hart Ruder gegeben. Dabei musste das Malheur passiert sein.

Nach diesem Missgeschick vergaßen wir jede Angst. Und hopp, da waren wir auch schon in der blauen Lagune. Sie war so ruhig, dass es uns die Sprache verschlug, obwohl wir sonst nach Aufregungen immer ziemlich gesprächig sind.

Jetzt begann unsere erste richtige Slalomfahrt um Riffköpfe und kleine Inseln. Das war kaum weniger aufregend, dafür unvergesslich schön. Die flachen Stellen zeigten eine braune oder hellgrüne Farbe, tieftürkis und dunkelblau war unser Wasser. So ging es knapp zwei Stunden weiter. Langsam sonnten wir uns in dem Gefühl, es geschafft zu haben. Astrid reckte sich und strich mir liebevoll durchs Haar: »Wenn ich vorher gewusst hätte, was sich ereignen wird, hätte ich im Falle Wallis eine starke Dosis Beruhigungsmittel genommen.«

Mit strahlenden Gesichtern ankerten wir vor Gahi. Mein Blick ging zum Dorf hinüber. Dort lagen Auslegerkanus hochgezogen auf dem Land. Am Strand war zwischen einigen Stangen ein Fischernetz aufgespannt. Ein Pferd graste im Schatten einer einzeln stehenden Kokospalme. Irgendwo war das Gegacker von Hühnern zu hören. Frauen in weiten Kleidern, die bis

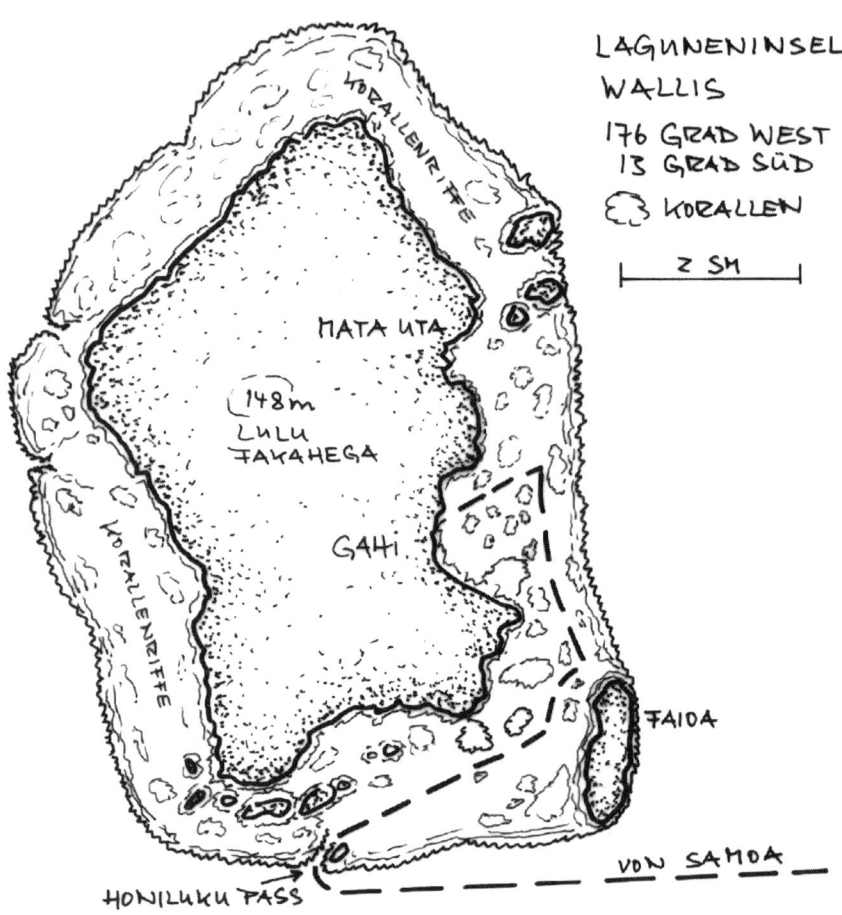

LAGUNENINSEL
WALLIS
176 GRAD WEST
13 GRAD SÜD
KORALLEN
2 SM

KORALLENRIFFE

MATA UTA

148m
LULU
FAKAHEGA

GAHi

KORALLENRIFFE

FAIOA

VON SAMOA

HONILUKU PASS

zum Boden reichten, gingen schwatzend durchs Dorf. Brotfruchtbäume, Palmen und Papayabäume verbreiteten Schatten.
Rauchsäulen stiegen über dem Blattwerk auf. Von unserem
Ankerplatz aus konnte man eine Ansammlung von ungefähr
50 Hütten erkennen. Kleine Pfade schlängelten sich zwischen
ihnen hindurch.

Wir waren wirklich auf der Insel Wallis angekommen. Im
Seehandbuch stand: »Das Klima ist auf Wallis besonders gesund. Es gedeihen blühende Pflanzungen von Kokospalmen.
Die Bevölkerung ist der polynesischen Rasse zugehörig und
sehr gastfreundlich.«

Während des Sonnenuntergangs kam das erste Kanu zur KA-
THENA. Einige Frauen und jüngere Mädchen saßen darin, und
zwei Jungen paddelten. Eine von der Besatzung rief uns den
Gruß »Malo« zu. Ich rief zurück: »Malolo.« Das hatten wir in
Samoa gelernt.

»Malolo«, jubelten sie darauf alle in ihrem Kanu.

Im Nu waren sie herübergeklettert und hatten unser Boot
in Beschlag genommen. Alles schauten sie sich an und plap-
perten in ihrer Eingeborenensprache drauflos. Nur eines der
Mädchen sprach fließend Französisch, die anderen ziemlich
schlecht.

Auf die Frage, warum wir gekommen seien, antwortete
Astrid: »Um euch singen zu hören.« Sie sagte das wohl, um ein
bisschen Ruhe zu haben. Die Mädchen aber hielten das für
eine Aufforderung. Wie auf Kommando erfüllten ihre sanften
Stimmen den Abend mit Musik. Es war ein unerwarteter Genuss für uns, nach der Anstrengung dieses Tages Worte zu hören, die nicht aus dem Munde zu kommen schienen, sondern
aus der Gegend des Herzens.

Es dauerte nicht lange, und ein zweites und drittes Kanu
kamen längsseits. Die Neuankömmlinge brachten eine Gitarre
mit, von der kräftig Gebrauch gemacht wurde. Ihren Gesang
unterbrachen sie nur, wenn ich Zigaretten und Kekse herum-
reichte. Ich machte Aufnahmen mit dem Tonband, und den
größten Spaß des Abends gab es beim Abspielen; da machten
sie ein Geschrei, als wollten sie in den Krieg ziehen.

Astrids Empfindung zur Ankunft: *Traurig muss ich zuschauen, wie W. vom Bugkorb ins frische Nass jumpt, während
ich mich meiner Bauchschmerzen wegen mit einem Eimer
Wasser zufrieden geben muss. Die Eingeborenen, zumeist die
neugierigen Frauen und Mädchen kommen gleich zu Dutzenden zu Besuch; es wird im Laufe des Abends ein wenig lästig,
doch mein W. lässt sich verständlicherweise gerne von den hübschen Schwarzgelockten umwerben. Der erste Ausruf, als sie W.
sehen: »Oh, il est joli!« Oh, dachte ich mir, hier muss man auf
der Hut sein. Es herrscht Männermangel, da die meisten den*

gut bezahlten Arbeitsplätzen in Noumea auf Neu-Kaledonien zustreben. Abbau von Nickel findet dort statt. Reich werden soll dort nicht schwierig sein.

Am nächsten Tag machten wir uns zu Fuß auf zum Hauptort der Insel, Mata uta. Die Mädchen hatten uns erzählt, dass es dort Polizei und auch sonst noch eine ganze Menge Franzosen gäbe. Und ordentlich, wie wir als Weltumsegler nun mal sind, wollten wir vorschriftsmäßig unsere Pässe vorweisen.

Wir marschierten gut eine Stunde durch schöne, gepflegte Kokosplantagen, bis wir auf den Ort stießen. Er lag am Ufer der Lagune und sah recht armselig aus. Die Hütten mit ihren Dächern aus Palmwedeln oder rostigem Wellblech lagen verstreut unter den hohen Palmen. Am Ufersaum, der bei Ebbe frei lag, wühlten schwarze Schweine im Schlamm, der ihre Hauptnahrung, die Muscheln, enthielt.

Auf dem kurz geschorenen Rasen eines großen Grundstückes bot sich uns ein erstaunliches Bild. Eine riesige mittelalterliche Kathedrale erhob sich gegenüber der Lagune. Mit der ganzen Monumentalität seiner zwei quadratischen Türme stand dieses Gotteshaus dort Ehrfurcht gebietend in düsterer Schmucklosigkeit – ein bizarrer Anblick unter tropischer Sonne.

Nach unserem Pflichtbesuch auf der Polizeistation, wo drei Polizisten gemeinsam erstaunt unsere Pässe einsahen, latschten wir gemütlich zu unserem Dorf zurück. Am Strand stießen wir auf zwei junge Männer, die auf einem Kanu saßen und offenbar auf uns warteten.

»Wollt ihr mit auf Fischjagd kommen?« fragte einer von ihnen auf Französisch.

»Wo denn?«

Mit seiner Hand wies er zum Außenriff: »Dort bei dem Inselchen Faioa.«

»Und wann?«

»Abends mit der Dämmerung werden wir mit dem Kanu rübersegeln und kaum vor Mitternacht zurück sein.«

Und ob wir wollten!

Das ganze Atollinselchen Faioa hatten wir für uns allein.

Kaum war die Sonne untergegangen, holten uns die beiden
Insulaner am Strand ab. Jeder von ihnen brachte eine Machete
mit, sodass ich meine auch mitnahm. Über dem Rücken trugen
sie einen Koprasack. Bekleidet waren sie nur mit einem Hüft-
tuch und T-Shirt. Wir ergriffen die beiden Stangen, die Rumpf
und Ausleger ihres Kanus verbanden, und schoben es ins Wasser. Dann setzten sie ein kleines Segel, und die leichte Brise
brachte uns in einer Stunde hinüber zur Riffinsel. Gemächlich
zu Fuß folgten wir dem Strand auf der Hochwasserlinie nach
Süden. Zur Linken lag das Ringriff mit seiner weiß leuchtenden Brandung. Zur Rechten standen Büsche und Palmen.
An der Spitze schritt Tamo mit einer Petroleumlampe. Darauf folgten Astrid und ich, und den Abschluss machte Samo
oder Samoni. Als er fand, es sei zu dunkel, drehte er sich eine
Fackel aus Kokosblättern. Bald knisterten und sprühten die
Funken um unsere Köpfe. Sie machten den Kontrast zwischen
dem Lichtkreis unserer kleinen Gruppe und der Schwärze der
Nacht noch schärfer. Es war Ebbe, und da und dort glänz-

143

ten im flackernden Widerschein die Korallenblöcke des Riffs. Nach einer halben Stunde gelangten wir an die Südspitze der Insel. Hier sollte der Fischfang beginnen. Der Plan war, langsam entlang des Riffs zum Kanu zurückzuwandern. Tamo watete als Erster hinaus.

»Das ist genau die richtige Zeit«, rief er uns zu, »die Flut beginnt.« Die Fische kommen vom Meer innerhalb des Riffs, um zu schlafen.

Astrid und ich gingen zu beiden Seiten Tamos, der in der einen Hand die Lampe und in der anderen seine Machete trug. Nach wenigen Metern erspähte er den ersten Fisch, der ruhig in dem zehn Zentimeter tiefen Wasser schlief. Unser Walliser näherte sich vorsichtig, hob die Machete und schlug zu. Der Fisch trieb betäubt an der Oberfläche. Samoni griff ihn sofort und ließ ihn im Sack verschwinden.

Diese Methode sah einfach aus, und als ich nach einer Weile auch einen Fisch entdeckte, hob ich entschlossen die Machete. Ich schlug zu, so heftig ich konnte. Es dauerte ein Weilchen, bis sich die Wellen beruhigt und wir uns das Salzwasser aus den Augen gewischt hatten. Der Fisch aber war spurlos verschwunden. Man bedeutete mir, ich müsse die Klinge nicht mit der Breitseite, sondern senkrecht ins Wasser führen. Theoretisch begriff ich das sofort, aber als ich es wiederholt in die Tat umzusetzen versuchte, hieb ich jedes Mal in Steine oder Korallen.

Derweil beförderten die beiden jungen Männer ein halbes Dutzend Fische in den Sack. Ich war neidisch und beschloss, alles aufs Ganze zu setzen.

Ich sah mich nach einer geeigneten Beute um. Astrid entdeckte sie. Sie rief plötzlich: »Komm her, da ist ein Fisch für dich. Der ist einen halben Meter lang, da kannst du gar nicht danebenhauen.«

Unter Geheul hieb ich drauflos und schlug den Fisch mitten auseinander. Dann drehte ich mich um und hielt ihn Tamo triumphierend entgegen. Doch statt mich zu loben, sah Tamo nur kurz hin und begann zu lachen. Sofort brüllte auch sein Freund los.

Schließlich, nachdem sie sich etwas beruhigt hatten, sprudelte Tamo heraus: »Aber diese Sorte ist ungenießbar. Das weiß man doch! Und außerdem hast du den armen Fisch kaputtgeschlagen. Du musst nicht mit der Schneide zuschlagen, sondern nur mit dem stumpfen Blattrücken, um den Fisch zu betäuben.«

Wir zogen weiter das Riff entlang. Ich hatte es beinahe aufgegeben, doch später gelang es mir wirklich, meinen ersten Fisch regelrecht zu erlegen. Unterdessen hatten unsere beiden Fischer-Freunde bereits den halben Sack voll. Zu meinem Erstaunen ließen sie kaum einen Fisch entwischen. Wenn sie den ersten Schlag verfehlten, nahmen sie sofort die Verfolgung auf.

Als wir beim Kanu ankamen, war der Sack noch nicht ganz voll. »Wir gehen ein Stück nach Norden«, schlug Tamo vor, biss einem Fisch den Nacken ab und begann mit Wohlbehagen das rohe Fleisch zu kauen. »Der Sack muss voll werden.«

Wir stimmten nur zögernd zu, denn der Fischfang hatte unsere Beine müde gemacht. Obschon wir Sportschuhe trugen und sie beide barfuß über Sand und Korallen stakten, schmerzten die Füße. Tapfer planschten wir eine weitere Stunde lang in der milden Nacht durch das laue Wasser.

Natürlich gibt es auch Angelfischerei auf Wallis, aber diese Fangmethode mit der Machete scheint die lohnendste zu sein. Jedes größere Kind konnte damit erfolgreich Fische fangen. Als wir dann endlich weit nach Mitternacht beim Dorf anlandeten, war der Sack gut gefüllt.

Nach unserem Ausflug mit den Eingeborenen wurden wir öfter eingeladen, als es uns lieb war. Davon in Astrids Tagebuch:

Der Häuptling oder Dorfälteste von Gahi lädt uns zum großen kai-kai ein. Das Wort ist uns inzwischen schon geläufig, denn auf allen polynesischen Inseln heißt kai-kai trotz unterschiedlicher Dialekte: essen. Zusammen mit 20 anderen – ich glaube, zum größten Teil sind es Familienmitglieder – sitzen wir mit gekreuzten Beinen auf dem mattenbedeckten Boden. Vor uns auf einer Bahn von Bananenblättern liegt das Essen:

geröstetes Schweinefleisch, Fisch und im Erdofen gebackene Hühner. Mit den Händen lange ich kräftig zu, hingerissen von der Begeisterung über so viel Köstliches. Nach wochenlangem Reis- und Bohnenessen vom Campingkocher schmeckt dieses Zeugs einfach herrlich. Vom Taro, den Süßkartoffeln und der glänzenden Brotfrucht kann ich gar nicht probieren, so papp-satt bin ich schon nach kurzer Zeit. Ich bin bald restlos erschlagen und kann immer weniger Konversation machen. W., der mir gegenübersitzt, neben einem Mädchen, das bei uns an Bord gesungen hat, bekommt zum Schluss kein Wort mehr von mir übersetzt. Besonders, nachdem ich von dem Cava getrunken habe, dem Insel-Gebräu. Immer aufs Neue lässt der Häuptling unsere Kokosschalen nachfüllen und sagt: »Lasst uns Cava trinken und uns freuen.« Der Cava schmeckt süßlich, anfangs gar nicht mein Geschmack, etwas Alkoholisches spüre ich je-denfalls nicht. Früchte kommen frisch gepflückt von den Bäu-men ringsum auf die Matte. Halbierte Papaya mit Limonen-saft, so was Leckeres habe ich noch nie kennen gelernt.

Für ihre Nahrung, speziell Früchte, brauchen die Menschen auf Wallis nur die Hand auszustrecken, um das zu ernten, was die Natur ihnen beschert. Bananen, Papaya, Limonen, Kokos-nüsse …

Die Eingeborenen auf Wallis waren weitaus unterhaltsamer und lustiger als die Marquesaner. Sie vertilgten an dem Abend gewaltige Portionen. Bald überfiel alle die große Müdigkeit. Nei-nei auf Polynesisch. Weitere Worte, die wir schnell auf-gegriffen haben: malo heißt danke, malo saofa – vielen Dank, lelei – gut, niu heißt Kokosnuss, Wasser ist vai, mahina Mond und moana das offene Meer.

Wir pullten mit unserem Beiboot zur KATHENA und waren von allem total erschöpft. So ein Tag mit Eingeborenen kann sehr anstrengend werden, besonders wenn man mit wenigen Vokabeln Gespräche zu führen hat.

Bei unserem nächsten Erlebnis haperte es sprachlich über-haupt nicht. Es war ein Franzose, der uns einlud. Astrids No-tiz: *Am Sonntag holt uns Monsieur Derrier mit seinem Auto ab*

und lädt uns erst mal zu einem gekühlten Bier in die einzige Bar
der Insel ein. Direkt an der Lagune in Mata uta gelegen. An-
schließend sind wir Gäste beim Kaninchenessen mit Champag-
nersoße. Sein anderer Gast, ebenfalls Franzose, beschäftigt sich
berufsmäßig mit dem Wetter, für uns ein interessantes Thema.
Sie fahren uns nach dem Cafébesuch um die Insel, zeigen uns
die schwarzen Kraterseen im Inneren der Insel und lassen uns
in den Genuss von 140 Stundenkilometern auf der Flugzeugpis-
te kommen, auf der wohl ein Flugzeug im Monat niedergeht.
Hihifo Aeroport, ein kostspieliger Flughafen mit allem Drum
und Dran, dem Directeur Derrier und eben auch dem Meteo.

Nach fast zwei aufregenden und abwechslungsreichen Wochen verabschiedeten wir uns. Beladen mit Früchten, Muscheln und Tapa verließen wir Gahi. Um uns von Einheimischen und Einladungen zu erholen, uns für die Weiterfahrt
vorzubereiten und vielleicht ein paar schöne Muscheln als Mitbringsel für unsere Freunde in Europa zu finden, ankerten
wir noch vor Faioa, der Insel, wo wir die Nacht mit dem seltsamen Fischfang verbracht hatten. Inzwischen kannten wir
die Lagune vor Taioa so gut, dass wir unsere KATHENA dicht
an den breiten Sandstrand vor zwei Anker legten – zwischen
Korallenköpfen, sozusagen eingeklemmt. Mit Taucherbrille,
Schwimmflossen, Messer und Eimer gingen wir auf die Muschelsuche.

Das kleine Inselchen Faioa innerhalb des Riffs wird für eini-
ge Tage unser Aufenthaltsort sein, um Muscheln zu suchen. Lei-
der ohne Erfolg: Gewusst wo, sagt man uns später. Auch dieses
Motu, so nennt man die kleinen Riffinseln in der Südsee, um-
wandern wir und entdecken dabei den perlweißen, hunderte
von Meter langen Sandstrand. Freiheit im Zauber sanfter Son-
nenstrahlen, die durch die Palmenkronen schimmern. Zudem
sind wir völlig allein. Das Atoll gehört uns. Göttlich! Wir foto-
grafieren uns mit und ohne Selbstauslöser, aber immer ohne Be-
kleidung, wie Adam und Eva im Paradies. Die anwesenden
Moskitos haben natürlich so ein leichtes Landen und Saugen.

Aber so leicht ließ sich meine Frau nicht vom Strand vertreiben. Ich überlegte. Beim Fischfang waren wir doch auch auf dieser Insel gewesen, und es hatte keinen einzigen Mückenstich gegeben. Dann fiel es mir ein: Damals waren wir auf der Luvseite und heute in Lee. Der Passatwind in Luv schien den Plagegeistern nicht zu behagen.

Während ich gegen Abend hinter Astrid her zum Dingi lief, ein bisschen ärgerlich, da ich mit der Dämmerung auch ununterbrochen ein Pieksen auf meiner Haut spürte, wurde ich doch versöhnt, weil mir wieder die Geschichte einfiel von dem Menschen, der von Moskitos verfolgt wird. Die beliebte Tropengeschichte geht so:

Der Mensch schlief in einem Zelt im Urwald. Sein Moskitonetz reichte bis auf den Boden hinab, aber die lieben Tierchen krochen trotzdem hinein. Da kletterte der Mensch auf einen Baum, um Frieden zu haben, aber auch dorthin verfolgten die Insekten ihn. Zuletzt kroch der Mensch in einen eisernen Tank und schloss den Deckel. Die Moskitos rochen ihn und bohrten ihre Rüssel sogar durch die Wände. Da nahm der Mensch einen Hammer und schlug die Rüsselspitzen eine nach der anderen um, sodass die Viecher hängen blieben. Schließlich waren so viele Moskitos an den Tank festgenagelt, dass sie ihn in die Luft heben und damit wegfliegen konnten.

Diese Anekdote gibt vielleicht einen Begriff von der Hartnäckigkeit dieser Quälgeister.

Schließlich hieß es Anker auf für uns. Große und kleine Inseln lockten: Futuna, Fidschi, Neuseeland. In Neuseeland wollten wir »übersommern« – sozusagen die tropische Zyklonsaison von Dezember bis März im gemäßigten Klima überbrücken.

Die Ausfahrt durch den gefährlichen Pass bot keine Schwierigkeiten. Wir hatten Stillwasser. Mit halbem Wind und laufendem Motor ging's wieder auf See.

»Nosula«, schrien wir der Insel zu. Das bedeutet »Auf Wiedersehen«. Und das meinten wir ehrlich. Ein Gefühl der Verlassenheit ergriff uns, als wir Wallis achteraus am Horizont verschwinden sahen. Das Gefühl, plötzlich von Land und Leuten abgeschnitten zu sein, wirkte verstärkt, da es kein ruhiger Anfang war. KATHENA rollte und stampfte gegen einen schweren Passatwind. Starke bis grobe See gischtete uns bis achtern ein. Wir passten uns den Umständen an: Die Selbststeuerung war eingestellt. Astrid lag in der Backbord-, ich in der Steuerbordkoje. Schlingerbretter hinderten uns am rauspurzeln.

Wir werfen nach 25 rollenden Stunden den Anker in der Bucht Sigave, die zu unserer Überraschung spiegelglatt ist. Die Zeit des Aufklarens wird vom Sekretär des französischen Gouverneurs unterbrochen, der uns an Land zu einer Erfrischung ins Haus einlädt. Monsieur Gavot erzählt uns auf dem Wege dorthin (200 Meter per Auto) viel Wissenswertes über die Insel Futuna. Wir sind in diesem Jahr die einzige Yacht aus Europa, die Futuna besucht. Futuna zählt sechs Weißköpfe und 2700 Eingeborene. Madame Garcia, Frau des Gouverneurs und die eifrigste Muschel- und Schneckensammlerin, die ich bisher getroffen hatte, lädt uns zum Mittagessen ein – die erste von neun großen Einladungen in fünf Tagen. Nicht zu glauben, was da alles noch in den Gefriertruhen auf die verwöhnten Franzosenmägen wartet. Nein, nicht noch mehr zum Thema Essen! Kurzum: Es gibt auch hier ein polynesisches kai-kai auf Bananenblättern und mit Kokosnusssuppe, Pelian-Vögel, Languste ... Die Insel Futuna ist eine Perle.

Neuseeländisches Tagebuch

>»Schon der Seefahrer und Entdecker
>Cook hatte Neuseeland für England
>beansprucht, aber dieses beachtete
>die abgelegene Insel wenig. Die krie-
>gerischen Maori und ihr Kannibalen-
>tum wirkten abschreckend. Die Insel
>wurde vorwiegend von Walfisch- und
>Robbenjägern, von Abenteurern und
>Vagabunden besucht.«
>EDUARD SIEBER, »Kolonialgeschichte
>der Neuzeit«

Neuseeland lag voraus. Mit besonderer Erwartung freuten wir
uns auf den Landfall. Es klingt vielleicht komisch, aber es ist
so: Wir hatten vor, einmal einige Wochen von unserer Weltumseglung Urlaub zu machen.

Landratten können sich das wohl nur schwer vorstellen. Sie
denken meist, so eine Reise bestehe zur Hauptsache darin, gemütlich übers Meer in den Tag hineinzuschaukeln oder zeitlos
an weißen Palmenstränden zu dösen. Aber solche Muße ist
selten. Die Anstrengungen überwiegen.

Zum Beispiel macht die eintönige Kost aus Konservendosen
den Körper mit der Zeit schlapp. Da wird man nervlich bis zum
Letzten angespannt durch die Navigation zwischen den gefährlichen Riffen – oder noch kritischer: wenn bei einem Landfall
der Himmel tagelang dicht und so keine Positionsbestimmung
mit dem Sextanten möglich ist. Man hat keine ruhige Nacht auf
den offenen Reeden vor den Inseln, wenn der Wind dreht, die
Strömung kentert und man immer wieder nach dem Ankergeschirr sehen muss. Und man wälzt sich manchmal schlaflos
in der Koje vor lauter juckenden und schmerzenden Hautek-
zemen, die nicht heilen wollen, weil immer wieder Salzwasser

hineinkommt. Schließlich strengt sogar die herzliche Gast-
freundschaft der Eingeborenen an, das dauernde Palaver in
fremden Sprachen, von denen sie noch weniger Vokabeln be-
herrschen als wir.

So waren wir jetzt also ziemlich erholungsbedürftig. Und
noch einen anderen Grund gab es für uns, die Weltumseglung
durch einen längeren Aufenthalt zu unterbrechen. Zwar war
unser Hauptberuf sozusagen »Weltumsegler«, aber diese Tätigkeit bringt nichts ein. Unsere Kasse war so erschöpft wie
wir. Ich beabsichtigte, auf Neuseeland eine Zeit lang Geld zu
verdienen, damit wir uns Proviant und Ausrüstung für die weitere Weltreise kaufen konnten – Seekarten und Taue, Farbe,
Zylinderkopfpackung für den Motor und vieles andere mehr.
Für leichte Winde wäre eine Genua nützlich. Auf so ein großes
Vorsegel schiele ich schon seit längerem.

Letztlich brauchten wir auch Abwechslung nach den vielen
Tagen auf See seit Futuna, die uns doppelt anstrengten, weil's
durch die engen Fidschis ging und uns ein Zyklonausläufer
kurz vor Neuseeland beutelte. Astrid, die Arme, konnte mir
wegen ihrer dauernden Seekrankheit in dem Wetter kaum etwas abnehmen. Dabei hatte es beim Start Richtung Neuseeland bestens ausgesehen. Ihr Bericht vom 4. Seetag: *Ich kann
meine Seekrankheit im Anfangsstadium seit Suva ertragen.
Und W. hilft mir auf andere Gedanken zu kommen, indem er
sich am Abend zum üblichen Canastaspiel verleiten lässt. Seit
langem fühlte ich mich auf See mal wieder gut.*

Um es auf den Punkt zu bringen: Generell kümmere ich
mich auf See um die Segel, um Navigation, laufende Reparaturen, aber auch um Essen und Trinken und Geschirrspülen. Ihre
Aufgaben lagen mehr innerhalb der Buchten und Häfen. Das
Schiff und mich versorgen. Organisieren und Kommunika-
tion. Keine schlechte Lösung – für mich, da wir im Ganzen
wesentlich mehr Zeit an Land verbrachten als auf dem Meer.
Gut, eine meiner (liebsten) Pflichten war die korrekte Führung
des Logbuchs: alle paar Stunden Eintragung von Windstärke
und -richtung, Seegang, Segelführung, Position, Luftdruck …

Auch persönliche Erlebnisse, Naturbeobachtungen, außergewöhnliches Wetter fanden gleichfalls Aufnahme in meinem Logbuch.

Wer eine Ahnung davon hat, wie ein kleines, aber schweres Segelboot auf See meistens arbeitet, auch in einer Flaute, der weiß, wie das Eintragen von nautischen Details und Notizen schlauchen kann. Ich hatte aus Gründen verschiedener Ansichten und meiner Bequemlichkeit mit Astrid schon zu Beginn der Reise abgemacht, dass ich zwar das notwendige Journal auf See führe, sie aber das Tagebuch über unsere Landaufenthalte. Deshalb seien hier unsere »Ferien vom Segeln« (die gar nicht sooo segellos waren) auf Neuseeland aus Astrids Sicht und Feder mit ihren Tagebuchnotizen dargestellt:

Whangarei, 2. Dezember 1970

Einen solch herrlichen Morgen wie bei dieser Ansteuerung von Whangarei auf Neuseeland hatten wir seit Barbados nicht mehr. Zwar bin ich dick verpackt wegen meiner Halsschmerzen. (»Mal wieder was Neues«, so W.s typische Reaktion). Aber die Sonne geht strahlend auf, und wir haben um kurz nach sechs Uhr das Kap Bream Head querab. Ein fantastischer Anblick bietet sich uns, steile zerklüftete Felswände, in denen sich die Sonnenstrahlen brechen. Wir segeln nur ein paar hundert Meter daran vorbei, und wie immer schimpfe ich mit W., der den zusätzlichen Reiz des Risikos, so dicht unter ein Kap zu gehen, schön findet. In der Bucht von Whangarei kommen helle, kilometerlange Sandstrände zum Vorschein. Dahinter befinden sich leicht hügelige Weiden mit unzähligen Schafen darauf. Während der drei Stunden Fahrt, zwanzig Kilometer flussaufwärts, winken uns die Leute überschwänglich zu. Das Schönste an der ganzen Seefahrt ist für mich immer noch der Landfall. Wenn ich da wieder an die letzten zwölf Seetage zurückdenke! Auch der Schlager von Lynn Anderson, der oft von den neuseeländischen Radiosendern zu hören war und den W. auf mich bezog, munterte mich nur wenig auf: »I beg your pardon, I never promised you a rose garden« (Ich habe dir nie einen Rosen-

Eine kleine Fock gesetzt, das Groß gerefft: So geht es Neuseeland entgegen.

garten versprochen). Ich finde das gar nicht komisch, wenn ich ihn kochen und spülen sehe, während ich in der Koje liegen muss, weil die Seekrankheit mir zusetzt.

Aber diese bedrückenden Gedanken sind jetzt verflogen in der Vorfreude auf einen mehrmonatigen Landaufenthalt. Ich denke an Butter, Käse, Brot und viel frische Milch, die wir hier kriegen. Neuseeland ist ein Agrarland, und diese Produkte sind gut und preiswert zu haben.

Und wie viele Briefe werden wir heute hier erhalten? W. reagiert nicht auf diese Frage. Er streicht sorgfältig die Bojen auf der Seekarte ab und lässt sich dabei nicht stören.

Endlich ist Whangarei erreicht, ein kleines, verschlafenes Städtchen. Mittendrin eine Brücke über den hier nur noch schmalen Fluss, und gleich davor können wir KATHENA zwischen Pfählen vertäuen. Seit langem der ideale Liegeplatz für uns: Der Hafen liegt so geschützt, dass die Winde nur schwach wehen, und die Strömung ist so gemächlich, dass sie dem Boot nichts antun kann.

Unsere Post und viele Bekannte sind schon vor uns am An-
legeplatz. Mr. Knight vom Harbour Board schießt ein Pola-
roidfoto, das er uns gleich überreicht, sowie viel, viel Post, die
er für uns gesammelt hat. Es war ein begeisterter Empfang.
Segler, die wir auf anderen Inseln kennen gelernt haben, fan-
den sich bald ein. Unter ihnen Walter Last, der uns strahlend in
sein Haus einlädt.

»Was, ihr habt schon ein Haus?« frage ich verblüfft. Schließ-
lich haben wir Walter mit seiner Frau Erika und deren zwei-
jährigem Töchterchen auf ihrer Yacht KARMA *erst vor wenigen*
Monaten in Tahiti getroffen. Sie kamen von Köln und wollten
nach Neuseeland auswandern. Zünftig per Segelboot. Und so
war ihr neun Meter langes Boot vom Typ Najade vollgestopft
wie ein Frachtschiff: Sie hatten eine Unmenge Hausrat an
Bord.

»Erika weiß schon«, sagte Walter, »dass ihr hier seid. Ich
habe sie gerade angerufen.«

Ich bin sprachlos. Telefon haben sie also auch schon.

Als Walter uns in seinen Austin verfrachtet, bin ich völlig
perplex. Walter beruhigt mich mit dem Hinweis, dass man hier
nicht alles gleich bezahlen muss. Beim Essen auf der Terrasse
gewöhne ich mich langsam an den Gedanken … Wir erzählen
von all unseren Erlebnissen, doch Walter und Erika haben der
Seefahrt den Rücken gekehrt und zeigen nur noch Interesse für
ihren Gemüsegarten und seinen Busch hinterm Haus.

Endlich, bei Petroleumlicht, schön eingekuschelt mit einer
Wolldecke in der Koje, lese ich die Briefe. Mami hat ihre Atlan-
tikrundreise beendet. Über die Azoren hat sie mit der ULTIMA
RATIO *Gibraltar wohlbehalten erreicht. Sie schreibt:* »Wehmut
überfiel mich, und mit brennenden Augen sah ich die Yach-
ten um mich liegen, die auf Kurs Karibik waren. Ich war ganz
schlimm müde, aber noch mehr deprimiert und nicht ein biss-
chen glücklich, dass ich die ›Rundreise‹ gut geschafft hatte. Ta-
gelang kämpfte ich gegen die Traurigkeit an, die Erlebnisse
waren zu unwahrscheinlich gewesen, ich wollte einfach nicht
zurück. Ich war verändert, vom ›nur Segler‹ war ich zum ›ab-

hängigen Segler< geworden. Mein Blut war mit Salzwasser ge-
mischt.« Großartig Mami, ich bin so stolz auf dich!

Whangarei, 3. Dezember 1970 bis 2. Januar 1971

Gut ausgeschlafen am Morgen nach der Ankunft frühstü-
cken wir ausgiebig mit Weißbrot und Milch, klaren KATHENA
auf, richten uns selber etwas her und machen einen Bummel
durch die Stadt. Abends verschleppen uns die Segler von den
Yachten TRYSTE *und* SHEARWATER *in einen Pub.*

Das ist für uns etwas ganz Neues auf unserer Route: eine
Kneipe, die einem Bahnhofswartesaal ähnelt. Der von vielen
Stimmen erfüllte Raum riecht stark nach Bier und Rauch. Es
ist ein Donnerstag, der offizielle Zahltag für die Arbeitslöhne,
und daher bekommen wir keinen Tisch. Der Laden ist bre-
chend voll. Am Tresen stehend, beobachte ich, wie das Bier aus-
geschenkt wird. Es gibt keine Gläser, nein, gleich Krüge, die
einen Liter fassen. Jar werden sie hier genannt.

Richtig überrascht bin ich aber erst, nachdem ich beobachten
kann, dass das flüssige Braun aus einem Plastikschlauch fließt.
Es geht regelrecht wie beim Benzintanken zu, nur der Griff ist
etwas kleiner. Im Pub trinkt man schnell. Viele Gäste nehmen
es übel, wenn man sie beim Schlucken aufhält, und so kommen
sie schon früh auf Touren.

Die Kneipen schlossen vor einiger Zeit schon um sechs und
machten nicht wieder auf. Da hatte man gewöhnlich nur eine
Stunde Zeit zum Trinken. Allerdings gibt es heute noch viele
Kneipen in Neuseeland, die zwischen sechs und sieben Uhr
abends vorübergehend schließen, damit die Familienväter
nicht ihren ganzen Lohn vertrinken, sondern gezwungen sind,
zwischendurch nach Hause zu gehen, Geld abzuliefern und
auch was zu essen.

Das Lustigste an den Pubs war für mich die »Schulhofklin-
gel« um Punkt zehn Uhr. Das Schrillen deutet an, dass die Gäs-
te nach Hause verschwinden sollen. Es hat keinen Zweck zu
rebellieren. Ein Hahn am Biertank schließt sich automatisch
mit dem ersten Ton der Klingel. Kein Tropfen kommt mehr aus

dem Schlauch. Auch wenn das Jar erst halb voll ist, nützt es nichts, mit dem Barmann zu flirten. Dieser Pubbesuch ist berauschend. Auch die Musikkapelle gab was her.

Die Vorweihnachtszeit verbringen wir überwiegend auf kleinen Festen bei Neuseeländern, die wir im Yachthafen kennen gelernt haben. Meistens sind es »Australian Parties«, das bedeutet, dass jeder etwas mitbringt, Bier, Wein oder »Hamburger« für den Grill. Mir ist das anfangs immer recht komisch vorgekommen, eine Tasche mit dem Zeug beim Gastgeber abzuliefern. Aber ich habe mich schnell daran gewöhnt. Es ist für uns nachher wie eine Ballsaison.

Walter und Erika kutschieren uns zu Sandstränden, an die sich selbst am Wochenende kaum ein Mensch verirrt. Eingebettet zwischen sanften Hügeln wirken sie wild romantisch oder so ähnlich. Das Schönste für mich aber ist Erikas Waschmaschine. Ich vergesse bald, wie man Wäsche überhaupt mit kaltem Wasser, noch dazu Salzwasser, von Hand an Bord wäscht.

Weihnachten steht vor der Tür. Den Lieben in der Heimat schicken wir 36 Glückwunschkarten, die W. selber malt. Das ist für uns, rundheraus gesagt, harte Akkordarbeit gewesen. Getrennt schleichen wir in die Stadt, mit wenig Geld in der Tasche, um Weihnachtsgeschenke zu kaufen. Es ist alles zu teuer für mein bisschen Taschengeld.

Heiligabend. Einige Tannenzweige in einer Flasche, auf dem Bordkocher selbst gebackene Plätzchen und kleine bunte Päckchen zaubern in unsere Kajüte eine »Stille-Nacht-Heilige-Nacht-Stimmung«. Wir essen und trinken gut, und ich stürze mich danach sofort auf die Geschenke. Ich bin hell begeistert von zwei großen Kauri Muscheln, die W. auf den Fidschi-Inseln gefunden hatte und selbst auf unserem kleinen Schiffchen bisher gut versteckt halten konnte. Dann packe ich einen türkisen Schal aus und einen Taschenkalender, den ich bei meinen vielen Notizen gut gebrauchen kann. Wilfried bekommt von mir einen schwarzen Gürtel, ein Netzhemd und – damit er sich nicht immer einen Bart stehen lässt – Rasiercreme und Aftershave. Ich bin glücklich und genieße diese stillen Stunden.

Nach einer Weihnachtsfeier bei Freunden am anderen Tag streben wir voller Elan an Bord zurück. Die Luke steht halb offen wie immer, damit die Kajüte belüftet wird. Ich ziehe die Luke ganz auf und taste nach Streichhölzern, um Licht zu machen. Da fühle ich plötzlich, dass mein »Weihnachtsbaum« samt Wasserflasche auf die Koje gekippt ist. Alles nass! Schon ärgerlich darüber, dass W. das verursacht haben könnte, berühre ich etwas merkwürdig Weiches, und der Schreck lässt mich wie eine Rakete aus der Kajüte schießen.

W., noch draußen an Deck, amüsiert sich darüber köstlich, doch hineingehen und nachsehen, was da ist, will er auch nicht. Wir warten und hören etwas rascheln. Zunächst denken wir an einen Betrunkenen, der hier seinen Rausch ausschläft. Doch plötzlich kommt im Dämmerlicht der Kailaterne ein Pelztier, groß wie ein Hase, herausgeklettert. Über einen der Pfähle verlässt es gemächlich das Boot. Erstarrt schauen wir ihm nach.

»Mensch, hat der mir einen Schrecken eingejagt!« ist W.s erste Reaktion. Das Tier sah bräunlich aus, ebenso struppig wie bunt gescheckt in allen Pelzfarben, und hatte ulkige lange nackte Ohren.

Anderentags erzähle ich einem alten Neuseeländer, der gegenüber vom Liegeplatz der KATHENA *wohnt, von unserem Erlebnis. Nach unserer Beschreibung meint er, dass es sich nur um ein Opossum handeln kann. Das ist eine Art Beutelratte, die eine merkwürdige Geschichte hinter sich hat: Europäer haben das Tier von Nordamerika, wo es eigentlich beheimatet ist, hierher mitgebracht und ausgesetzt. Bis heute hat sich das Opossum derart vermehrt, dass es als außerordentliche Plage gilt und zu Tausenden getötet wird. Die Felle werden exportiert, es gibt sogar Abschussprämien. Die Tiere sind darum sehr scheu, und der Alte von gegenüber wundert sich, dass uns das Opossum nächtens an Bord besuchte.*

Für den Fall seiner Rückkehr legen wir vorsichtshalber gleich etwas Brot auf die Anrichte. Und siehe da: Zwei Abende später ist das Vieh wieder da und besucht uns künftig jede Nacht. Da ich ohnehin einen leichten Schlaf habe, wache ich sogleich auf, wenn es am Niedergang zur Kajüte raschelt. Dann knipse ich die Taschenlampe an und schaue dem Opossum beim Fressen zu. Es mümmelt ganz ruhig vor sich hin und verharrt erst noch eine Weile, bevor es sich auf den Rückzug macht.

Am nächsten Morgen, als wir Whangarei vorübergehend für einen mehrtägigen Trip zu anderen neuseeländischen Häfen verlassen, legt W. noch ein ganzes Brot, in dünnes Papier gewickelt, unter den Anlegesteg. »Vielleicht kommt unser Darling wieder, wenn wir zurück sind.«

Kawau Island, 3. bis 5. Januar

Es ist gut, dass man sich in dieser Bucht vor einem aufkommenden Sturm verkriechen kann. Doch gefallen tut sie uns nicht sonderlich. Nur Wald und Fels. Und: Mit noch mindestens einhundert anderen Yachten liegen wir hier einfach zu dicht zusammen.

Ein hoffnungsloses Durcheinander entsteht, als der als ziemlich schwach angesagte Zyklon »Rosy« mit 55 Knoten den Hügel herabgeschossen kommt. Wir alle rennen vom Bug zum Heck, checken die Ankerleinen, legen einen zweiten Anker aus oder versuchen, eine Kollision mit dem Nachbarn zu verhindern. Ein Wunder ist, dass nicht einige der »Ankerleinchen« brechen. In der Tat »Ankerleinchen«, die Neuseeländer haben für die Größe ihrer Boote durchweg einen allzu kleinen Anker, nur wenige Meter Kette und auch noch verdammt dünnes Tau angeschäkelt. Erstaunlich. Vielleicht nur fürs Wochenendsegeln. Glücklich überstehen wir ohne Schaden »Rosys« ungestümes Temperament und können nach Auckland segeln – 28 Meilen weiter.

Auckland, 5. bis 23. Januar

Endlich mal wieder eine richtige Stadt mit einer Einkaufsstraße, die mich entfernt an die geliebte Düsseldorfer Kö erinnert. Das gefällt mir. Darüber hinaus haben wir einen Liegeplatz in Westhaven mit Wasseranschluss, und ein paar Schritte davon entfernt ist ein Baderaum mit heißer Dusche – einfach super!

Unser großer Bekanntenkreis wird um Herrn und Frau Baader bereichert, ein älteres Ehepaar, das aus Deutschland und Argentinien stammt und schon seit längerer Zeit hier lebt. Juan Baader war uns schon vorher namentlich bekannt als Autor eines erfolgreichen Buches über die Segeltechnik und als Yachtkonstrukteur. Die beiden wollen uns unbedingt viel von Neuseeland zeigen und kutschieren uns in und um Auckland herum – der vorbereitete Picknickkorb ist immer dabei. So kommen wir auch in das Museum von Auckland, das sich besonders auf die Maorikultur spezialisiert hat. Dort stehen Originale gut 20 Meter langer Auslegerkanus der Eingeborenen. W., an Bootsbau interessiert, bleibt dort länger stehen, als uns lieb ist. Dagegen bin ich gar nicht von der Muschelsammlung wegzukriegen; mindestens 200 verschiedene Arten sind ausgestellt.

Juan Baader klärt uns auch über das Wappentier der Neuseeländer auf, den Kiwi. Es ist ein hühnergroßer Vogel ohne Flügel, sehr scheu und inzwischen schon sehr selten, weil die von den Europäern mitgebrachten Hunde ihn heftig verfolgt haben. Viele Banken und Gesellschaften haben sein Bild oder seinen Namen in ihr Firmenschild aufgenommen. Auch stellten sich uns viele Neuseeländer mit den Worten vor: »I am a Kiwi.« – Nicht ohne Ironie kommentiert Herr Baader diesen Spruch: »Sie haben Recht – denn der Kiwi ist ein Vogel, der nicht fliegen kann, tagsüber schläft, fast blind ist und in der Schnabelspitze Nasenlöcher hat. Ja, und sein Gefieder erinnert an struppige Haare.« Der Kiwi kommt nur in Neuseeland vor und ist anders als jeder andere bekannte Vogel. Seinen Namen hat er von den Ureinwohnern, den Maoris.

Wir haben während der Tage in Auckland viele kai-kai, und dabei stelle ich fest, dass Lamm und Erbsen, die immer eine grasgrüne Farbe haben – wie kriegen sie das nur hin? –, offensichtlich das Nationalgericht in Neuseeland sind. Vier-, fünfmal schaffen wir es, ohne die Augen zu verdrehen. Danach sind wir ein bisschen vorsichtig, weitere Einladungen zum Essen anzunehmen. Ich muss grinsen: Kaum Geld in der Bordkasse und Ansprüche stellen. W. hat dazu noch seine persönliche Beziehung zu Hammelfleisch und kann das Wort bald nicht mehr hören, denn er hat sich im Hafen Arbeit gesucht, um unsere Finanzen aufzubessern, und hat ausgerechnet einen Job erwischt, wo er den ganzen Tag tiefgefrorene Hammelhälften aus dem Kühlhaus auf Frachtschiffe schleppen und dort verladen muss. Das Hammelfleisch ist für England bestimmt. Aber ganz so hart ist die Arbeit doch nicht: Auf jede Arbeitsstunde folgt eine viertelstündige Teepause.

Mit dem Dampfer RIEDERSTEIN aus Bremen treffen die deutschen Eintonnerboote APECIST und OPTIMIS B ein. Das sind elf Meter lange Regattayachten, die hier im nächsten Monat am Eintonnerpokal, einer Weltmeisterschaft dieser Klasse, teilnehmen. Automatisch werden wir in Westhaven in das Regattafieber mit einbezogen. Jens Cornelsen, der die beiden Segelyachten begleitet und auch mitsegelt, hilft uns, ein wenig mehr von dieser Art des Segelns zu verstehen. Es ist so ganz anders als unser gemächliches Dahinschippern. Bei ihnen an Bord ist das Wort Romantik unbekannt, es geht nur um Schnelligkeit und Platzierungen.

Einige Crew-Mitglieder der RIEDERSTEIN besuchen uns mit ihrem Beiboot in Westhaven. Sie alle sind tolle Vertreter der Seefahrt und haben in jeder Beziehung etwas für uns, ihre »kleinen Kollegen«, übrig. Es geht oft hoch her auf der KATHENA, und was das von ihnen mitgebrachte deutsche Bier anrichtet, wer ahnt das nicht?

Auckland, wir kommen zurück, um noch einmal über die Ersatz-Kö zu schlendern und beim Eintonnerpokal zuzusehen.

23. bis 27. Januar
Beachland, Rocky Bay, Te Kouma Bay, Port Fitzroy – alles Buchten, die uns von Freunden empfohlen wurden und nur wenige Meilen nördlich von Auckland im Hauraki Golf liegen.

Kühl, aber schön. Im Zickzackkurs durch die Inselwelt Neuseelands.

Der typische Hintergrund dieser Buchten ist eine grüngelbe Hügellandschaft – Schafsweiden mit vielen getrampelten Stufen. Oder die Hänge sind mit Büschen und Bäumen bewachsen und daher schwer zu begehen. Strand, um Muscheln oder sonst etwas zu suchen, gibt es kaum. Schwimmen fällt aus – fast völlig, die Wassertemperatur liegt bei 15 Grad. Wir können uns für diese Gegend daher nicht sonderlich begeistern.

Moko Hinau, 28. Januar

Drei Leuchtturmwärter tun auf dieser Insel ihren einsamen Dienst. In brütender Hitze erklimmen wir den Steilhang und besichtigen einen der Leuchttürme aus unmittelbarer Nähe. Sonst müssen wir ja von diesen Wegweisern des Meeres im Gegenteil immer Abstand halten. Was mich bei der Besichtigung des Turmes am meisten überrascht, ist die Tatsache, dass die Glühbirne des Feuers nur 500 Watt stark ist. Bei einer Reichweite des Lichtscheins von 24 Seemeilen bleibt mir das unverständlich.

Ich dränge W., heute noch weiterzusegeln, denn der Anker-
platz ist nicht geschützt. Der Arme! Muss nun weg vom bisher
schönsten Flecken Neuseelands. Es bleibt ihm gerade noch Zeit,
ein paar Fotos von dem tollen Ankerplatz und von den Tausen-
den anderen Bewohnern, den Möwen, zu schießen.

Bay of Islands, 29. Januar bis 2. Februar
Die Zeit der Schulferien in Neuseeland ist vorbei. Man
merkt es an den leeren Buchten. Russel, Motuaruhai, Opunga,
Otehei, Wangamumu … überall hat KATHENA *meistens nur*
ein paar Motorboote zur Gesellschaft. Sie sind anscheinend alle
nach dem gleichen Schema gebaut, und ihre Eigner auch: Sie
stehen von morgens bis abends mit der Angelrute in der Hand.
Mir scheint, wer sich hier nicht fürs Fischen interessiert, gilt
nur als halber Mensch. Sogar in den Radionachrichten wird er-
wähnt, dass etwa Mrs. Miller einen 50-pfündigen mit einer 25-
Pfund-Leine an Bord gehievt hat. Wir können es ihnen nicht
nachmachen, denn mein lieber Willy tut sich immer schwer,
wenn er die Leine raussuchen soll. Außerdem sind unsere Ha-
ken stets angerostet. Dafür sammle ich an den Stränden Pippis,
Muscheln. Ich koche sie in Wein und verspeise sie mit größerem
Appetit als unsere Miesmuscheln zu Hause.

Calliope Bay, 4. Februar
Wir erreichen die Bucht bei Dunkelheit, doch mit der guten
Seekarte liegt der Anker genau an der richtigen Stelle. Anschei-
nend kann W. diesen Platz nicht leiden. Wenigstens hat er am
nächsten Morgen ungemeines Pech, das mir die Tränen in die
Augen treibt. Er zerbricht die schöne Porzellanteekanne. Und
nicht genug damit: Gleich danach fällt ihm auch die Schüssel
mit dem gesamten Abwasch herunter. Diesmal müssen zwei
Frühstücksteller und ein Glas dran glauben. Es ist nicht in ers-
ter Linie wegen des Geldes für die Neuanschaffung von Ge-
schirr, dass wir so traurig sind. Nein: Wir haben uns nur so sehr
an unser Porzellangeschirr gewöhnt. Etwas Neues wäre immer
nur aus Plastik.

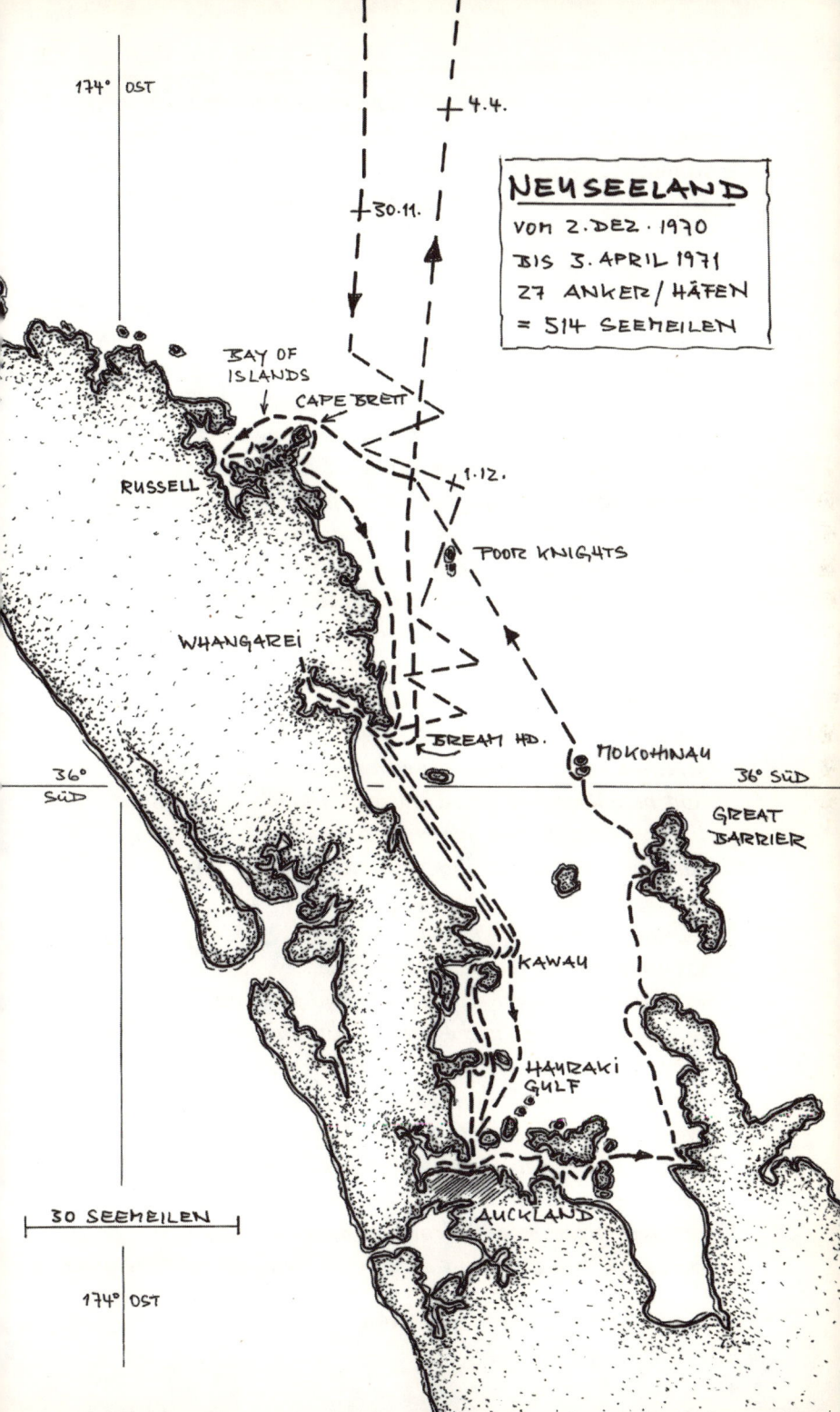

Unglücklich über diesen Tagesbeginn, sammle ich alleine eine ganze Tasche voll Ladypippis am Strand. Da man im Schlamm graben muss, habe ich mir schließlich die Fingernägel scheußlich zerkratzt. Der Tag ist somit völlig hin!

Whangarei, 4. bis 16. Februar

Jetzt ist endlich KATHENA *die Hauptperson. Sie wird an Deck, über Deck, unter Deck vollständig neu angestrichen. Das steht ihr gut.*

W. geht mal wieder im Hafen arbeiten: Butter auf die Schiffe verladen. Echte Neuseelandbutter für England. Pro Tag bekommt er 18 NZ-Dollar netto. Es ist ein leichter Gelderwerb; wie er sagt, wird auch hier alle naselang Teepause gemacht. Dass er nicht früher diesen Job fand, ärgert ihn, denn er hätte im Dezember so schön Zeit dafür gehabt.

Von unseren Freunden in Tahiti sind jetzt auch noch Yves und Babette Jonville mit ihrer OPHELIÉ *eingetroffen. Beide sind hier vom ersten Augenblick an nicht glücklich. Neuseeland gefällt ihnen gar nicht. Vielleicht weil sie Franzosen sind mit ganz anderer Lebensart. Yves sagt, es gäbe hier nichts Anständiges zu essen. Außerdem seien die Neuseeländer langweilig und hätten keinen Pep. Und im Gespräch laute jede zweite Frage:* »How do you like New Zealand?« *–* »Sie haben einen Komplex, man könne ihr Land nicht toll und einzigartig finden«, *meint Yves.*

Calliope Bay, 16. bis 24. Februar

Regelrecht eingeweht sind wir in der unbewohnten Bucht. Draußen stürmt es, und es wäre leichtsinnig, jetzt auszulaufen. Dabei sind wir doch in Eile, weil wir rechtzeitig zum Eintonnerpokal in Auckland zurück sein wollten. Und jetzt? Eine Woche in der kleinen Kajüte! W. hockt über Plänen, wie sein ideales Boot aussehen müsste. Ich lese viel und schreibe. Einmal unternehmen wir einen Versuch, hier herauszukommen, kehren aber bald um, angesichts der hohen Brecher in der Flussmündung. Es heult selbst an unserem geschützten Ankerplatz kräftig im Rigg. Draußen auf See scheint was los zu sein. Wir hören im Radio, dass am Nordkap der Rahsegler ENDEAVOUR *beim Einlaufen in den Hafen von Parenga-renga auf eine Sandbank geraten ist. Statt den Sturm auf See abzuwettern, wollte er einlaufen. Nach zwölf Stunden werden alle Hoffnungen begraben, diesen 25 Meter langen Segler von der Sandbank zu schleppen. Wir verfolgen dieses traurige Schicksal eines Bootes gespannt per Rundfunk.*

Beide werden wir nervös, und W. plant unsere Abfahrt mehrfach, obwohl sich das Wetter kaum bessert. Dann schließlich, am 22. Februar, setzt er die Abfahrt kategorisch auf die nächste Tide fest, komme, was da wolle. Es bleibt mir nichts anderes übrig, als folgende Drohung auf einem Zettel bei der Schiffsführung einzureichen:

> Meuterei an Bord der KATHENA
> Kapitän: Wilfried Erdmann
> Crew: Astrid Erdmann
> Wenn der Wind zu der vom Kapitän festgesetzten
> Abfahrtszeit um drei Uhr morgen früh in gleicher
> Stärke wie am heutigen Abend um 20 Uhr weht,
> weigert sich die Crew hartnäckig auszulaufen,
> da dies das Schiff und die Mannschaft unnötig
> in Gefahr bringen könnte. Die Crew räumt jedoch
> ein, sofort bei geringster Wetterbesserung den
> Ordern des Kapitäns Folge zu leisten. Alle Versuche
> des Kapitäns (Küsse etc.), die Crew zur Abfahrt
> zu bewegen, werden als Erpressung angesehen und
> nicht akzeptiert.
> Gez.: Astrid Erdmann
> P.S.: Mir ist es ernst!

Ich bin zwar mal wieder seekrank, doch mit Brassfahrt streben wir schließlich Auckland zu. 70 Seemeilen in elf Stunden. W. hat wieder einen guten Riecher gehabt; erst für Stunden war der Sturm abgeflaut, als wir Calliope verlassen.

Wir kommen sogar noch rechtzeitig zum morgigen Regatta-
beginn.

Auckland, 24. bis 30. März

Westhaven, der Yachthafen von Auckland, platzt vor lauter
Booten aus allen Nähten. Einen solch großen Yachthafen habe
ich noch nie gesehen. Dagegen nimmt sich zum Beispiel Wedel
bei Hamburg – der größte deutsche – winzig aus. Ja, die Kiwis
nennen eines der interessantesten Segelreviere ihr Eigen. Jeder
verfügt über einen schwimmenden Untersatz.

Das Ergebnis der Regatta freut mich. Der Bremer Hans
Beilken segelt in dieser internationalen Konkurrenz mit seiner
OPTIMIS B *einen zweiten Platz heraus. Die Hamburger da-*
gegen werden mit der APECIST *nur zwölfte. Weniger beein-*
druckt bin ich von der Rivalität zwischen den Hamburgern
und Bremern. Weder sprechen sie miteinander, noch gratulie-
ren sie sich. Gegenseitig helfen tun sie sich natürlich auch nicht.
Sie hinterlassen einen miserablen Eindruck. Da muss ich die
Neuseeländer loben. Als Sportsleute gefallen sie mir sehr. Wir
wenden uns dem dritten unter deutscher Flagge segelnden Boot
zu: der RUNAWAY. *Der Flensburger Regattafreak John Anton*
hat sie in Auckland gechartert. Auch Jens Cornelsen ist mit
zwei weiteren Deutschen bei dieser Crew. Wir zählen diese Be-
gegnung zu den nettesten während der Wochen in Auckland.
Auch weil diese Crew – kaum zu glauben – den 4. Platz in
einem Weltklassefeld von 16 Racern belegt.

Horst Herbert Alsen, deutscher Zementkönig, dem hier die
wunderschöne APECIST *gehört und der diese von einer jungen*
Crew segeln lässt, ist einer der prominentesten Zuschauer bei
der Regatta. Mit seiner jungen Frau besucht er auch KATHENA.
Wir trinken Tee an Bord und plaudern. Anscheinend sind die
beiden von unserer abenteuerlichen Lebensweise sehr faszi-
niert. Dass wir unseren Motor mit der Hand anwerfen müssen,
verwundert den Herrn über Millionen am meisten, sodass er
spontan eine Starterbatterie stiften will. W. lehnt ab. Er mag so
was nicht. Leider.

Am nächsten Tag erlebe ich auf dem Steg, wo die Eintonner nach der Regatta immer anlegen, dass auch solche Wirtschaftsbosse wie Alsen von ganz einfachen menschlichen Nöten geplagt werden. Zum Beispiel: Wir warten auf die Ankunft der Boote. Es herrscht eine drückende Mittagshitze, und so zieht, wie viele andere auch, Horst Herbert sein Hemd aus. Danach fühlt er sich anscheinend wohler. Aber nicht lange. Denn als seine Frau das sieht, ist sie sofort da, und ich höre die vorwurfsvollen Worte: »Horst Herbert, zieh doch bitte dein Hemd an!« Verzweifelt um sich schauend, versucht er, das lästige Kleidungsstück lässig vor dem Bauch zusammenzuknoten. Und ich höre den empörten Ruf: »Aber Horst Herbert ...«

W. vergisst über all dem Trubel seinen Job im Hafen nicht. Drei Wochen schleppt er abermals Butter und gefrorene Lämmer auf die Schiffe. Ich gebe gleich einen Teil seines Einkommens auf einer Rundreise mit Frau Baader aus, ohne dass W. mitkommen kann. Fünf Tage kurven wir mit ihrem Auto über die Nordinsel. Wir besuchen das Maori-Dorf Roturoa. Leider wird es gerade für die kommende Touristensaison renoviert, und somit ist nur wenig zu besichtigen. Wellington und Mount Egmont sind die nächsten Stationen; auf dieser Fahrt begreife ich langsam, wie schön Neuseelands Landschaft ist.

Zum Abschluss unserer Reise besichtigen wir die Waitomo Caves, Tropfsteinhöhlen im Gebirge. Sie sind ohne Zweifel der interessanteste Teil meines Aufenthaltes. In den drei Höhlen bewundere ich die verschiedensten Gebilde, die die steten Wassertropfen in Tausenden von Jahren erschaffen haben. In der Glühwürmchenhöhle fährt man mit dem Boot in der Dunkelheit über einen unterirdischen See, bis oben an der Decke wie Sterne am Himmel unzählige Glühwürmchen sichtbar werden. Während dieser gespenstischen Fahrt ist Sprechen verboten. Der Führer achtet peinlich genau darauf, weil die sensiblen Leuchtkäfer Lärm und Licht nicht vertragen können. Im Innersten der Höhle verzweifle ich fast und muss vorzeitig zum Eingang zurückkehren. Ich habe schon Platzangst in der Kajüte unserer KATHENA, wenn ich seekrank auf der Koje liege,

*aber dort sehe ich doch wenigstens die Luke als Ausweg. Hier
in der Höhle fühle ich mich beinahe endgültig eingemauert.*

*Die letzten Kilometer, bis ich W. wiedersehe, werden lang.
Die Begrüßung ist stürmisch, denn so lange und so weit entfernt voneinander waren wir auf unserer Reise noch nie. Für
die Weiterreise wird der Proviant im Großmarkt beschafft.
Danach lassen wir* KATHENA *an zwei Pfählen mit Hilfe der
Tide trockenfallen, um das Unterwasserschiff zu schrubben.
Unser geliebtes Boot bekommt zwei makellose Antifoulingan-
striche, einen frisch gemalten Wasserpass und natürlich: ein Ge-
nuasegel. Damit sind wir so weit. Doch zuvor gibt's noch einen
Abschiedstrunk in einem Pub mit Regatta-Jens, der sich hier in
eine rassige Neuseeländerin verliebt hat. Es folgt die Flucht
zweier Weltumsegler hinaus auf die weite See – und auf die andere Hälfte der Weltumseglung.*

Hier endet Astrids Tagebuch von Neuseeland. Ich möchte nur
ergänzen: »Hinaus auf die geliebte See …« Oder: »Auf geht's
in die Tropen!« Ist ja auch verlockend. Ich hatte nach dem
Auslaufen reichlich zu tun. Anker verstauen, Segelführung
und Selbststeueranlage einstellen. Probleme gab's beim Schießen der Sonne. Wir segelten nämlich genau Nord, und ich hatte all das Segeltuch vor meinem Sextanten. Auch vom Bugkorb
aus brachte ich kein Ergebnis zustande. Daher musste ich das
Vorsegel für die Zeit der Positionsbestimmung bergen.

Es ging zügig voran. Mit dem letzten Abendlicht waren wir
schon querab von Cape Brett, dem letzten Zipfel Neuseelands.
Das stimmte ein wenig traurig. Der Neuseelandkreis hatte sich
nach vier Monaten geschlossen.

Die Angst schwimmt mit

»Die Hauptsache ist, dass man ein
großes Wollen habe und Geschick und
Beharrlichkeit besitze, es auszuführen;
alles Übrige ist gleichgültig.«
JOHANN WOLFGANG VON GOETHE,
Ewige Tischgespräche

Mit knapp 3 Knoten lief die KATHENA vor einem schwachen
Ost auf Nordwestkurs. Wir saßen in der sanften Schaukel einer
langen Dünung aus Ost. Waren wir oben auf einem Wellen-
berg, fasste der Wind unser Tuch fester, gab uns einen leichten
Stoß, und wir rollten wieder hinunter ins Tal. Da die Dünung
von achtern dwars anlief, kam das Boot zeitweilig arg ins Rollen. Astrid musste das Essen, Spaghetti à la KATHENA, in tiefen
Schüsseln nach oben reichen. Teller hatten für ein solches
Schaukelspiel nicht genügend Freibord; es wären uns sicherlich zu viele kostbare Nudeln über den Rand gerutscht und
hätten die Speigatts verstopft.

Bei gutem Wetter aßen wir immer an Deck. Dadurch wurde
für uns auch das Abwaschen erleichtert. Wir hielten das Geschirr nur für Sekunden über den Bordrand, und der Zug des
Bootes durch das Wasser spülte alles sauber. Manchmal hatten
wir aber auch das Nachsehen, wenn uns ein Stück Geschirr aus
den Händen flutschte.

So auch heute. Nicht, dass der Zug des Bootes mir die
Schüssel aus den Händen riss. Es war der Schreck. Während
ich mit dem einen Auge die faszinierenden Tölpel in ihrem eleganten Flug beobachtete, sah ich mit dem anderen einen Wal
auf uns zukommen.

»Astrid, komm schnell!«

»Was ist? Hast du wieder eine Schüssel verloren?« kam es
vorwurfsvoll von drinnen.

Ein Wal, doppelt so lang wie unser Boot, tauchte unter dem Rumpf durch.

»Nun mach schon, da ist ein Wal!«

Er schien mir sehr groß, als er mit zügiger Geschwindigkeit auf KATHENA zuhielt. Regelmäßig tauchte er dabei auf. Doch plötzlich verhielt er und blieb etwa 30 Meter von uns entfernt an der Oberfläche liegen. Die Wellen brachen sich auf seinem Rücken in regelmäßigen Abständen, wie sie sich auf einer Sandbank brechen.

Ganz langsam kam er näher. Wir behielten ihn im Auge. Dicht unter dem Ruderblatt tauchte er durch. Bei diesem strahlenden Sonnenschein und der ruhigen Wasseroberfläche konnten wir deutlich Hunderte von Narben und Parasiten auf seinem breiten Rücken erkennen. Er schwamm einen Bogen und tauchte wieder an der gleichen Stelle. Über die Reling gebeugt, wartete ich diesmal darauf, dass er uns rammte. Mit angehaltenem Atem verfolgte ich ihn, wie er zwischen Ruderblatt und seinem mächtigen Körper nur eine Handbreit Raum ließ. Nochmals kehrte er zurück, tauchte dann aber erst weiter entfernt auf, blies ein paar Fontänen, schlug kräftig mit der Schwanzflosse – und verschwand. Es war ein Buckelwal.

Erst jetzt wurde uns die gefährliche Situation bewusst. Es war der größte Wal, dem ich auf all meinen Reisen begegnet bin. In diesen kurzen Augenblicken der Erregung, vermischt mit ein bisschen Angst, bemühten wir uns um eine nüchterne Schätzung. Wir kamen zu dem Ergebnis, dass dieser Wal mindestens doppelt so lang war wie KATHENA, also etwa 18 Meter.

Wir schauten uns gegenseitig an, beide ein wenig blass. »Mensch, das war knapp«, sagte ich zu Astrid, deren Augen erneut den Horizont absuchten.

»Ja … erinnerst du dich, wie uns Segler in Whangarei erzählt haben, dass vor einem Jahr eine Yacht zwischen Neuseeland und den Neuen Hebriden von einem Wal gerammt wurde und innerhalb von Minuten sank …«

»… und wir sind genau auf der gleichen Route. Aber das damals war ein Holzboot. Bei uns ist das anders. KATHENA ist aus Stahl, es hätte nur das Ruder beschädigt werden können, und davon sinkt man nicht gleich.«

Da der Wal nicht wieder auftauchte, war die Aufregung bald überwunden. Aber wir hatten jetzt Gesprächsstoff bis in die tiefe Nacht und vergaßen darüber die ganze Segelei.

Wie es auch hätte ausgehen können, wurde uns einen Monat später bewusst, als wir die Nachrichten des Kurzwellensenders »Deutsche Welle« hörten. Da hieß es: »Die drei Hamburger Segler Neidhardt, Stölting und Schweighöfer trieben über drei Wochen in ihrem winzigen Beiboot im Südpazifik, nachdem ihre Yacht BEACHCOMBER bei der Kollision mit einem Wal in Minutenschnelle gesunken war. Erst der aufmerksamen Besatzung eines sowjetischen Passagierdampfers gelang es, die drei Segler zu retten.«

Am 7. Tag auf See rechnete ich uns beim näheren Betrachten der Seekarte noch eine Woche Fahrtzeit bis Vila auf den Neuen Hebriden aus. Um dies Astrid sogleich mitzuteilen, beugte ich mich durchs Luk nach draußen. Dort sah ich sie ganz gegen ihre Gewohnheit zusammengesunken auf der Cockpitbank sitzen. Ich schaute ihr ins Gesicht, um die Ursache ihrer Betrübnis zu erforschen. Seekrankheit konnte es nicht sein; schließlich war die See ruhig, und es ging ihr bei dieser Wetterlage bestens. Sie hatte ihr Kinn so merkwürdig auf die Hand gestützt. Da kam mir ein böser Verdacht.

»Zahnschmerzen?«

Astrid nickte nur. Ich setzte mich zu ihr, schaute ins Kielwasser und überlegte, was zu machen sei.

»Schmerztabletten haben wir an Bord, und bis es unerträglich wird, sind wir längst in Vila«, versuchte ich sie zu trösten. Für einen Moment nahm sie ihre Hand vom Kinn und legte sie auf meinen Arm: »Das hilft nicht mehr. Ich habe schon seit Tagen heimlich Tabletten genommen. Jetzt wirken sie kaum noch.«

»Aber …«

»Ja, ich muss dir leider gestehen, dass mir am letzten Abend in Neuseeland beim Essen eine Plombe aus dem Backenzahn gefallen ist.«

»Und das hast du mir nicht gesagt?«

»Du hättest mich dann sowieso gleich zum Zahnarzt geschickt, und dadurch hätten wir unsere Abfahrt um einige Tage verschieben müssen. Das wollte ich nicht. Außerdem fallen vielen Leuten Plomben raus, und bevor sie Schmerzen kriegen, vergehen oft Jahre. Das hatte ich auch für mich gehofft.«

»Und ich werfe nichts ahnend in Neuseeland die Leinen los«, sagte ich vorwurfsvoll zu ihr.

Am anderen Morgen lag Astrid mit schmerzverzerrtem Gesicht in der Koje. Ich überlegte, ob es nicht sinnvoller wäre, die nächstliegende Insel Aneityum anzulaufen. Im Seehandbuch wurde der Ort mit tausend Bewohnern angegeben. Vielleicht gab es dort Hilfe für sie – aber auch nur vielleicht. Und das war mir zu ungewiss. So hieß es für Astrid, auszuhalten, und für mich, Kurs zu halten. Ich erinnerte mich an die Zahnschmerzen, die ich auf meiner ersten Weltreise hatte. Ich griff damals zu einem altbewährten Seemannsrezept: Gin.

Der Gin, mit dem nun Astrid ihren Zahn mehrmals am Tag betäubte, half nach drei Tagen auch nicht mehr. Es wurde schlimm mit ihr. Noch gut drei Tage! Also mussten wir doch Aneityum anlaufen. Wer schon mal zu Hause am Wochenende Zahnschmerzen bekommen hat und bis zum Montag auf die Behandlung warten musste, kann sich dieses Elend auf See sicher vorstellen.

Endlich, am 12. Tag, sichtete ich Aneityum. Durch das Riff segelte ich in eine geschützte Bucht und warf Anker. Ein exzellenter Platz zum Verweilen. Berge, Atolle, Korallen – alles vorhanden. Und wie lange hatten wir nicht mehr Riffe gesehen und Lagunenwasser gerochen.

Meine Hoffnung, hier Linderung zu finden, verfliegt im Moment, wo wir unseren Fuß an Land setzen. Wir sprechen nicht etwa Französisch, wie ich dachte, auch nicht Englisch, sondern ein Pidgin-Englisch mit drei jungen kräftigen Männern, dem Lehrer, dem Storekeeper und dem Dorfplayboy, die uns auch den Weg zum Hospital zeigen. Es erscheint der »dresser«, zu Deutsch vielleicht »Verbinder«, und öffnet seine Krankenhauspforte. Im dusteren Raum mit langen Tischen voller Flaschen, wahllos durcheinander, absolut nicht die sterile Ordnung, wie ich sie gewohnt bin. Wir lachen, und ich muss gestehen: Mir vergehen die Zahnschmerzen bei diesem Anblick. Zur Belustigung aller nehme ich noch zwei Aspirintabletten. Der Storekeeper führt uns zu seinem ameisenverseuchten Schuppen, wo wir ein Paar seit langem begehrte Gummilatschen erstehen. Der übliche Strandspaziergang endet bei Artie Kraft, einem Australier, der uns den Durst an der Nasenspitze ansieht. Ein paar kalte Forsterbiere helfen uns drüber weg. Auch weist er sein schmuckes »homegirl« an, für uns mitzukochen und uns ein selbst gebackenes Brot einzupacken. Den Tag beende ich mit einem doppelten Cognac – nur der Zahnschmerzen wegen. Es wird eine traumlose Bärennacht.

Ärztliche Hilfe? Nein, die gab es auf dieser Insel nicht. Statt dessen ein Sägewerk. Artie galt als Großunternehmer. Rund acht Eingeborene fällen und sägen für ihn Kauribäume, die wir eigentlich nur in Neuseeland vermuteten. Das gesägte Holz wird über Port Vila nach Australien verschifft.

So merkwürdig es klingt: Astrids Zahnschmerzen waren letztlich wie weggeblasen. Erstaunlich, wie schnell sich meine Astrid durch diese netten Menschen mit sich selbst versöhnte. Die Aussicht, vielleicht noch einige Tage ohne Schmerzen hier auf der Insel zu verweilen, ließ sie übersprudeln. Doch es war kein Wunder von Dauer. Kaum war der zweite Tag vergangen, wurde sie erneut von dem ganzen Jammer ihres Daseins gepackt. Sie saß auf dem Kajütendach, und aus ihrem Munde kamen ohne viel Hoffnung auf Besserung die Worte: »Jetzt sitze ich hier, und keiner kann mir helfen!«

Unter diesen Umständen entschied ich mich, gleich am nächsten Tag nach Port Vila zu segeln. Ich dachte zunächst an die vorgelagerte Insel Tana. Astrid aber lehnte es rundweg ab, abermals einen Ort anzulaufen, in dem es vielleicht auch nicht mehr als nur Aspirin gab.

Unter Vollzeug und bei strahlend herrlichem Passat ließ ich KATHENA laufen. Es machte Freude, wie sie die Meilen nach Vila, dem größten Ort der Neuen Hebriden, anging. Meine Welt war wieder in Ordnung. Astrid jedoch konnte an dieser Freude nicht teilhaben. Ihr Zustand hatte sich weiter verschlechtert. Am liebsten hätte sie gehabt, dass ich ihr mit einer heißen Stricknadel den Nerv töte.

In Vila waren die Leinen kaum fest, als ich auch schon mit Astrid an der Hand zum britischen Hospital eilte. Eine junge Eingeborene, hier für die Zahnbehandlung zuständig, versprach, sofort zu helfen. Der Besuch von weit gereisten Leuten aus Europa schmeichelte ihr sichtlich. Sie erzählte uns, dass sie Zahntechnikerin sei und auf Suva (Fidschi-Inseln) studiert habe. Der Backenzahn von Astrid schien ihr nicht zu behagen. Schonend versuchte sie uns beizubringen, dass sie noch niemals einen Zahn mit so einem großen Loch behandelt habe.

Eine Woche lang verbrachte Astrid täglich eine Stunde auf dem in England ausrangierten und dann nach Vila geschickten

»Folterstuhl«. Trotz der zarten und langsamen Behandlungs-
methode der farbigen Zahntechnikerin gelang es nicht, den
Zahn schmerzfrei zu machen. Als sich noch ein Abszess an
dem teuflischen Zahn bildete, fanden wir im Ort glücklicherweise doch einen französischen Dentisten, der ihr den Stumpf
der Zahnruine ausgrub. Mehr als ein Stumpf ohne Wände war
es wirklich nicht, als ich ihn mir ansah. Die Zahntechnikerin
hatte wohl Angst vor dem Ziehen eines solch schlimmen Pla-
gegeistes gehabt.

Vila war ein Hafen so recht nach unserem Sinn: eingerahmt
von Palmen und durch zwei vorgelagerte Inselchen gegen jeden Wind geschützt. Eine hübsche Stadt an einem Hügel. Die
Regale in den Geschäften gut gefüllt. Sauber und geordnet
wurden täglich Früchte und Gemüse auf dem Markt, direkt an
der Uferböschung, angeboten. Das Wasser in der Minibucht,
in der wir lagen, war glatt wie ein Brett, Tag um Tag. Wir fühlten uns zu wohl hier, um schnell wieder an Weitersegeln zu
denken. Und wir waren solo an der grasbewachsenen Uferböschung, also die einzige Besucheryacht. Festgemacht mit
Buganker und zwei Heckleinen an Land. In Port Vila passte
wirklich alles zueinander: die schönste Stadt der Südsee, der
Naturhafen – und niemand, der sich um uns kümmerte. Nicht
einmal die Behörden.

Auf dem gegenüberliegenden Inselchen Iririki tauchte ich
nach Korallen, Astrid suchte Muscheln. Das war ihr neues
Hobby, seit sie auf Tahiti ihre erste Südseemuschel gefunden
hatte. Überall, an jedem Strand konnte sie seitdem stundenlang
suchen, nur sehr fündig war sie bislang nicht geworden. Diese Insel Iririki wurde jetzt ihr größter Erfolg. Hier fand sie
zum ersten Mal Muscheln, auch seltenere, in großer Anzahl.
Sie verbuddelte sie einfach in den Sand, wo die Ameisen das
Fleisch des Tieres nach etwa einer Woche aufgefressen hatten.
Danach wurden die Schalen mit Seewasser ausgespült.

Astrid war Feuer und Flamme und verhielt sich beinahe när-
risch. Nach jeder Muschelsuche strebte sie zu einem Chinesen-
laden, um dort die Preise der ausgestellten Muscheln mit denen

der gefundenen zu vergleichen. Meist kam sie freudestrahlend zurück und rief mir schon von weitem zu: »Ich habe heute Muscheln für 20 Dollar gefunden.«

»Großartig!« Ich freute mich, sie nach der bösen Zahngeschichte wieder in guter Stimmung zu sehen, und so mochte ich ihr auch nicht die Bitte abschlagen, zum Muschelsuchen nach Vila Island hinüberzurudern, das für besondere Spezies berühmt war – obwohl das für mich bedeutete, mit unserem Schlauchboot gut eine Seemeile zu rudern. Es war der 29. April, und dieser Tag ist in Astrids Tagebuch genau vermerkt. Denn es war für sie ein grauenhafter Tag. Eigentlich nur ein paar Stunden, aber ...

Vila, 29. April 1971
Während ich auf dem bei Niedrigwasser ausgetrockneten Riffteil nach Muscheln suche, taucht W. wie üblich nach Korallen. Ich bin so in mein Suchen vertieft (wer jemals diese faszinierenden Dinger in seinen Händen gehalten hat, wird mich verstehen), dass ich nicht einmal zwischendurch nach meinem Taucher schaue. Ich verliere vollkommen das Zeitgefühl und weiß schließlich nicht, ob eine Stunde oder mehr vergangen ist. Jedenfalls sehe ich W. nirgends, als ich zum Schlauchboot zurückkehren will, um etwas zu essen. Ich blicke mich um und rufe auch ein paar Mal, aber nichts ist zu hören oder zu sehen. Ich warte noch ein Weilchen, lasse meine Blicke intensiv übers Wasser gleiten. Kein Mensch. Nichts! Angst ergreift mich. Ich denke an Haie und noch mehr an den Steinfisch, der hier ebenfalls zu Hause ist. Der hat einen Giftstachel, der einen Menschen binnen weniger Minuten töten könnte. Zoologiebücher nennen ihn den giftigsten Fisch der Welt.

Ich schreie immer wieder W.s Namen. Aber er gibt keine Antwort. Ich laufe ein Stück nach rechts, ein Stück nach links. Aber weit und breit sehe ich niemanden.

Ich gerate in Panik. Ich werfe meine Muscheln weg, gehe ins knietiefe Wasser (warum ich das tue, weiß ich nicht) und schreie nach W., bis sich meine Stimme überschlägt. Dann renne ich wie gehetzt barfuß über Korallen und Steine zum 500 Meter entfernten Dorf der Insel. »My husband is lost, my husband is lost.« (Mein Mann ist weg).

Die Leute strömen verwundert zusammen. Sie starren mich an, aber keiner reagiert. Keiner will mit suchen kommen. Sie grinsen nur, als ob sie denken: Was ist das nur für eine hysterische weiße Frau? Ich laufe zu einem Auslegerkanu, um damit allein auf See nach W. suchen zu können, aber ich kentere mit dem schmalen Ding sofort. Ratlos und weinend gehe ich zu den Eingeborenen zurück, die über mein Missgeschick herzlich lachen.

Plötzlich sehe ich einen Trimaran um die Spitze der Insel kommen. Ich eile wieder zum Strand hinunter und mache mit wilden Gesten auf mich aufmerksam. Das Boot dreht auf den Strand zu, und wild entschlossen schwimme ich ihm entgegen. Ich bin völlig erschöpft, als mich die Männer an Bord hieven. Doch mit letztem Atem kann ich sie dazu überreden, sofort nach W. zu suchen.

Zu diesem Zeitpunkt bin ich schon auf das Schlimmste gefasst. Die Sache mit dem Steinfisch geht mir immer wieder durch den Kopf. Und als die Männer durchs Fernglas ein Stück rotes Tuch im Wasser treiben sehen, werde ich immer kleiner. Niemand vermag mich noch zu trösten. W. hat nämlich eine rot-weiß geblümte Badehose an. Und es kann mich auch kaum beruhigen, dass ich durch den Schleier meiner Tränen noch wahrnehme, wie die Eingeborenen am Strand ebenfalls zu suchen beginnen.

Hier muss ich unterbrechen, um mein Verschwinden zu erklären. Ich hatte zum ersten Mal auf dieser Reise Schwimmflossen an den Füßen, als ich hier ins Wasser ging, und war daher im Handumdrehen weit von Astrid weggeschwommen, ohne es selber richtig bemerkt zu haben. Da ich nichts Rechtes an Korallen fand, hielt ich mich hinter einem Felsvorsprung ziemlich lange auf. Die Sicht zu Astrid wurde mir von dort versperrt.

Ich ging schließlich an einer anderen Stelle an Land, und als ich gemächlich, mit den Flippern unterm Arm, dahinschlenderte, sah ich den Strand voller Menschen. »Die suchen sicher Krebse«, dachte ich und trödelte ruhig weiter. Bis einer auf mich zurannte und mir entgegenrief: »Wife – looking you« (Frau – suchen dich).

Der Gedanke, Astrid in Sorge zu wissen, kam mir erst jetzt voll zu Bewusstsein.

Es dauerte noch eine Zeit, bis die Männer bei ihr an Bord mich durchs Fernglas ausmachten. Astrid wurde ein Stück weiter am Strand abgesetzt. Als wir uns endlich wieder entgegenstrebten, hatte jeder von uns ein Gefolge von gut hundert Dorfbewohnern hinter sich. Die jüngeren unter ihnen kicherten und lachten und machten sich einen Spaß aus der ganzen Aufregung, während die Alten mit Knüppeln für den nötigen Respekt sorgten. Währenddessen fielen wir beide uns gegenseitig in die Arme, und ich küsste Astrid auf ihre verweinten Augen.

Vila entpuppte sich in den drei Wochen unserer Anwesenheit als das liebste und schönste (ich wiederhole mich gerne) Städtchen der bisherigen Pazifikroute. Dabei besteht es nur aus einer Straße längs der Bucht, der Hauptstraße bergwärts und ein paar Seitengassen. Die Sonne schien so heiß, dass der Teer auf den Straßen weich wie Sirup war und meine Latschen mehrmals darin stecken blieben. Nur der Abend brachte Kühlung und lockte die Menschen auf die Plätze am Hafen, füllte die Lokale.

Vila ist die Residenz dieses verwirrten Landes, das sich »das englisch-französische Kondominium über die Neuen Hebriden« nennt. England und Frankreich haben sich einst nicht einigen können, wer die fruchtbaren Inseln mit dem feuchten Klima haben sollte; so werden sie von beiden verwaltet. Das Kräfteverhältnis zwischen den beiden rivalisierenden Nationen ist heute allerdings sehr ungleich. Es gibt viermal so viel Franzosen wie Briten. In Vila unterhalten beide Staaten getrennte Zollbüros, eigene Polizei, Hospitäler, Schulen und Kirchen.

In den Geschäften gelten australische, englische und französische Münzen und Noten gleichermaßen – und da der Wechselkurs bei den drei Sorten verschieden ist, muss man es in Kauf nehmen, geraume Zeit zu warten, bis die Eingeborenen auf dem Markt herausgefunden haben, wie viel eine Staude Bananen wirklich kostet.

Mit den Papieren der Ausklarierung an Bord gingen wir ankerauf, um weitere Inseln dieser Gruppe zu besuchen. Wir waren nicht unbekümmert. Der Beinahezusammenstoß mit dem Wal, die Geschichte mit Astrids Zahn, die ganze Aufregung mit der Suche nach mir hatten uns ziemlich geschlaucht. Jetzt waren wir auf dem Weg zu einem der letzten Orte der Welt, wo es noch bis vor kurzem Menschenfresser gegeben hat.

Wir waren sehr gespannt. Astrid klopfte vorsichtshalber den Rost von unserer Machete.

Bei den Melanesischen Buschmenschen

»Adam and Eve he stop along garden
and mangotree he stop. Jesus Christ he
come talk along Adam: ›You no kai-kai
apple, suppose you kai-kai apple Him
Big Feller wild!‹
Eve he come along up behind, he talk
along Adam: ›You come kai-kai apple?‹
Adam he too much him fright, he talk:
›No, no, no!‹ Then Eve he talk more
along Adam, and Adam he come kai-kai
apple along Eve.
Jesus Christ he come talk, and he sing
out: ›Adam, Adam, you kai-kai apple?‹
and Adam he talk ›Yes‹ and Jesus Christ
he too much wild, he talk along Adam:
›You go bloody well hell along bush,
you …!‹«
Erstes Kapitel Buch Mose, aus einer
Bibel in Pidgin-Englisch

Wir, das heißt James und ich, marschierten auf einem Pfad, den
die Eingeborenen benutzen, wenn sie mal an die Küste zum
Tauchen kommen. Die Lianen baumelten wie dicke Schlangen
über unseren Köpfen. Alles war üppig grün. Wir lösten uns
stündlich ab, aber einer musste immer als Erster den Pfad frei-
hauen von Ästen, Lianen und Riesenspinnweben. Der Boden
war feucht und voller Wurzeln, sodass wir mehr rutschten und
stolperten, als dass wir gingen.

Unser Ziel waren die »Men belong bush« – wörtlich übersetzt »die Buschmänner«, also schlicht: die Eingeborenen der
Insel Espirito Santo. Bei mir war James, einer dieser Eingeborenen. In Hog Bay, wo Astrid und ich vor Anker lagen, kam
er mit seinem Kanu zur KATHENA. James brachte uns Süßkar-

toffeln und Papayas und sprach ein gutes Englisch, das er – wie er uns sagte – vor vielen Jahren als Polizist in Vila gelernt hatte. James hieß in seiner Sprache eigentlich Saki.

Bisher hatten wir auf den Inseln der Neuen Hebriden nicht die paradiesische Lebensweise von so genannten »naiven« Menschen vorgefunden, wovon wir geträumt hatten. So sprachen zum Beispiel die Bewohner der Inseln Atchin und Vao Englisch, waren gut und sauber gekleidet, besaßen Transistorradios und wussten mit Geld gut umzugehen. Ambrin und Malekula waren da noch interessanter, denn die Missionare hatten auf diesen schwer zugänglichen Inseln mit Zivilisationsbestrebungen nicht viel anrichten können. Aber alle von uns bisher angelaufenen Küstendörfer waren mit Missionsstationen ausgestattet gewesen – auf Grund der Zweiländerregierung sogar zum Teil doppelt mit einer englischen und einer französischen.

Das kleine Norsup Islet gefällt uns sehr. Wir trinken seit langem wieder mit Genuss Kokosnüsse und sprechen mit den Eingeborenen, die uns durch Höflichkeit und Zurückhaltung bestechen. Es ist nicht das laute Benehmen von Wallis. Sie kommen am Abend mit ihren Auslegern, um KATHENA *in näheren Augenschein zu nehmen. Kreisen sich langsam näher zum Boot. Donnerwetter, sind die nett!*

Und zu Atchin, auch ein Flecken, den man in einer halben Stunde umwandern kann, notiert Astrid: *Im Vergleich zu Norsup sind wir hier auf einer übervölkerten Insel gelandet. Hunderte von Kindern begrüßen uns mit stummer Skepsis und auf dem üblichen Strandspaziergang erfahren wir von den drei Religionen: den Katholiken, den Protestanten und den Seven Days. Das Tollste: Sie sprechen Pidgin, aber eine Seite der Kindertraube plappert auch Englisch und der Rest Französisch. So passiert es, dass W. und ich immer getrennt werden und jeweils in Englisch und Französisch die neugierigen Fragen beantworten. Für unsere Mühe werden wir mit Papaya und einer ganzen Bananenstaude belohnt. Die Backskiste füllt sich mit Obst und Gurken. An Vitaminmangel können wir bei Gott nicht leiden. Auch tauscht W. sein Dingipaddel gegen ein uraltes Kanupad-*

del, das ihm, wie er sagt, besser gefällt. Ich weiß nicht, aber Hauptsache, er hat seine Freude.

Als ich James von unseren »erschlossenen« Küstendörfern erzählte, bot er sich spontan an, mich zu den so genannten »Wilden« der Neuen Hebriden zu bringen. Zu richtigen Wilden, wie er sagte. Da Astrid sowieso nicht mitkommen konnte, weil sie sich auf einem Riff den großen Zeh angeknackst hatte, sagte ich zu. Zwei bis drei Tage würde der Marsch in den Busch dauern, meinte James, strapaziös würde es werden.

Das merkte ich schon nach einem halben Tag unterwegs. Da war ich schon ziemlich wacklig auf den Beinen. Ganz im Gegenteil zu James, der mit seinen 50 oder 60 Jahren (genau wusste er sein Alter nicht) noch zügig voranging. Allerdings schleppte ich einen Rucksack mit Kameras und Tauschware mit, während James nur einen Knüppel in der einen Hand und eine Machete in der anderen trug.

Nach gut 20 Kilometer Fußmarsch in sechs Stunden trafen wir den ersten »Kannibalen«. Es war ein junger Mann, der einen Baum fällte. Er kehrte unserem Trampelpfad den Rücken zu. Als er uns endlich kommen hörte, stieß er ein Geheul aus, sprang zwei Meter zur Seite und griff nach einem geschnitzten Stock, der an einem Baum lehnte. Der Mann merkte jedoch bald, dass wir ihm nichts anhaben wollten. Sein Gesicht verzog sich langsam zu einem freundlichen Grinsen. Die Zähne waren schwarz und blank wie Lack und der Rachen rot vom Betelkauen.

Nach einigem Palaver zwischen James und ihm führte uns unser junger Freund zu seinem Dorf. Eigentlich war es nur ein Dörfchen von sechs Hütten, zwischen denen zwei Männer und zwei Frauen mit ein paar Kindern hockten. Sie waren gut gebaut und fast splitternackt – nur mit einem Stück Rinde um den Bauch und einem Büschel Hibiskusblättern vorn und hinten bekleidet. Die Männer besaßen ein gut geputztes Gewehr – das einzige Zeichen zivilisierten Einflusses. Dennoch waren es die am wildesten aussehenden Menschen, die ich je zu Gesicht bekommen hatte.

Langsam näherten wir uns der Gruppe. Ich stieß so etwas wie ein »Hallo« hervor und wollte dem Mann, der offensichtlich der Häuptling war, die Hand schütteln. Darauf schnappten die Frauen ihre Kinder und verschwanden sofort in den Hütten.

Der Häuptling schaute weiter misstrauisch drein. »Gib ihm ein paar Zigaretten, die verrichten Wunder«, meinte James. Ich warf meinen Rucksack ab und angelte zwei Pakete heraus. Ihr Anblick entlockte dem Alten ein Lächeln – ein ungewöhnliches Lächeln, ein wenig verkrampft.

Der Mann hatte kleine graue Korkenzieherlocken aus wolligem Haar fast über den ganzen Körper. Seine Haut sah recht schmutzig aus. Also holte ich als praktisches Gastgeschenk auch ein Stück Seife hervor. Die Wirkung war für mich verblüffend: Sie alle lachten schallend. Mein Buschführer erklärte: »Diese Leute sind von Natur aus wasserscheu.« Da musste auch ich mitlachen. Somit erwies sich meine mitgeschleppte Seife als schlechte Handelsware. Keiner wollte sie haben. Aber für ein Hemd und Handtuch tauschte ich ein paar kleine Schnitzereien ein.

Allmählich kamen selbst die Frauen näher, denn der Anblick von Tabak wirkte auch auf sie Wunder. Wir kamen, dank James' Dolmetscherhilfe, miteinander ins Gespräch, wir tranken das Übliche – Nüsse – und lachten einander an. Nur die Kinder starrten mich weiterhin neugierig an; die kleinen weinten sogar.

In einer Hütte, deren spitzes Blätterdach bis zum Boden reichte, sollten wir die Nacht verbringen. Drinnen war es sehr dunkel, ein schmaler Spalt diente als Tür und als einzige Ventilation für die Hütte. Die Liege bestand aus geflochtenen Pandanusmatten, als Kopfkissen diente mir mein Frotteetuch. Ich war von dem langen Fußmarsch und der feuchten Hitze ziemlich müde. Deshalb störte mich das unbequeme Lager kaum. Übrigens schliefen Frauen und Männer getrennt in eigenen Hütten, die genau wie unsere eingerichtet waren. Als Kopfkissen diente ein Holzbrett.

Ich war richtig wehmütig, als wir am nächsten Tag von dieser primitiven Idylle scheiden mussten. Ich ließ dem Häuptling noch meine Machete zurück, denn immer wieder hatte ich bemerkt, wie er mit dem guten Stück liebäugelte. Er hatte uns schließlich versorgt, zu Abend Schweinefleisch und Süßkartoffeln gekocht, und heute früh gab's gleich eine geriebene Wurzel. Sie garte über Nacht, in Blättern eingewickelt, im Steinofen. Alles sehr schmackhaft. Aber alles Essen wurde auf dem Boden zubereitet, und drei Katzen und fünf Hunde drumherum.

Zum Abschied tranken wir noch eine Kokosnuss miteinander. Dann zogen James (immer voran) und ich über einen beschwerlichen Bergrücken weiter. Auch im nächsten Dorf, das wir nach mehrstündigem Marsch erreichten, zählte ich nur zwanzig bis dreißig Köpfe. Alles ähnelte sich; allerdings schlugen einige Frauen bei unserer Ankunft verschämt Tücher um ihre Hüften. In dieser Siedlung sah ich eine alte, mehr als einen Meter lange Trommel, die bei finsteren rituellen Tänzen geschlagen wird. Sie war sorgfältig geschnitzt und hatte einen guten Klang. Für mein Hemd, ein Handtuch und Zigaretten tauschte ich sie ein. Und mit nacktem Oberkörper, nur bekleidet mit einer Hose, machten wir uns auf den langen Rückweg.

Müde, schmutzig und ziemlich abgerissen kam ich am Strand an und sah aufatmend in der Ferne die KATHENA vor Anker schaukeln. Niemand an Bord zu sehen.

»Astrid! Astrid!« rief ich in einem Anflug von Besorgnis hinüber.

Ganz langsam kroch sie unterm Sonnendach hervor, winkte fröhlich und machte sich sofort auf, mich mit dem Schlauchboot an Bord zu holen.

»Ich dachte, die Kannibalen hätten dich schon dabehalten«, rief sie mir freudestrahlend von weitem zu.

»Allein wollen sie mich nicht. Ich soll dich mitbringen«, antwortete ich gut gelaunt, mit der Aussicht auf Schwimmen und gutes Essen.

Jetzt stand Astrid am Strand und musterte mich kritisch. »Wie siehst du denn aus?«

»Ja, Hose und Schuhe, das ist alles, was ich noch an Kleidung habe. Aber für dich gibt es etwas besonders Feines.« Ich holte die Schweinezähne hervor, die ich vom Häuptling im ersten Dorf erhalten hatte.

»Was ist denn das?« Skeptisch betrachtete sie die drei mitgebrachten Zähne.

»Das sind richtige Hauer von einem heiligen Schwein.«

»Wie ist denn das möglich, wo sie doch kreisrund gewachsen sind?« hakte sie nach und schien sich gar nicht über mein Mitbringsel zu freuen.

»Also, James hat mir erklärt, dass Schweine mit krumm gewachsenen Vorderzähnen bei den Eingeborenen als heilige Schweine gelten. Man hilft der Natur nach, indem man dem jungen Ferkel die beiden oberen Eckzähne auszieht. Dann können die beiden unteren Hauer frei hinauf- und herumwachsen. So nutzen sie sich nicht ab, und man findet oft Zähne, die einen geschlossenen Kreis bilden.«

»Und wozu sind die Dinger gut?«

»Das ist die Währung für den Brautkauf. Ein Mann, der eine Frau haben will, muss an den künftigen Schwiegervater zwei bis zwanzig dieser Zähne bezahlen – je nach Dicke und Arbeitsfähigkeit der Frau.«

»Dann hättest du für mich bestimmt nur einen Zahn zahlen müssen.«

»Ein Dutzend bist du mir schon wert. Ich hätte allerdings mit deinem Vater ein Abzahlungsgeschäft vereinbaren müssen. Das kennen die Melanesier hier auch, weil die Schweinezähne nicht so schnell und üppig wachsen. Die Buchführung erfolgt mit Hilfe von Knoten und Schnüren, die in den Hütten angebracht sind. Ein Knoten für jedes bezahlte Schwein.«

Er bringt mir drei tolle Schweinezähne mit, deren Schönheit ich erst gar nicht gebührend würdige, doch als er mir erzählt, dass solche wie meine, deren Anfang und Ende sich weit überschneiden, sehr selten und begehrt sind, steigern sie ihren Wert

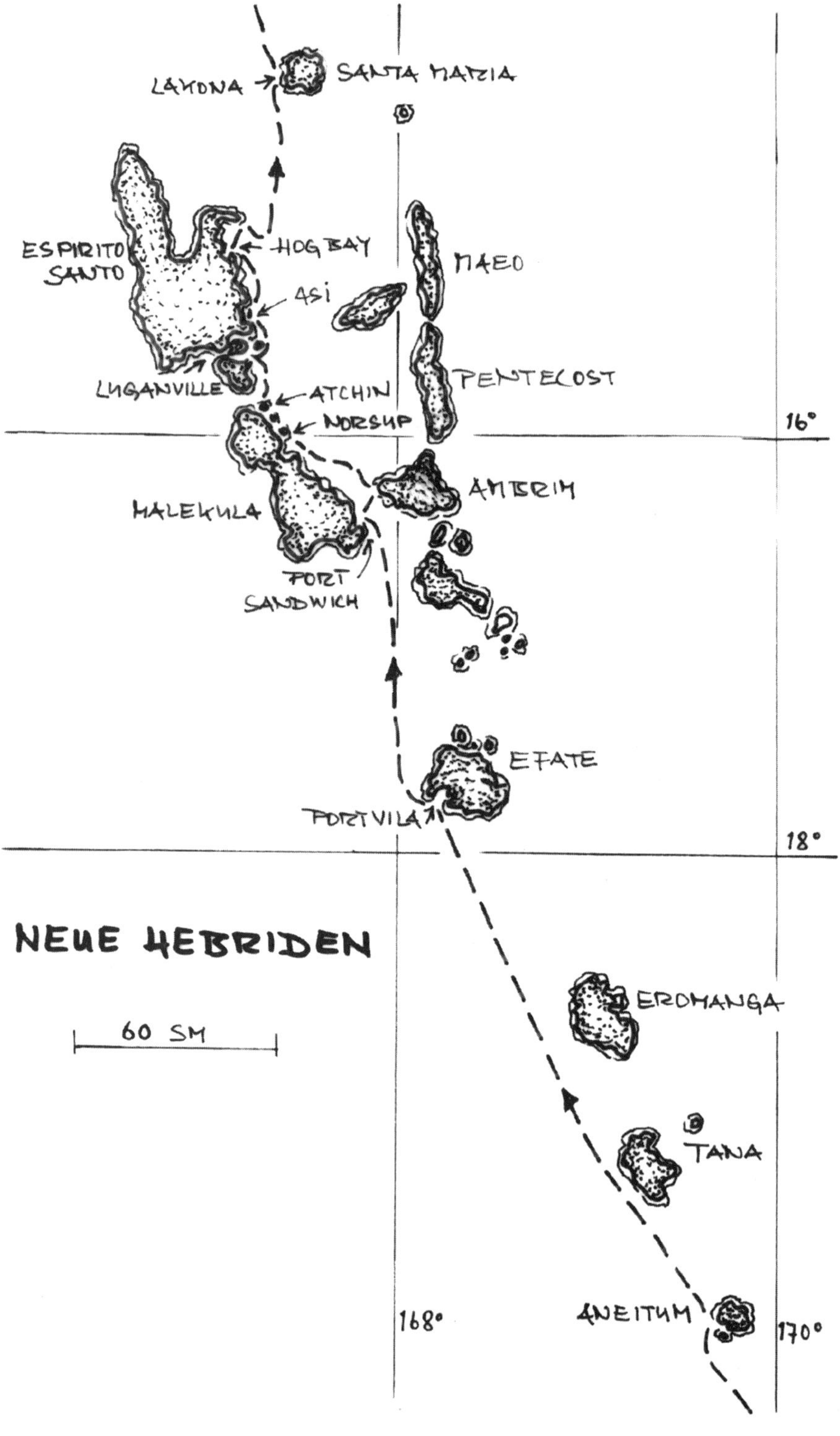

LAKONA → SANTA MARIA

ESPIRITO SANTO

HOG BAY

MAEO

ASI

LUGANVILLE

ATCHIN

NORSUP

PENTECOST

HALEKULA

AMBRIM

PORT SANDWICH

EFATE

PORTVILA

NEUE HEBRIDEN

60 SM

EROMANGA

TANA

ANEITUM

16°

18°

168°

170°

von Minute zu Minute. Jetzt sollte mal einer in die Nähe meiner Schweinezähne kommen, die ich beim Landgang als Armband tragen werde.

Während Astrid mich auf unsere schwimmende Heimat zuruderte, erzählte sie mir, dass sie inzwischen im Dorf Expertin in Pidgin-Englisch geworden sei.

»Weißt du, wie eine Säge benannt wird?«

»Nein.«

»›Push him he go, pull him he come‹ – ›Stoß ihn, dann geht er; zieh ihn, dann kommt er‹. Und Hubschrauber nennt man ›Mixmaster belong Jesus Christ‹. Ist das nicht zum Schießen? ›Dieser Quirl gehört Jesus Christus‹!«

Unter dem starken Eindruck unserer Erlebnisse und Erfahrungen hievten wir den Anker und steuerten auf die nächste Inselgruppe zu. Die Banks-Inseln, 900 Meter hoch und vulkanischen Ursprungs.

Lakonia Bay, das ist ein von der Zivilisation völlig unberührter Flecken. Was machen wir hier? Ein bisschen mit den wenigen dunklen Eingeborenen schnacken; unserer Lieblingsbeschäftigung, dem Tauschgeschäft, nachgehen und am Strand nach Muscheln suchen. Gegen ein paar Dosen Kondensmilch und Fischleine sowie Haken handeln wir einen Schweinezahn und einen Korb Süßkartoffeln ein.

Eine Tagesdistanz nördlicher haben wir die Torres Inseln anvisiert – nur weil wir davon so detaillierte Seekarten an Bord hatten.

Lo Island, Vi Paka. – Tegua Island, Hayter Bay. Trotz der faszinierenden Namen und des glasklaren Ankergrunds, beste Sicht bis 30 Meter Wassertiefe, bleiben wir nicht lange. Es rollt erbärmlich, an Land kommt man auch nicht, oder man schneidet sich die Füße an den Korallenriffen. Unser Versuch anzulanden schlägt auch prompt fehl, W. ritzt sich sogar im Nu die Gelenke an den messerscharfen Korallen auf. So etwas haben wir noch nicht gesehen. Auch Hayter Bay entpuppt sich als Fehlbesuch. Auf unergründlicher Tiefe von 30 Metern erst mal ankern und dann eine halbe Stunde rudern, um am Strand so-

fort von Myriaden von Moskitos überfallen zu werden. Nein, da fällt die Entscheidung weiterzufahren sehr schnell. Bleich und atemlos sitzt wenig später mein Kapitän im Cockpit, Anker und 60 Meter Kette und Tau haben ihn mürbe gemacht.

Ja, und dann steuerten wir in einer nassen Nachtfahrt auf Vanikoro zu, eine Insel der Salomonen. Sie wird im Seehandbuch mit 5000 melanesischen Eingeborenen und einigen Australiern angegeben.

»Hm, da gibt es sicher Brot und frisches Fleisch«, meinte meine Mitseglerin, als ich ihr das vorlas.

Doch Astrid wurde arg enttäuscht, als wir am 3. Juni durch den Pallu Pass segelten (Vanikoro ist mit einem Ringgriff umzingelt) und vor der Insel am Kopf eines zerfallenen Landungssteges ankerten. Hier sollte der Hauptort sein. Aber es waren weder ein Mensch noch ein Kanu zu sehen. Erst als wir unser Schlauchboot hoch auf den schwarzen Strand zogen, sahen wir hinter Büschen und Bäumen einige verfallene Holzhäuser. Dazwischen Hibiskus, Jasmin, Orchideen und Frangipani. All das ließ darauf schließen, dass vor nicht allzu langer Zeit hier noch Menschen gehaust hatten.

Unter der Veranda eines dieser unbewohnten Häuser ohne Fenster und Türen fanden wir einen großen gusseisernen Topf. Er sah genauso aus wie ein Kannibalenkessel auf Witzzeichnungen. Ich wusste, wozu er den Eingeborenen einst gedient haben musste: Sie kochten darin Öl aus Walspeck. Wir aber vollzogen jetzt den alten Menschenfresserwitz, entzündeten ein kleines Feuer darunter, zwängten uns beide zusammen hinein und schossen per Selbstauslöser ein Jux-Foto für unser Hochzeitsalbum. »Machen wir noch eins in Farbe«, sagte Astrid und war bereit, sich noch mal mit mir hineinzuquetschen. Ich winkte ab. Selbstauslöserfotos sind furchtbar umständlich.

Ich entsann mich der Geschichte des Entdeckers dieser Insel, die auf der Weltkarte nicht mehr als ein Pünktchen Fliegendreck herzeigt. In einem Buch über die Entdeckungsgeschichte der Welt war ich auf Vanikoro gestoßen. Hier war der französische Entdeckungsreisende La Pérouse im Februar

Kinder der Neuen Hebriden boten Astrid Muscheln zum Tausch an.

1789 mit seinen beiden Schiffen in der engen Riffeinfahrt ge-
scheitert. Der Engländer Dillon suchte 25 Jahre später mit dem
Schiff RESEARCH nach den Schiffbrüchigen. Er stellte fest, dass
das eine Schiff auf der Außenseite des Riffs aufgelaufen war
und die ganze Mannschaft bei dem Versuch, das Land zu erreichen, von den Haien gefressen worden sein musste. Das andere Schiff war durch die Passage gelangt, dann aber an der
Stelle, wo wir jetzt ankerten, auf Grund festgekommen. Jene
Besatzungsmitglieder, die sich an Land retten konnten, wurden von den ansässigen Kannibalen gejagt und nach und nach
von ihnen verspeist.

Diese Geschichte war für mich der Reiz, Vanikoro anzulaufen. Wir ankerten vor dem einzigen Stück Sandstrand der Küste. Es sah alles trostlos aus, dichter Dschungel bis fast an den
Strand. Wir konnten uns deshalb kaum die Beine vertreten und
waren bald an Bord zurück.

Der Ankerplatz war auch nicht schön. Das Boot rollte so
stark, dass sogar die frisch gepflückten Blumen mitsamt der

Teekanne, in der sie mangels Vase steckten, bei der elenden Rollerei umfielen. Wir überlegten, ob es nicht besser wäre, ankerauf zu gehen, als plötzlich ein Auslegerkanu mit zwei Männern auf die KATHENA zukam. Seine Insassen gaben uns durch Zeichen und mit ein bisschen Pidgin zu verstehen, dass ein paar Meilen weiter westwärts ein Dorf sei.

Die beiden waren nackt bis auf die Hüfte, wo sie einen Fetzen Stoff trugen, klein, stämmig, braunhäutig und hatten grob geschnittene Gesichter. Eben typische Melanesier, mit Krusselhaar und wilder Miene.

Ich hatte gehofft, die beiden Auslegerkanuten würden uns zu einem passablen Ankerplatz lotsen. Aber da hatten wir uns getäuscht. Nach halbstündigem »Kauderwelsch« wussten wir: Das Wasser in der Lagune ist zu flach, um mit KATHENA dorthin zu kommen. Sie boten an, uns im Kanu mitzunehmen. Astrid wurde nervös und war ganz und gar nicht bereit, unser Boot so allein hier liegen zu lassen, um mit den »Wilden« zum Dorf überzusetzen, zumal sicher auf der Insel kein Weißer sein würde.

Es dauerte, aber schließlich bekam ich sie doch mit. Wir paddelten wohl eine Stunde, bis wir landeten. Im Dorf betrachteten uns die Bewohner scheu; gesprochen wurde wenig. Wir konnten ohnehin nichts verstehen. Der Einzige, der ein bisschen Pidgin sprach, war der Chef des Dorfes.

Mir wird Angst und Bange, als ich in die Piroge steige. Mein liebes Boot unbeaufsichtigt zu lassen, missfällt mir sehr. Doch dann beginnt eine wahre Slalomfahrt um die »Kartoffeln«, so nennt W. immer die Korallenköpfe in der Lagune. Nie und nimmer wären wir hier mit unseren 1,50 Meter Tiefgang durchgekommen. In Lali, so heißt das Dorf, klickt erst mal der Auslöser. W. hat gar keine Muße, sich seine busenfreien Objekte richtig anzuschauen. Mir gefällt's gut, die Mädchen so natürlich für ihn Modell stehen zu sehen. Es gilt als Schönheitsideal, eine sehr lange, spitze Brust zu haben. So werden die jungen Mädchen schon früh massiert und gebunden. Das Resultat ist recht verschieden zu den weißen Oberweiten. Aber mein Fotograf

Jux im Topf: Auf Vanikoro fanden wir diesen »Menschenfresser«-Kessel.

hält auch die alten Frauen fest, die unter den hohen Kokospalmen Matten flechten. Und die jungen Männer, die eine Krokodilshaut trocknen. Gespeert worden war das Tier hier an der Küste. Uhhh, und ich war gestern noch schwimmen!

Nach getanem Rundgang hockten wir uns mit den Männern auf einen Baumstamm und aßen die angebotenen Bananen und Tarowurzeln. Mit unserem Appetit war es nicht weit her; daran waren die vielen Hunde schuld. Finster und hungrig wie sie waren, stürzten sie sich auf jedes Stück Taro, das sie von unserem Teller, einem Bananenblatt, erwischen konnten. Als der »Chief« – ein Mann mit ausgeweiteten Ohrläppchen, die dazu noch mit Hundezähnen geschmückt waren – scherzhaft versicherte: »No kai-kai white man belong this time« (Heute werden keine Weißen mehr verspeist), wurde uns doch ein bisschen gruselig. Der Trost war für uns die Schönheit dieses Fleckens – Blumen, Farben, Sonne und wunderschöne, ganz aus Palmenblättern geflochtene Hütten. Sie standen alle auf Stelzen. Das Dorf wirkte sauber und aufgeräumt. Früher lebten hier 5000 Menschen. Heute gibt es auf der ganzen Insel nur noch dies eine Dorf mit 56 Eingeborenen.

Glücklich traten wir die Rückfahrt an. Wasser von unten und oben konnte uns nichts anhaben. Irgendwie konnten wir die Vorstellung nicht loswerden, dass es hier vor nicht allzu langer Zeit der Crew einer Yacht hätte schlecht ergehen können.

An Bord kloppen wir bis Mitternacht Karten (Canasta ist unsere Leidenschaft), wobei dem Erzählthema Kannibalismus keine Grenzen gesetzt sind. Und irgendwann kriegen wir darüber richtig Hunger. Also wurden ein Teig angerührt und Scones gebacken. Hier gleich das Rezept der köstlichen Brötchen:

Zutaten: 2 Tassen Mehl; eine Prise Salz; 1 gehäufter Teelöffel Backpulver; 2 Teelöffel Kochöl oder Butter; Milch nach Bedarf.

Zubereitung: Mehl, Salz und Backpulver mit einer Gabel vermischen. Öl mit Milch miteinander in einer Tasse vermengen. So viel Milch dazugeben, bis ein Teig entsteht, der sich gut verarbeiten lässt. Kleine Brötchen formen und eine halbe Stunde ruhen lassen. Die Scones in der Pfanne mit Deckel fünf Minuten pro Seite backen.

Zwei Tage nach der Karten- und Sconesnacht und Stunden nach der wirbelnden Riffpassage war Vanikoro nur noch ein verschwommener Hügel am Horizont. Ja, wir hatten unseren Aufenthalt dort noch etwas verlängert: Es gab einen verschlungenen Dschungelfluss zu entdecken und ein Korallenriff, auf dem zigtausend leer geschossene Patronenhülsen lagen; und überhaupt war die Wildheit dieses Küstenstreifens, die sich auch an Bord übertrug, plötzlich einmalig interessant.

Die Reise nach Rennell Island ist insoweit bemerkenswert, als wir nach langer Zeit wieder mal West steuern und mehr als zwei Tage im Passat, das heißt mit ausgebaumten Segeln platt vor einem herrlichen Südostwind segeln. Kurz vor dem Ziel trifft uns eine erbärmliche Flaute, doch entschlusskräftig kreb-

Eine gespeerte Goldmakrele: für Gaumen und Magen ein Genuss

Und überall gibt es Lagunen mit weißen Sandstränden und Blätterhütten.

Stevensons Grab auf dem Mount Vea sieht aus wie ein Sarkophag.

Eingeborene, die ich im Busch von Espiritu Santo traf.

Alle Kinder, die sich an der Suche nach dem Weltumsegler beteiligten.

Der bestaunenswerte Guard vor dem Gouverneurspalast in Dili

Über tausend Fische fingen die Flussfischer an einem Tag.

Tagestörn mit amerikanischen Soldaten in der Lagune von Diego Garcia

Auf Madagaskar fand wehmütig der Abschied vom Robinson-Leben statt.

Abwechslung brachte ein Hai. – Orkanwelle im Nordatlantik

Nach jedem Sturm mussten Segel repariert werden.

Astrid bekam ihre Seekrankheit leider nur selten unter Kontrolle.

Bei schweren Stürmen liefen wir vor dem Wind ab.

Bei leichtem Wind stieg ich ins Schlauchboot und fotografierte.

sen wir in die riesige Bucht. Wir werden 3 Meilen vor dem Dorf per Kanu empfangen, und unser neuer »Freund« lässt keinen Zweifel an seiner Absicht aufkommen, uns selbst und sicher an den richtigen Ankerplatz zu lotsen. Oh je, die Bucht ist offen und viele Korallenblöcke leuchten uns ringsum unmittelbar entgegen, als der Anker fällt, aber es gibt keine andere Möglichkeit.

Und es setzte sich fort, was wir schon in den Dörfern Samoas, Wallis, Malekulas, der Banks, Vanikoro, ja der gesamten Südsee erlebt hatten. Dorfrundgang. Palaver. Gemütliches Trinken von Kokosnüssen – hier die größten des Pazifiks. Tausch oder Kauf von Früchten und Andenken – auf Rennell war es ein geschnitzter Totschläger, den ich in der abgelegensten Hütte fand.

Wir schlafen ruhig in den 13. Juni, doch dann geht's los. Schon vorm Frühstück steht im Nu eine hohe See aus Süd in die ungeschützte Bucht. Wenig später verdunkelt sich der Himmel, Regen prasselt nieder und der Wind verstärkt sich innerhalb von Minuten zum Unwetter. Die Entscheidung Ankerauf zu gehen, fällt ohne ein Wort, denn der Bug schaufelt bereits Wasser, das bedeutet, wir zerren erbarmungslos an der in den Korallen vertörnten Ankerkette. Verdammter Mist. W. muss tatsächlich nach der festgehakten Kette tauchen. Und das auf 14 Meter Wassertiefe bei schlechter Sicht. Um schneller abwärts zu kommen, nimmt er den Zweitanker in den Arm und lässt sich damit sinken. Doch erfreulich schnell und mit nur einem Tauchgang hat er die Kette vom Korallenblock befreit, und bald liegen Kette und Anker an Deck und mein lieber »Tieftaucher« ziemlich blass und alle Glieder von sich gestreckt im Cockpit. Mit Hilfe des Motors gewinnen wir schnell Seeraum und können die Segel setzen. Kurs Port Moresby.

Ein Weg voller Inseln

>»Glaube und Vertrauen besiegen
>nicht alleine Ozeane, sondern auch
>Krankheiten und – Menschen.«
>HANNES LINDEMANN, der deutsche
>Arzt und Bezwinger des Atlantiks im
>Faltboot

KATHENA schlingerte so heftig, dass selbst ich mich hunde-
elend fühlte. Astrid hatte von mir auf ihr lakonisches »Die See
gefällt mir nicht!« keine tröstenden Worte zu erwarten. Wir
befanden uns im Golf von Papua, einem scheußlichen See-
gebiet, in dem die See immer hochgeht. Es war der 13. Juli (ein
Dienstag) und unsere zweite Nacht auf See, seit wir den ereig-
nislosen Hafen von Port Moresby auf Neuguinea verlassen
hatten. In dieser Nacht erwarteten wir das Leuchtfeuer von
Bramble Cay. Das ist der Ansteuerungspunkt für die Torres
Strait, ein besonders schwieriges Gewässer. Harte Tidenströme
laufen in dieser Meeresenge, die in ihrer ganzen Ausdehnung
von 130 Seemeilen Länge ein Labyrinth von Korallenriffen
und kleinen Inseln darstellt.

Um durch die vielen Riffe unseren sicheren Weg zu finden,
durften wir das Feuer Bramble Cay, nicht viel höher als der
Sandhaufen, auf dem es montiert ist, auf keinen Fall verfehlen.

Wir gingen beide verschärft Wache. Der Himmel war re-
genverhangen. Stunde um Stunde ging dahin, ohne dass sich
ein Lichtschein am Horizont bemerkbar machte. Es wurde
22 Uhr, und das Feuer hätte längst in Sicht sein müssen. Waren
wir noch nicht weit genug nach Westen gekommen? Hatte uns
ein unberechenbarer Strom versetzt?

Die mit Salzwasser überschwemmten Augen schmerzten, so
angestrengt stierten wir in die Finsternis. Die Angst vor un-
sichtbaren Riffen bedrückte uns. Dabei schwirrten mir Zahlen

durch den Kopf, meine Kursberechnungen, die unmöglich falsch sein konnten.

Aber das Licht, zum Teufel! So ein Licht ist doch zu sehen, wenn es existiert. Und es existiert wirklich; der rote Punkt auf der Seekarte konnte kein Druckfehler sein. Wenn die KATHENA auf einem der umliegenden Riffe zerbersten würde – würden wir uns retten können?

Immer wieder dachte ich an RENEGAAT, LAGUNE und FINNISLAND, drei uns bekannte Yachten, die auf den Riffen blieben, wenn auch ihre Mannschaften ihr Leben retten konnten. Oder an die Radiomeldung einen Tag vor unserer Abfahrt in Port Moresby: »Ein Küstenboot schleppte die amerikanische Yacht SEAWITCH etwas nördlich von Bramble Cay von einem Riff herunter.« Das machte uns nervös. Deutlich hielt Astrid ihre Verfassung im Tagebuch fest: *Ich will ja nicht von Angstpsychose sprechen, aber bei mir handelt es sich einwandfrei um so etwas mit den Begleiterscheinungen weiche Knie und Kopfweh.*

Plötzlich behauptete Astrid, ein Licht gesehen zu haben. Aber es war nicht das erste Mal, dass wir Lichter sahen, wo keine waren. Ein gründlicher Blick nach vorn überzeugte mich, dass sie sich getäuscht haben musste. Es geht vielen Seeleuten so, dass sie die Leuchtfeuer, die sie gerne sehen würden, dann wirklich zu sehen glauben.

Natürlich, wenn so ein Feuer auftaucht, steht es nicht gleich da, wie wenn man zu Hause das Licht anknipst. Es irrlichtert fast unsichtbar eine ganze Weile über die Wellen, kommt, geht, kommt wieder, kein Mensch kann darauf schwören. Und doch ist es dann plötzlich wirklich und wahrhaftig da.

Der Himmel war schwarz, und die Regenschauer fielen dichter. Es galt, einen klaren Kopf zu behalten. In einer trockenen Sekunde zog ich das Luk auf, ging hinunter in die Kajüte und nahm Seekarte, Kursdreieck und Bleistift abermals zur Hand. Gewissenhaft errechnete ich meinen Kurs mit Abdrift, Missweisung und Strom. Das Rechnen wirkte beruhigend auf mich. Wenn der Strom nicht zu stark nach West setzte, würden wir das verdammte Feuer schon noch kriegen.

Schleierhaft blieb mir allerdings nach wie vor, warum das Leuchtfeuer, für das immerhin eine Sichtweite von 15 Seemeilen angegeben ist, nicht in Sicht kam. Entweder war diese Funzel viel zu schwach, oder es lag viel Regen davor. Meine Rechenarbeit übte auch auf Astrid eine beruhigende Wirkung aus. Ich gab mir eine Frist: Würde das Feuer innerhalb der nächsten halben Stunde nicht erscheinen, müssten wir bis Tagesanbruch warten, das hieße beizudrehen in dieser ruppigen See – das Schiff also nur mit dem gerefften Großsegel am Wind zu halten. Wir würden praktisch auf der Stelle segeln. Das hieße auch, dass weiterhin einer von uns beiden Ausguck nach gefährlich weißen Brechern halten müsste.

Fünf Minuten vor Ablauf meiner Frist sah ich endlich im Norden schemenhaft ein Pünktchen über die Wellen hüpfen. Die Erscheinung blieb mir treu. Schon bald war das Leuchtzeichen deutlich, keine fünf Seemeilen entfernt, zwei kurze Blitze, fünfzehn Sekunden Pause. Das war Bramble Cay, sicher nicht mehr als 3000 Kerzen stark.

Ich fierte die Großschot, setzte die Fock und setzte gleichzeitig einen neuen Kurs ab. Südwest steuerten wir jetzt, und die Bewegungen des Bootes waren gleich angenehmer. Kurze Zeit später stand das Feuer achteraus. Herrlich und groß. Es wärmte uns von innen und außen. Wir fühlten uns plötzlich geborgen wie ein Bauer in seinem Bett.

Nur in die Koje kam ich in dieser Nacht nicht. Die Logbuchaufzeichnung von meiner »Hundewache«: *Um nicht vor dem Hellwerden auf die nächste Insel zu stoßen, vermindere ich die Fahrt, indem ich nur noch einen kleinen Fetzen Großsegel stehen lasse. Und richtig, mit dem ersten Tagesschimmer erblicke ich Stephen Island etwa 6 Seemeilen voraus. Halb aufgeweicht von den heftigen Regenschauern und müde von der Nacht, suchen wir einen geschützten Ankerplatz bei der Insel. Doch der Wind hat zu viel Ostkomponente, und so verholen wir zur nächstliegenden Insel Dalrymple (»Dat Jerümpel«, wie Astrid sie nennt). Aber auch dort gibt es zu viel Seegang und Wind auf dem Ankerplatz. Bei der Rennel-Insel ergeht es uns nicht besser. Und Hunger haben wir! Gestern gab's nur Kartoffelsalat aus der Dose, vorgestern Bohnensuppe aus der Dose und heute noch gar nichts. Astrid hat uns für einen ruhigen Ankerplatz Gulasch und Reis versprochen. Unter diesen Umständen nehme ich Kurs auf Coconut Island, das ich schon von meiner ersten Reise her kenne und von dem ich weiß, dass der Ankerplatz geschützt ist.*

Nach einer Kette schönster Atollinseln ankerten wir endlich um drei Uhr nachmittags in Lee von Coconut. Die Insel ist von 50 bis 60 Torres-Strait-Insulanern bewohnt. Sie sehen ähnlich wie die Papuas aus. Sehr dunkel, kurzbeinig, gelocktes Haar. »Komm, Astrid, schauen wir nach, ob Jacob, mein Freund vom letzten Besuch, noch zu finden ist.«

Aber wie wir auf der Insel erfuhren, lebte Jacob nicht mehr … Armer Alter! Gott habe ihn selig. Hatte er mich doch letztens – 1967 – noch mit Nüssen und Früchten für meinen langen Weg nach Kapstadt versorgt.

Wir plauderten mit den Eingeborenen, die ihr kleines Dorf fantastisch sauber hielten. Das Laub der Bäume wurde sogar jeden Tag aufgefegt. Und logisch, wir spazierten um die Insel, immer am Strand entlang, fanden auf Anhieb zwölf schöne Muscheln (Kauri und Oliven) für Astrids Sammlung und waren bald in einer ziemlich ausgelassenen Stimmung. Lag es daran, dass wir den größten Ozean der Erde, den Pazifik, geschafft hatten? Oder daran, dass wir das Nadelöhr zum Indischen Ozean, die Torresstraße, gefunden hatten? Das lag erst eine Nacht zurück, aber schon jetzt drängte es mich, die Pläne, die mir schon länger durch den Kopf schwirrten und von denen Astrid eine leichte Ahnung hatte, erneut anzusprechen.

Dieser Tag schien mir günstig dafür, und während wir uns im weißen Sand aalten, meinte ich: »Wird Zeit, dass wir uns mal genauer unterhalten über den langen Trip, den wir ja zum Schluss der Reise vorhaben. Mein Wunsch wäre: von Sansibar bis nach Helgoland in einem durch. Das sind über 10000 Seemeilen. Was meinst du? Oder vielleicht von Durban aus. Madagaskar wäre auch eine Möglichkeit. Sag, was hältst du davon?«

Hellwach und mit großen Augen schaute sie mich an: »Du nun wieder mit deinem langen Seestück! Meinst du das ernst? Willst du wirklich in einem Stück den Atlantik hoch?«

»Ja, nonstop. Du weißt, ich möchte gern, dass wir auch mal einen so langen Trip machen, wie ich ihn mehrmals alleine unternommen habe.« Da ich Astrids Art kannte, unangenehme Themen auf später zu verschieben, hakte ich sofort nach: »Dann bräuchten wir hier durch den Indischen Ozean nicht zu hetzen. Wir hätten Zeit für Inseln wie Timor, Indonesien, Chagos oder Madagaskar, die wir sonst nicht alle ansteuern könnten. Gerade diese Inseln werden selten besucht und stecken deshalb voller Abenteuer und auch Schönheit.«

»Ich dachte damals, es ist nur so eine verrückte Idee von dir. Wilfried, hast du das wirklich mit uns vor?«

»Natürlich.«

»Und KATHENA ist nicht zu klein, um all die notwendige Ausrüstung mitzunehmen? Warte mal … das, das werden ja über hundert Tage sein. Nein, das geht doch nicht!«

»Das schaffen wir ganz sicher, nur darf man keinen Unsinn mitschleppen, damit das Boot nicht überladen wird. Selbstverständlich müssen wir alles gründlich überlegen und Listen für Material und Proviant aufstellen. Aber gerade diese Vorbereitungszeit wird reizvoll sein. Ich weiß, wie das ist, und überhaupt später auf See nach einigen Monaten … wie verhält man sich da bei dem eintönigen Alltag? Und wie sieht es aus, wenn die Verpflegung keinerlei Abwechslung bietet? Die Fahrt auf Grund von Sturm und Flaute länger dauert als geplant? Das alles zu beobachten, müsste auch für dich höchst interessant sein.«

»Ach, Wilfried, warum eigentlich? Und fast vier Monate auf See … nein, das halten wir sicher nicht aus. Kein Wasser, um mein Haar zu waschen, keine anderen Menschen und fast immer seekrank – wie soll ich danach aussehen? Immer liegen, liegen, weil ich mich so elend fühle.«

Das klang nicht sehr ermutigend für mich, aber eine andere Reaktion hatte ich kaum erwartet. Ich wusste: Astrid brauchte

Zeit, um mit meiner Idee fertig zu werden. Hundert Tage und mehr auf der kleinen KATHENA sind kein Pappenstiel. Und dann rund ums Kap der Guten Hoffnung. Das erforderte natürlich Mut und ihr Einverständnis – verständlicherweise war sie nicht ganz glücklich mit meinem Plan. Doch für heute beendete ich die Geschichte.

Mit frischem Südost und gerefftem Tuch machten wir uns einige Tage später an den Indischen Ozean. Vorbei an Bet, Sue und Poll, alles Koralleninseln wie aus dem Bilderbuch mit schimmernden Sandstränden, sich neigenden Palmen und türkisfarbenem Wasser davor. Das war zu Anfang. Später zeigte die See sich von der harten, nassen Seite. KATHENA warf mit ihrem schnittigen Rumpf Wände von Gischt in die Segel.

Die nächsten Inseln waren Twin, Tuesday und Wednesday. Gegen Abend des 19. Juli gingen wir an der halb verfallenen Landungsbrücke von Thursday Island vor Anker. Für 68 Seemeilen hatten wir nur elf Stunden gebraucht. Astrid notierte in ihrem Tagebuch zum zweiten Teil der Torres Strait:

Das ist mal wieder so eine Fahrt, wie ich sie hasse. Ich war seekrank, sehr schlimm sogar, und ausgerechnet dort, wo man erwartet, wegen der vorgelagerten Riffe wenig Seegang vorzufinden. Na, das Vorschiff geht bis zum Mast in die Wellen. Eine aufspringende See hüllt die kleinen Seezeichen wie in Nebel ein. Unglücklicherweise hat der harte Wind eine südliche Komponente. Und die Sicht ist zum Kotzen. Dann sitzen wir beinahe noch auf einem Riff.

Stürmisch begrüßt werden wir von »alten Bekannten«: Julio, Graham sowie Yves und Babette. Julio Vilar ist ein spanischer Einhandsegler, der mit seiner kleinen MISTRAL bereits vier Jahre unterwegs ist. Graham, ein Australier, ist ebenfalls allein mit seiner MALOLA auf großer Fahrt. Na, und Yves und Babette mit ihrer OPHELIÉ kennen wir bestens. Wir hatten uns alle schon mehrmals im letzten Jahr im Pazifik getroffen. Dies jedoch könnte für uns das letzte Zusammentreffen sein, denn ich plante eine komplett andere Route durch den Indischen Ozean als sie.

In Weipa wurde unser Langkieler zum Anstrich an Land gezogen.

So feierten wir gemeinsam unseren Abschied auf Thursday Island in einer üblen Kneipe namens »The Stranger«. Sie war brechend voll mit Männern aller Hautfarben, die auf wackligen Stühlen an rohen Holztischen saßen und in den verschiedensten Sprachen durcheinander redeten. Schwitzend tranken sie das australische Bier und sangen zu den Klängen, die pausenlos aus der Musikbox kamen. Chinesen, Malaien, die schwarzen Torres-Strait-Insulaner und die weißen Abenteurer aus allen Winkeln der Welt hockten durcheinander. Ihr Geld verdienten die meisten von ihnen hauptsächlich in der Krabbenfischerei, die hier in großem Ausmaß betrieben wird. In der Saison bekommt so ein »Deckhand« (Arbeiter auf einem Krabbenkutter) im Durchschnitt 2000 Australische Dollar im Monat (etwa 8000 Mark). Auf die Frage, was er mit einem so enormen Verdienst anstelle, antwortete mir ein Österreicher, der schon mehrere Jahre hier lebte: »Was meinst du, warum es hier so viele Kneipen und Mädchen gibt?« Prompt schnappte er sich ein farbiges Mädchen und verschwand mit ihr auf der engen Tanzfläche.

Auch wir, das heißt eigentlich nur Astrid und Yves, nutzten die Chance. Die beiden rockten so viel und so wild, dass sie die Hitze nur mit einigen Runden Bier für sich allein bekämpfen konnten. Diesen »tollen Abend« schloss ein Mädchen am Nebentisch ab, indem es eine Bierflasche – peng! – auf dem Kopf ihres Freundes zertrümmerte.

Thursday Island blieb in unserer Erinnerung das schmutzigste und verkommenste Nest, das wir auf der ganzen Reise um die Welt angesteuert haben. Wir glaubten uns in eine Stadt des Wilden Westens versetzt – nur dass statt Cowboys auf der Hauptstraße angetrunkene Farbige herumpromenierten. Die Sonne brannte heiß auf diese staubige, windige Straße ohne Bäume. Viele verfallene Hütten links und rechts. Dazu lagen an jeder Ecke haufenweise leere Bierflaschen. Sogar der Strand war knüppeldicke voll davon.

In Thursday Island konnten wir die KATHENA nicht aufslippen, um ihr Unterwasserschiff neu anzustreichen. Das war unbedingt nötig. Deshalb entschieden wir uns, nach Weipa im Golf von Carpenteria zu fahren. Dort sollte es eine entsprechende Anlage geben.

Über diesen Golf sagte der holländische Seefahrer Jan Carstensz 1623: »Dies ist die trockenste und ödeste Gegend, die auf der ganzen Erde nicht ihresgleichen hat. Die Eingeborenen sind genauso – die hässlichsten und ärmsten Kreaturen, die ich je gesehen habe.« Wenn Carstensz noch leben würde, dann könnte er sich heute wundern, wie attraktiv die »öde Gegend« geworden ist. Denn in diesem Golf gibt es inzwischen den größten Bauxitabbau der Geschichte. Für die Anlage Weipa, wo die Aluminiumfirma Comalco seit acht Jahren abbaut, waren wir die erste ausländische Yacht.

Für die 1200 Bewohner von Weipa, die alle bei Comalco beschäftigt sind, gab es an diesem Ort nur Arbeit, Bier und den roten Bauxitstaub. Für uns gab es darüber hinaus den Slipwagen, um KATHENA endlich wieder mal an Land zu ziehen. Aber wegen unseres Tiefganges ging das nur bei extremem Hochwasser. Und das war erst in einer Woche.

Um die Zeit in diesem ebenso trostlosen wie faszinierenden Hafen nicht zu verbummeln, holte ich Säge und Hammer aus der Backskiste und meldete mich bei der Comalco zur Arbeit an. Es war für mich ebenso lukrativ wie bedrückend. Bei um die 35 Grad und in praller Sonne zimmerte ich täglich zehn Stunden auf einer Baustelle Verschalungen. Da entschädigte auch nicht die erstklassige Verpflegung in der Kantine.

Nach 14 Tagen konnten wir wieder Segel setzen. Ich hatte Geld verdient, wir beide zusammen hatten unsere KATHENA neu gestrichen. Als der Anker hochging, tat Astrid wie die glücklichste Frau der Welt. In der Tat: Da es dort ausschließlich Männer gab, war Astrid fast immer an Bord geblieben, und das war recht langweilig für sie. Allein der Kölner Alois Jansen verschönte ihr das Leben. Alois war hier zuständig für die Montage der größten Schiffsbeladungsanlage der Welt. Wenn das Monstrum fertig ist, soll ein 60 000-Tonnen-Schiff in zehn Stunden beladen werden können. Da Alois mehr Freizeit hatte als ich, brachte er Astrid des Öfteren fertige Mahlzeiten aus der Kantine, zu der sie als Frau keinen Zutritt hatte. Er schleppte an Bord, was sie nur wünschte.

Feines Wetter, um in See zu gehen. Blauer Himmel mit still hängenden Wolken. Leichte achterliche Brise. Die See grünblau und absolut schwellfrei. Einfach ideales Segeln. Steuerbord das Groß ganz aufgefiert, Backbord die Genua ausgebaumt. Die Selbststeueranlage ist eingestellt. Seeschlangen gleiten an KA-THENA vorbei. Sie sind armlang und rotbraun. So beginnt mein Logbuch für den Törn von Weipa zur Insel Timor. Das Wetter blieb auch so während der gesamten 1022 Seemeilen, für die wir neun Tage brauchten.

Am 18. August mittags um eins ankerten wir dicht vor der Stadt Dili, dem Hauptort des portugiesischen Teils von Timor. Im Hafen lag nur ein Küstenschiff am Kai. Wir nahmen also an, der Zoll würde uns gleich »rannehmen«. Aber trotz der gelben Flagge, die wir gesetzt hatten – sie bedeutet, dass man um Landerlaubnis bittet –, kam niemand zur KATHENA heraus. Zwei Stunden nach unserer Ankunft sah ich zufällig, wie vom Zollgebäude gewunken wurde. Wir paddelten mit unserem Schlauchboot hinüber.

An Land bedeutete man uns, dass wir noch an Bord warten sollten. Bald kam auch ein Zollgehilfe zur KATHENA gerudert und wollte uns dazu bewegen, am Kai längsseits zu gehen. Mühsam versuchten wir ihm in Englisch und Französisch zu erklären, denn Portugiesisch konnte keiner von uns, dass wir bei dem Schwell nicht dort anlegen konnten, ohne unser Boot zu gefährden. Er trollte sich wieder, und wir warteten ungeduldig weiter.

Endlich, mehr als vier Stunden nach unserem Ankerfall, kam die Hafenbarkasse, um uns einzuklarieren. Die »Offiziellen« kassierten erst einmal 200 Escudos (etwa 24 Mark) für unsere Visa und 50 Escudos extra für Überstunden – es war ja schon nach 17 Uhr. Außerdem sollten wir KATHENA sofort verlegen. Man behandelte uns wie Aussätzige. Wir waren so müde und abgespannt, dass wir jetzt zornig wurden. Ich weigerte mich energisch, die 30 Meter lange Kette mit Anker einzuholen, nur um ihn knapp hundert Meter weiter im Quarantänesektor des Hafens wieder fallen zu lassen. Entschieden sagte ich: »Motor kaputt, Motor kaputt, es geht heute nicht.« Das konnte ich gut flunkern, da wir mittags bis zu unserem Ankerplatz gesegelt waren.

Doch alles Weigern half nichts. Die Beamten blieben stur: Entweder verholen oder den Hafen verlassen (nachdem wir bereits die Visa bezahlt hatten). Schließlich schleppte uns die Barkasse zu dem angewiesenen Ort. Der Hafenmeister betonte mehrfach, es sei eine außerordentliche Freundlichkeit, dass er uns kostenlos schleppte. »Oh Gott, reise niemals in einen diktatorischen Staat!« bemerkte Astrid, als wir endlich mit dem Dingi zum Landekai pullten.

Endlich dürfen wir an Land. Alles scheint uns wieder gute Laune zu machen. Die Stadt strahlt vor Sauberkeit, und die Parkanlagen sind großzügig angelegt. Vor dem Gouverneurspalast stehen zwei Guards mit Turbanen und hochgestellten Macheten. Esslokale wie in Portugal. Sprache leider auch.

Auf einem meiner Streifzüge entlang des Ufers stieß ich auf das »Beachhouse«. Das ist eine Art Asyl oder Herberge, die der Staat zur besseren Kontrolle für die minderbemittelten Pilger der Landstraße eingerichtet hat. Das Haus besteht nur aus einem einzigen Raum, und seine Insassen müssen sich das Nachtlager schon auf dem Zementboden herrichten, denn Inventar gibt es nicht. Dafür kostet der Aufenthalt für eine beliebig lange Zeit auch nur 25 Escudos.

Die Bewohner waren deutlich zu unterscheiden: Die Neulinge aus dem nahen Australien waren alle noch gut gekleidet und hatten Gepäck, die weit gereisten Europäer dagegen besaßen meist nicht mehr als das, was sie am Leibe trugen – weite indische Hosen und indonesische Blusen. Und die Mädchen waren langhaarig, trugen viele kleine Silberringe an den Fingern und wunderschöne Armreifen. Ich fühlte mich wohl unter ihnen, sie schauten sich die Welt auf dem Landwege an.

Vor dem »Beachhouse« kam ich mit einem Schweizer ins Gespräch, der per Anhalter die gleiche Tour gemacht hatte wie ich 1958 als Achtzehnjähriger allein, allerdings mit dem Fahrrad: von Mitteleuropa über Nordafrika und den Orient nach Indien und Indonesien. Nur einmal hatte ich damals die Eisenbahn benutzt, zwischen dem Iran und Pakistan, da es auf diesem Stück weder Straße noch Pfad gab.

»Fährt die Bahn von Zahedan nach Quetta eigentlich immer noch nur einmal die Woche?« fragte ich meinen neuen Bekannten. »Und kann man immer noch kostenlos in den indischen Sikhtempeln übernachten?«

So tauschten wir in Erinnerung an meine einjährige Tour Erfahrungen aus. Und ich beklagte mich bei ihm, dass es hier auf Timor nichts Besonderes zu sehen gäbe. »Deshalb stechen wir auch gleich in den nächsten Tagen wieder in See.«

»Mensch, das kannst du doch nicht machen, ohne das große Fischerfestival von Be Malai erlebt zu haben! Was meinst du, warum ich hier schon so lange rumgammle? Wirklich nur deswegen!«

»Fischerfestival? Be Malai?« Mir war das alles unbekannt.

»Na, das ist doch dieses seltene Phänomen. Be Malai liegt hundert Kilometer von hier entfernt. Es ist nichts weiter als eine unbewohnte Bucht, ein ausgetrocknetes Flussbett. Nur alle drei Jahre in einer bestimmten Mondphase strömt das Wasser von See her über die vorgelagerte Barriere und reißt die Meeresfische mit sich. Dann kommen dort die Eingeborenen von weither zusammen, um die Fische im Fluss zu greifen wie in einer großen Badewanne. Das müsst ihr einfach sehen!«

»Ihr« war gut gemeint. Der Abstecher nach Be Malai bedeutete mehrere Tage Abwesenheit von der KATHENA, in einem doch recht offenen Hafen. Deswegen konnten und wollten wir das Boot nicht für längere Zeit hier allein lassen. Somit war zwischen Astrid und mir ziemlich schnell klar, wer von uns beiden mit der Küstenfähre zum Fischerfestival fahren würde, während der andere auf die KATHENA aufpasste: Meine Mitseglerin würde unseren einzigen Schatz nie über einige Tage allein vor Anker lassen.

Ich gebe zu, dass das bevorstehende Schauspiel mich mehr reizte als sie. Und so blieb sie als Bordwache zurück, als ich mich aufmachte.

Zwei Tage später stand ich an der Bucht von Be Malai. Unter einem Baum richteten der Schweizer und ich unser Lager ein, so gut wir konnten.

Es begann ein großes Volksfest, ähnlich wie bei uns auf dem Lande das Erntedankfest. Aus den fernsten Dörfern zogen die Bewohner zu Hunderten an die Ufer dieser wilden Bucht. Sie bauten sich Hütten aus Palmenblättern, legten Feuerstellen an und umgaben ihr Areal mit einem geflochtenen Zaun aus Pandanusblättern. Alle kauten immer Betelnüsse; wenn sie lachten – und das taten sie sehr oft –, erschienen ihre Münder als blutrote Löcher.

Der Tag mit der außergewöhnlich hohen Tide wurde von allen heiß ersehnt. Wild ging es dann beim Fischfang zu. Die Menschen standen bis zur Brust im Wasser und wühlten den morastigen Grund mit Stöcken auf. Die Fische, hauptsächlich eine Art Bonitos, flohen an die Oberfläche, und das Fangen machte dann keine Schwierigkeiten mehr. Mit einem zielsicheren Stockhieb wurden sie betäubt und eingesammelt. An Land wurden sie ausgenommen, entgrätet, auf eine Bastschnur gezogen und zum Trocknen in die Sonne gehängt. Bei einigen Familien schätzte ich bis zu 1000 Stück, die da als Trockenvorrat in der Sonne »brutzelten«.

Der Schweizer, ein Australier und ich waren die einzigen Weißen bei diesem Schauspiel, und ich von uns dreien der Einzige, der fotografierte. Da die Eingeborenen richtig wild darauf waren, vor der Kamera zu posieren, bekam ich von vielen einen getrockneten Fisch als Geschenk fürs Knipsen angeboten. Als ich aber ablehnte und ihnen mit Händen und Füßen zu verstehen gab, dass ich keinen Fisch esse, verstanden sie die Welt nicht mehr. Ein Mensch, der keinen Fisch isst – gibt es so etwas überhaupt?

Über die letzten Tage in Dili schrieb Astrid in ihr Tagebuch: *W. bleibt für gut drei Tage in Be Malai, während ich wegen der Schaukelei an Bord leider oft in der Stadt umherirren und mir die plumpen Späße der portugiesischen Soldaten gefallen lassen muss. Ich bin glücklich, als W. zurückkommt und statt der eingepackten Hemden und Stoffe jetzt Trommeln mit umspannten Ziegenfellen und schöne geflochtene Taschen mitbringt. Das hat er natürlich wieder alles eingetauscht. Toll! Nur wohin damit an Bord? Langsam sind alle Stauräume belegt.*

Während der letzten Tage habe ich Ferien vom Kochtopf. Jeden Abend gehen wir ins kleine Hotel Baucau essen – und trinken einen portugiesischen Rotwein dazu. Danach streben wir mehrere Male recht selig an Bord. Das sind schöne Abende. Angenehm dazu, dass alles wahnsinnig billig ist. Für ein Beefsteak mit Pommes frites, Gemüse und einem vorzüglichen, mit Olivenöl angerichteten Tomatensalat bezahlen wir nie mehr als 50 Escudos (etwa 6 Mark), den Wein eingerechnet.

Am letzten Sonntagnachmittag auf Timor gehen wir in die Arena zum Hahnenkampf. Schaurig! Die schmalen scharfen Messer an den Füßen der extra für diese Art Volksbelustigung gezüchteten Tiere lassen das Blut in Strömen fließen. Dabei

Komodo: morgendlicher Schulbeginn mit Appell, Liedern und Flaggen

*wird um große Summen gewettet. Nach dem Schauspiel mit
den mordlustigen Hähnen legen wir endlich am 30. August ab,
um die berühmten Drachen Südostasiens in freier Wildbahn zu
sehen.*

Eigentlich wollte Astrid nicht so recht zur Komodo-Insel in
der kleinen Sunda-Gruppe von Indonesien, wo es dieses ur-
tümliche Getier gibt. Aber ich blieb stur. Zu reizvoll war für
mich die Schilderung des Seehandbuchs: »In den Bergen von
Komodo findet man auch ein eigenartiges Tier, das in Erinnerung an die Ungeheuer der Sage manchmal Komodo Drachen
genannt wird … Ausgewachsene Tiere sind drei Meter lang,
enorm stark und greifen die zahlreichen Ziegen auf der Insel
und zuweilen sogar Menschen an.«

Aber auch eine andere Gefahr konnte mich nicht erschrecken: Wir hatten keine Visa für Indonesien. Der indonesische
Konsul in Dili wollte uns keine geben, da wir für die KATHENA
keine Einfuhrbewilligung hatten. Und die bekommt man nur,
wenn das Land, in dem die Yacht registriert ist, in der indone-

sischen Hauptstadt Djakarta darum nachsucht. Eine komplizierte, für uns unmögliche Angelegenheit. So verzichteten wir auf alle amtlichen Papiere und Stempel und segelten illegal in ein misstrauisches und politisch unruhiges Land. Wir hofften, mit Dollars ließe sich das Problem schon lösen.

Die Fahrt nach Komodo ging nur langsam voran. Die See war spiegelglatt. Die Tage brütend heiß. Die Nächte feucht und kalt. Die Sicht diesig. Tag um Tag. Laut Segelanweisung gab es hier nur Flauten und leichte umlaufende Winde. Wie Recht sie damit hatte!

Bei diesem langsamen Segeln unterhielten wir uns oft und ausgiebig über den »langen Trip« – so nannten wir inzwischen den von mir beabsichtigten langen Törn am Schluss der Reise. »Ich bekomme bei dem Gedanken daran noch immer einen Kloß im Hals«, vertraute Astrid mir eines Abends an. Inzwischen waren wir überzeugt, dass wir den Supertörn nicht von Durban aus machen würden, sondern von Diego Suarez aus, das an der Nordostküste Madagaskars liegt. Der Vorzug erschien auch ihr plausibel: »Dann haben wir die Tropen immer in guter Erinnerung, wenn Suarez unser letzter Abfahrtshafen ist.«

Gemeinsam war uns klar, dass es von Diego Suarez 10 500 Seemeilen nach Helgoland sind. Aber ich redete nicht sonderlich davon, dass dazwischen die Straße von Mocambique mit ihren Zyklonen lag, das Kap der Guten Hoffnung mit seinen Stürmen und die kalte europäische Küste im April. Ich vermied zu erwähnen, dass wir auf Grund der Wettersysteme vor Weihnachten würden starten müssen.

Manchmal hatte ich das Gefühl, Astrid stimmte meinem Plan nur zu, damit ich sie mit meinen Träumereien über Vorbereitung und Abwicklung in Ruhe ließ.

»Wir nehmen für jede 1000 Seemeilen eine Flasche Wein mit«, versuchte ich sie von der heiteren Seite des Unternehmens zu überzeugen. Ein »Bier wäre mir lieber«, entlockte ich ihr dann doch.

Plötzlich saß ich dicht neben ihr und streichelte ihr langes, vom Salz und von der Sonne ausgeblichenes Haar.

Ein Abkömmling der Saurier: der Drachen von Komodo

»Ob wir uns danach noch so liebevoll benehmen?« fragte sie
verträumt und stellte umgehend fest: »Ich bin bis hier mit-
gekommen, und es war einzigartig, und ich bleibe weiter bei
dir, egal wie und wohin wir segeln.« Sie lehnte sich an mich
und blickte wie suchend in die Ferne.

Bei der Einfahrt in die Linta Strait und der Ansteuerung von
Komodo tut sich eine paradiesische Urlandschaft auf. Viele
schroffe, felsige Berggipfel säumen die Buchten. Wir ankerten

vor dem Dorf, und noch ehe wir an Bord aufgeklart hatten, kam ein Sampan mit sechs Leutchen längsseits. Sie stürmten KATHENAS Cockpit und ließen sich bequem nieder. Allen voran der Chef des Dorfes, der hier Kepala genannt wurde. Er hatte einen Zwanzigliterkanister mitgebracht. Die nächste Stunde verging damit, dass er uns mit Fragen überschüttete wie: »Do you have gasoline?« – »Do you have medicine?« – »Do you have, do you have …?« Nur mit einer Frage behelligte er uns nicht: »Do you have Visa?« Unglaublich – unsere Angst wegen des fehlenden Visums war tausendmal unbegründet.

Gierig rissen uns die Gäste die herumgereichten Kekse und Limonadenflaschen aus den Händen. Dann kamen die Indonesier zum eigentlichen Anlass ihres Besuches: Sie wollten uns eine Ziege als Köder für die Drachen verkaufen. Nun, wegen dieses seltenen Tieres waren wir eigentlich hierher gekommen – wir ließen es uns aber nicht unbedingt anmerken. Jedenfalls taten wir so, als ob wir von dem Tier nur nebenbei gehört hätten. Desinteresse drückt den Preis, in diesem Fall den Preis der Ziege.

Die Verhandlungen gestalteten sich doppelt schwierig, da wir keine indonesischen Rupien besaßen. Am Ende bezahlte ich für eine Ziege fünf US-Dollar und ein weißes Oberhemd. Wie viele Fremde mochten auf Komodo wohl schon ihr Hemd gelassen haben? Wenigstens trugen alle unsere Besucher Hemden modernsten Schnitts.

Mit der Ziege, dem Kepala und einem weiteren Begleiter an Bord verholten wir zu einer rauen Küste, wo die Drachen sich oft aufhalten sollten. Es war neun Uhr morgens, als der Bock ohne Seele im Baum hing und wir alle im verdörrten, gelben Gras lagen, auf das Untier wartend. Es war 16 Uhr, als wir die Warterei ergebnislos aufgaben und uns entschlossen, es am nächsten Morgen noch einmal zu versuchen. Für die Nacht zogen wir den Bock ein ordentliches Stück in den Baum hoch. Der Kepala meinte: »Der Wind treibt den Blutgeruch in die Berge. Dann kommen die Drachen mit Sicherheit in der Nacht herunter.«

Tatsächlich. Am anderen Morgen, als wir zum Köderplatz kamen und die Ziege wieder absenkten, waren schon bald drei große Echsen da, die sich sofort ganze Stücke Fleisch abrissen. Aber immer nur einer zur selben Zeit, die andern verharrten dann ganz still. Der größte Komodo-Drache war etwa drei Meter lang. Von Angriffslust war nichts zu spüren. Die Tiere waren eher scheu. Dichter als zehn Meter kam ich an sie nicht heran. Dann wendeten sie zur Flucht.

Astrid machte auf Komodo eine Entdeckung ganz anderer Art. In ihrem Tagebuch steht darüber: *Durch Zufall entdecke ich die Möglichkeit, die Plicht mit den Bodenbrettern des Schlauchboots nach oben zu schließen. Sofort hole ich unsere zwei Matratzen raus, Betttücher, Kopfkissen und Decken. Schnell ist das fantastische Doppelbett gebaut. Nach zwei Jahren Bordleben in getrennten, gegenüberliegenden Kojen von gerade 60 Zentimeter Breite entdecke ich an Bord die tolle Liegewiese unter freiem Himmel. Dazu ist noch Vollmond. Eine unvergessliche Nacht, auch wenn ich W.s Schubsen und Herumwälzen in unmittelbarer Nähe nicht mehr gewöhnt bin.*

Drei überaus anstrengende Tage – doch sehr erlebnisreiche, und das alleine zählt – hatten wir hinter uns, als wir Komodo verließen. *Komodo nimmt uns noch mal alle Kraft am Tage unserer Abfahrt. Ein ungeheurer Gegenstrom lässt uns in einer Passage unter Motor und Segel nur eine Meile pro Stunde vorankommen. Ein Kampf, den wir dank unserer Verbissenheit erst mit Sonnenuntergang gewinnen.*

Unser nächster Landfall sollte auf Diego Garcia sein – 3000 Seemeilen quer über den Indischen Ozean. Ihrem geliebten Tagebuch vertraut Astrid an:

Als die Sprache auf Christmas Island kommt, die Insel liegt am Kurs zu dem Atoll Diego Garcia, verweht der Plan buchstäblich, denn eine steife Brise – Südost 6 bis 7 – bringt uns eine Rekordserie an Etmalen: 146, 157, 159 und 148 Seemeilen. Ungeheuerlich für unser kleines Schiff. Wir kriegen beide einen Geschwindigkeitsrausch. Und darauf auch gleich einen Dämpfer. Das Ruderblatt der Selbststeuerung bricht mittendurch, womit ich mich schon 2000 Meilen an der Pinne sitzen sehe. Doch W. tröstet mich. Er will die selbststeuernden Doppelfocks setzen, aber dafür müssen erst mal die Stagen im Masttopp befestigt werden. – Oh Gott, was stehe ich für eine Angst aus, W. bei enormem Seegang da oben im Mast arbeiten zu sehen! Der Mast schwankt mehr als 30 Grad zu jeder Seite. Ich nehme mir fest vor, dann lieber ununterbrochen Ruder zu gehen, als ihn nochmals der Gefahr auszusetzen, Hand über Hand hinaufklettern zu müssen. Er kommt käseweiß, aufgeschrammt an Armen und Beinen wieder herunter. Er ist fix und fertig, mit Schwindelgefühlen hängt er kopfüber an der Reling. Nie wieder bei solchem Seegang – das schwöre ich!

Doch geht's jetzt eben nur noch mit kleiner Beseglung weiter. Das Maß ist beinahe voll, als auch der stählerne Beschlag an der Pinne bricht. Muss denn alles so hart sein? W. repariert es gut, er schient den Beschlag mit Lattenholz und Bindedraht.

Fahren jetzt etwas Zickzack-Kurs. Wie sollte es anders sein, es gießt in Strömen, tagelang. Es soll nicht das letzte Missgeschick sein. In einer verheerenden Sturmbö reißen die beiden Vorstagen, und die beiden Vorsegel stürzen an Deck und ins Meer. Erst am kommenden Morgen hieve ich W. mit Bootsmannstuhl in den Mast. Wenig später das nächste Malheur. Eine Welle ergießt sich auf W.s Koje und Kartentisch und erzeugt ein Chaos in der Kajüte. Polster, Bettzeug und die Seekarten sind triefnass. Alles salzig. Dass mich jetzt ja keiner fragt, warum ich diese Reise mache und ob ich sie noch einmal machen würde!

Die sterbenden Palmen

»Ähnlich wie jene, die in vergangenen
Jahrhunderten ein Stück Land so lange
bebauten, bis es nichts mehr hergab, und
sich dann ein neues suchten, haben wir
in unserem Jahrhundert zu unbedenklich
und zu lange unsere natürliche Umwelt
missbraucht. Jetzt dürfen wir nicht länger zögern, den bereits angerichteten
Schaden wieder gutzumachen und neue
Kriterien zu schaffen, an die wir uns in
Zukunft halten.«
Botschaft des US-Präsidenten RICHARD
NIXON zur Umwelthygiene vom 10. Februar 1970

Bis zur Lagune von Diego Garcia, einem Atoll im Chagos
Archipel mitten im Indischen Ozean, benötigten wir von Komodo 34 Tage – harte Tage, denn der Passat wehte oft stürmisch, und wir hatten einiges an Verdruss. Dafür machten
wir auf diesem Törn auch unser bestes Etmal während der gesamten Weltumseglung: 159 Seemeilen. Das entsprach einem
Schnitt von 6,6 Knoten. Als wir in der Lagune von Diego Garcia vor dem Dorf East Point unseren Anker warfen, waren wir
froh, endlich wieder ein paar entspannte Tage vor Anker verbringen zu können.

Der Landfall war wider Erwarten ein Kinderspiel. Zur genau vorberechneten Zeit, 17 Uhr, hob sich das Atoll vom Horizont ab, und zu unserer Überraschung blinkte ein Leuchtfeuer seinen Schein die ganze Nacht zu uns herüber. Während
meiner Wache beobachtete ich einen sechs Meter langen Hammerhai, der eine Makrele zu fangen versuchte. Ein aufregendes
Schauspiel. Durch den weiten Main Pass ging's dann stracks
acht Meilen südlich zum Ankerplatz. Herrliche fünf Meter

Wassertiefe in Wurfweite vom Strand, hellgrünes, absolut schwellfreies Lagunenwasser erwarteten uns. Wir rissen ein Dose Bier auf, schauten uns an in der Meinung, wieder mal alles richtig gemacht zu haben.

In der Luft lag ein schwerer, prachtvoller Duft von Kopra, die irgendwo in der Sonne trocknete. Versteckt hinter Palmenblättern, die leise im Wind fingerten, waren ein paar Häuser aus Holz und Stein sichtbar. Fantastische Aussichten. Und nur wenige hundert Meter entfernt das Außenriff der Lagune, wo die Brandung heftig toste. Diese verträumte Insel sollte für uns ein sanfter Abschied von den Tropen werden ...

Die große Enttäuschung kam in Person des britischen Verwalters an Bord. Ebenso nüchtern wie bestimmt teilte er uns mit: »Hier dürfen Sie aber nur einen Tag bleiben!«

Als er unsere fassungslosen Gesichter sah, wurde er etwas verbindlicher und erklärte: »Wissen Sie, die USA haben diese Insel kürzlich von England auf fünfzig Jahre gepachtet. Sie sind im Begriff, mit erheblichen Mitteln daraus einen Militärstützpunkt zu machen. Sie verstehen, dass kein Staat der Welt bei so etwas gerne Zuschauer hat.«

So nahm uns dann auch gleich darauf der amerikanische Chef des Stützpunktes, Commander Urish, höchstpersönlich unter die Lupe und sprach ebenfalls von der 24-Stunden-Frist. »Wenn wir hier fertig sind, wird das ganz aufhören mit den Yachten«, sagte er. »Dann darf überhaupt kein privates Schiff mehr einlaufen. Höchstens im Notfall und unter militärischer Aufsicht, ohne Erlaubnis zum Landgang.« Wir waren also praktisch die letzten zivilen Besucher von Diego Garcia.

Nach der zweiten Tasse Tee bei uns an Bord taute Commander Urish jedoch auf. War es, dass ihn die Gegenwart einer Frau auf dieser reinen Männerinsel so bestach? War es Astrids spezieller Charme, ihr langes blondes Haar, ihr helles Lachen? Oder war es einfach nur, weil er durch eigenen Augenschein überzeugt wurde, dass wir wirklich ganz harmlose Segler waren? Wenigstens erlaubte er uns, länger als einen Tag zu bleiben, als ich ihm zeigte, was für dringende Überholungsarbei-

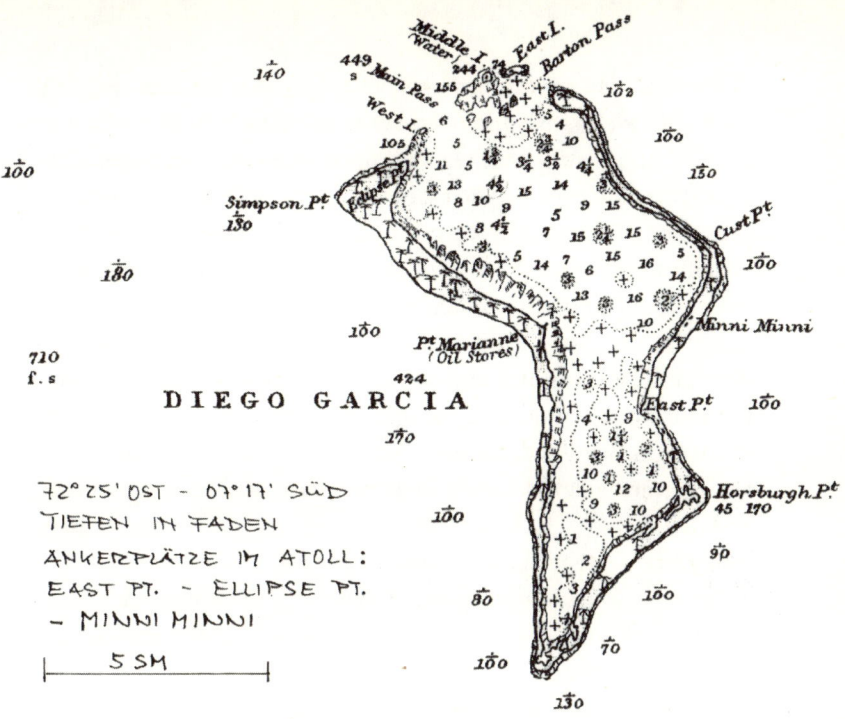

ten ich für eine sichere Weiterfahrt am Boot ausführen musste, und als ich klagte, dass ich das unmöglich an einem Tag schaffen könne: An der Selbststeueranlage und am Ruderbeschlag war etwas zu schweißen, am Auspuffrohr unseres Hilfsmotors ein Loch zu flicken, und wie immer waren die Rostflecken an Deck zu beseitigen.

»Ich muss Ihnen jedoch einen bestimmten Platz zuweisen«, bedauerte der Commander, »ankern Sie morgen früh direkt vor meiner Base in der Eclipse Bay. Und es gibt noch eine Schwierigkeit …«

Er blickte von Astrid zu mir: »Das ist Ihre Frau? Wissen Sie, es sind nur Männer auf der Insel, neunhundert richtige Männer, die seit Wochen keine weiße Frau gesehen haben, ich kann für nichts garantieren. Es wäre wohl das Beste, wenn Ihre Frau möglichst an Bord bleibt, sofern ich beim Landgang nicht dabei sein kann. Oder Sie müssen sehen, wie Sie das Problem irgendwie lösen.«

Es war das merkwürdigste Problem auf unserer ganzen Weltumseglung, und für Astrid ein etwas lästiges. Denn gerade sie liebte die Landgänge, egal ob in einer Bucht oder Stadt. Zudem war der uns zugewiesene Ankerplatz bei den vorherrschenden Südostwinden recht ungeschützt. Unsere KATHENA arbeitete schwer vor Anker. An einigen Tagen waren die Wellen in der Lagune so hoch, dass sie über den Bug an Deck gischteten. Also gingen bei den fürchterlichen Bewegungen des Bootes nicht nur meine Überholungsarbeiten an Bord sehr langsam voran, sondern es barg auch noch Gefahr.

Um von Bord zu kommen, fiel ihr irgendwann der Trick ein, sich zu verkleiden. Mein Mädchen steckte sich die langen Haare hoch, verbarg sie unter einer Kappe, zog sich lange Hosen und derbe Schuhe an, dazu eine weite Jacke.

In diesem Mummenschanz von Kleidung pullte ich sie eines Abends an Land und wir gingen ins Freilichtkino. Kino: Das war in der ersten Zeit unseres Kennenlernens der Ort für Händchenhalten, Schmusen, Küssen. Aber das war hier angesichts der besonderen Situation natürlich nicht drin.

Bei aller Heimlichkeit hatte es sich doch unter den Offizieren auf der Insel herumgesprochen, dass eine Frau auf ihrem Atollzipfel war. Und so kam schon an unserem ersten Sonntag von Diego Garcia der Arzt der Garnison, Garry, mit zwei Freunden an Bord. Sie brachten einen Karton Bier mit, Cola und Rum und – für Amerikaner selbstverständlich – auch Eiscreme.

Um unseren Besuchern etwas zu bieten, unternahmen wir eine mehrstündige Segeltour durch die Lagune. Die Militärs waren begeistert. Und Amerikaner zeigen das ja auch. Um sich für den schönen Ausflug zu revanchieren, luden sie uns für den Abend zum Steakessen in den Offiziersclub ein.

Astrid vermerkte darüber in ihrem Tagebuch: *Ein wahrhaft unvergesslicher Sonntag, die Sterne müssen glücklich gestanden haben! Nach dem deftigen Steak (seit Timor gab es das für uns nicht mehr) folgt eine festliche Unterhaltung im Kreise unserer drei Freunde. Commander Urish gesellt sich zu uns. Wir haben*

*ihn seit unserer Ankunft nicht wieder gesehen. Er macht ei-
gentlich nicht den Eindruck, wir wären ihm als potenzielle
Spione lästig und er wüsste uns lieber wieder auf See.*

*Die Bridgespieler vom Nebentisch drängen sich in unsere
Runde, und so sind wir alle am lauten Gesang beteiligt. In ei-
ner »Stimmbänderpause« trauen wir beinahe unseren Augen
nicht. Der Commander überreicht W. ein Feuerzeug mit dem
Bataillonsemblem »Seabee« darauf. Und ich bestaune wenige
Minuten später eine goldene »Seebiene«, 24-karätig, als An-
hänger für mein Armband. Das hätte ich nach dem misslichen
Empfang nicht erwartet. Die Stimmung erreicht damit einen
Höhepunkt, denn so charmant hatten auch die Offiziere ihren
Commander noch nicht gesehen.*

*Aber eine Steigerung ist noch möglich. Überglückliche Ge-
sichter gibt es, als ein Piano hereingerollt wird. Commander
Urish lässt es extra aus der Kirche herbeischaffen, und Garry
entpuppt sich als fantastischer Könner auf den Tasten. Er spielt
auf, im Nu sind alle Tische beiseite geschoben, und es wird ge-
tanzt, obwohl es nur eine einzige europäische Frau auf der Insel gibt – mich! Abwechselnd befinde ich mich in den Armen
der Offiziere und des Commanders. Die tolle Musik klingt
weithin, und plötzlich ist der Raum überfüllt. Klatschend und
singend stehen die Männer im Kreis. Der Zufall will es, dass
Garry plötzlich einen Charleston spielt, einen meiner Lieb-
lingstänze. Da sticht mich der Hafer (oder das Bier), und ich
werfe die Beine in erschreckender Ausgelassenheit. Danach
kann ich keinen Tanz mehr auslassen. Rock und Shake, je wilder, desto besser. W., mein Schatz, wirft ein wachsames Auge
auf mich. Er rüstet sich innerlich zum Kampf gegen 900 Soldaten.*

*»Wow, that's a party!« höre ich immer wieder. Außer Atem
paddeln wir weit nach Mitternacht an Bord.*

*Am nächsten Morgen erlebe ich in Gedanken jede Sekunde
noch einmal. Dabei stört der schwere Kopf nicht. Ich bin glücklich. Waren wir doch der Anlass für eine Party, wie sie die
Amerikaner bisher in ihren sechs Monaten auf der Insel noch*

nicht erlebten. Wie weggeblasen sind die tiefen Stirnfalten der Unzufriedenheit, die unsere fünf Tage Aufenthalt seit unserer Ankunft in der Lagune kennzeichneten.

An dem feuchtfröhlichen Abend hatte der Commander uns für den nächsten Morgen zu einer kleinen Inselrundfahrt in seinem Jeep eingeladen. »Aber bitte ohne Kamera«, bat er nachdrücklich, um seinen Vorschriften wenigstens formell zu genügen. So haben wir also keine Bilder machen können von dem, was auf der Insel wirklich vorging und uns im Innersten erschütterte.

Commander Urish zeigte uns alles – beinahe alles. Und wir hatten sehr schnell den Eindruck, dass die Strategen in den USA ein paradiesisches Fleckchen für ihre zweckentfremdeten Absichten ausgesucht hatten. Vor allem stach uns der Strand ins Auge, der weißeste seit Barbados. Aber wie lange würde es noch so bleiben? Die Landungsboote der US-Marine hinterließen die ersten Ölspuren auf dem Wasser und die Soldaten die ersten Bierdosen am Strand.

900 Soldaten gehörten zu dem »Construction Bataillon 40«, das hier seit sechs Monaten Kasernen, Asphaltstraßen und natürlich einen Flugplatz baute, groß genug auch für Düsenmaschinen der amerikanischen Bomberflotte. Auch diese beiden Landebahnen durften wir besichtigen. Es waren zwei breite Schneisen, hineingefräst in die dichten Wälder von Kokospalmen, die links und rechts der Pisten zu riesigen Stapeln gelagert waren.

»Junge, Junge«, staunte Astrid angesichts dieser Berge von Holz, und ich teilte ihr Erstaunen mit der nüchternen Frage: »Wie viele Kokospalmen sind das eigentlich, die da fallen mussten?«

»Bestimmt mehr als eine Million«, erwiderte Commander Urish. Er äußerte auch Kummer. Zu gerne wäre er diese Holzberge losgeworden. Aber wie?, fragte er uns, denn brennen wollten die saftigen Stämme nicht. Und die Aussicht, dass sie bald verrotten würden, sei gering. So würden die mit riesigen Raupenschleppern zusammengeschobenen Bäume wohl noch lange dort liegen. Bäume, die noch vor einigen Monaten den Lebensunterhalt der Eingeborenen ausmachten.

Von diesen Einheimischen war in den Schilderungen des Commanders kaum die Rede. Über ihr trauriges Schicksal erfuhren wir erst einen Tag später etwas, als wir die sechs zivilen Beobachter der britischen Wetterstation besuchten, die ihren Dienst nur noch für ein weiteres Jahr versehen sollten. Sie erzählten uns von den einfachen, harmlosen, fröhlichen Menschen, die seit Generationen hier gelebt hatten und laut Vertrag zwischen zwei fremden Staaten ihre Heimat verlassen mussten. Verlassen mussten – weil zufällig diese Insel strategisch wichtig für den Westen ist. 300 Insulaner hatten die Briten kürzlich bereits evakuiert.

Am nächsten Morgen konnten wir selbst mit ansehen, wie die letzten 60 Menschen umgesiedelt wurden. Langsam, schleppend, mit unbeschreiblich traurigen Gesichtern verstauten sie ihr Hab und Gut auf dem letzten Inselschiff. Seit Menschengedenken waren sie hier ansässig gewesen und hatten ihren Lebensunterhalt mit Kopra bestritten. Was würden sie nun nach dem Verlassen ihrer Insel bekommen? Einige von ihnen sollten auf anderen Inseln des Chagos Archipels angesiedelt werden, wo man ihnen ein Stück Land versprach – weiter nichts. Andere wollten auf die Insel Mauritius auswandern, wo es bereits genügend Arbeitslose gab. Sie wurden mit ein paar hundert Dollar abgefunden für den Verlust ihrer Heimat. Die Briten hatten für die Entschädigungen zu sorgen.

Einen Tag später zeigte sich das Wetter von der schlechtesten Seite. Der Anker hielt nicht mehr, und beim Hochhieven sah ich, dass ein Flügel verbogen war. Kurzerhand entschlossen wir uns, zu einem vielleicht geschützteren Ankerplatz nördlich von East Point zu segeln. Dort fanden wir Schutz zwischen den Riffen in einem Wasser zum Reinspringen. Dafür bot uns das Dorf, nur eine halbe Meile entfernt, verlassen von seinen Einwohnern, einen trostlosen Anblick. Nur noch Hunde und Katzen streunten zwischen den menschenleeren Hütten. Sie lebten von Fischen, die bei Ebbe in den Pfützen zurückblieben.

Das idyllische Südseeleben ging auf Diego Garcia zu Ende.

In den zwei Tagen nördlich von East Point war ich mit allen Überholungsarbeiten fertig geworden und hatte sogar noch Zeit gefunden, nach schönen Muscheln und Korallen zu tauchen. Vor allem haben wir uns noch mal richtig »tropisch« ausgetobt. Im Wasser sowie unter und auf (ich) den Palmen am Strand. Sich mit Sandbällen bewerfen, ein Blätterdach bauen, selbst geerntete Kokosnüsse mit der Machete öffnen und ausschlürfen – das war Robinson pur. Meine Sportlehrerin verlangte gar, per Bootsmannstuhl auf die Saling gezogen zu werden, von wo aus sie einen Kopfsprung ins türkise Nass machte. Danach gab ich ihr frei. Meine Bewunderung war grenzenlos, denn nie hätte ich das erwartet – von der sieben Meter hohen Saling! Ich bekomme schon Bedenken, wenn ich auf einem Dreimeterbrett stehe und springen soll. Wild wie wir waren, vergaßen wir aber auch nicht unsere Pflichten. Ordnungsgemäß verholten wir zum Abend wieder zur 7 Meilen entfernten Eclipse Bay und ankerten vor den Baracken des Militärstützpunktes.

Sie waren zu Anfang alle sehr nett zu uns gewesen, der Kommandant und die Offiziere. Der Arzt Garry hatte sofort seine Hilfe angeboten, der Zahnarzt ebenfalls, und der Versorgungsoffizier war gleich mit einer Liste gekommen und hatte unsere Proviantwünsche notiert. Viele gute Sachen kamen danach an Bord, Reis, Erdnussbutter, lang ersehntes Eipulver und fast sogar Steakpulver, aber davon hatten sie nicht genug in Reserve. Ich hätte diese merkwürdige Fleischmischung zu gerne mal probiert. Alles zusammen war ein günstiger Einkauf. Die Ware war billig und von ausgezeichneter Qualität. Der amerikanische Staat sorgt ernährungsmäßig bestens für seine Soldaten. Die tollste Anschaffung: fünf Kartons Dosenbier. Ein 24er-Karton kostete nämlich nur einen einzigen US-Dollar. Wäre KATHENA nicht schon damit überstaut gewesen, Astrid hätte noch mehr gebunkert.

Auch jetzt, als wir ein zweites Mal auftauchten, gaben sich die »US-Krieger« wieder freundlich, aber immer wieder hörten wir die erstaunte Feststellung: »I thought you left by now!« (Ich dachte, Sie wären schon weg!) Und es schwang dabei ein Unterton mit, der uns das Gefühl gab, nicht dauerhaft gern gesehene Gäste zu sein. Als wir solche Andeutungen auch vom Commander hörten, mit Nachdruck geäußert, da holten wir trotz der Nordwetterlage, die nicht viel Wind versprach, den Anker ein und verließen die ebenso interessante wie beklemmende Insel mit Westkurs auf Madagaskar.

Ich hatte Recht mit der Vermutung, dass bei dieser Wetterlage wenig Wind zu erwarten sei. In der ersten Woche machten wir ganze 203 Seemeilen. Wirklich bescheiden. So einen geringen Wochendurchschnitt hatte ich bisher noch nie in meinem Logbuch verzeichnen müssen.

Jetzt, wo es an Deck nichts zu tun gab, war die richtige Zeit, unsere Briefpflichten zu erledigen, denn bei den abwechslungsreichen Aufenthalten an Land kamen wir meistens nicht dazu. Aber viele Verwandte und Freunde in der fernen Heimat und rund um den Erdball erwarteten ausführliche Lebenszeichen von uns. Die konnten wir jetzt zu Papier bringen und in unserem nächsten Hafen schnell zur Post geben. Ich saß an meinem schmalen Kartentisch und schrieb mir beinahe die Finger wund, zum Beispiel auch an folgendem Brief für einen Freund in Hamburg:

»An Bord der KATHENA *– 31. Oktober 1971*
08' 48 Süd – 69 '46' Ost

Ich weiß nicht, ob Du mit der oben genannten Positionsangabe viel anfangen kannst, jedenfalls liegt sie zwischen dem Chagos Archipel und der Nordspitze Madagaskars. Bei uns an Bord ist alles wohlauf. Heute hat sich wieder ein Windchen eingestellt, nachdem es tagelang still war. Astrid aalt sich an Deck, mit einem Buch und Sonnenbrille, und das will auf See bei ihr schon was heißen. Während der windstillen Tage war es nicht so schön. Die Dünung setzte weiter, deshalb schlugen die Segel erbärmlich, und eine Naht nach der anderen ging auf. Ja, unsere Segel sind auch nicht mehr die besten. Genauer, sie sind schlecht, und ich habe ausreichend Näharbeit.

Das Schlimmste aber ist, dass wir schon so spät dran sind im Jahr. Es ist morgen November, und da beginnt die Zyklon-Saison um Madagaskar.

Für Deinen netten Brief nach Timor möchte ich mich noch bedanken. Es hat mich sehr überrascht, dass Du Deine jetzige Tätigkeit eventuell aufgeben willst. Ich könnte Dir ja Arbeit als Sandkörnerzähler auf einer einsamen Insel bieten, aber davon gibt es auch nicht mehr so viele. Und wenn Du dann eine findest, kann es vorkommen, dass die Amerikaner sie für militärische Zwecke benutzen wollen, wie das auf unserer letzten der Fall war. Ich erzähle Dir davon, wenn wir uns hoffentlich im Frühjahr wiedersehen.

Ja, im Frühjahr. Setz Dich hin und nimm einen Whisky zur Hand, denn jetzt habe ich Dir etwas Überraschendes mitzuteilen. Bei uns laufen alle Pläne darauf hinaus, dass wir von Diego Suarez (Madagaskar) in einem Törn nach Hause segeln. Astrid war anfangs gar nicht davon begeistert. Jetzt ist sie voll dabei. Täglich schmieden wir neue Pläne für diesen 10 500 Seemeilen langen Törn. *Die Vorbereitungen für den langen Trip werden sicherlich unsere gesamte Zeit in Suarez beanspruchen, sodass mit viel Post von dort aus nicht mehr zu rechnen ist.*

Das wäre es. Herzliche Grüße, Wilfried.«

Unter dem 2. November notiert Astrid gut gelaunt: ... *zum Trost erleben wir die fantastischsten Sonnenuntergänge. Der Himmel ist bedeckt mit Farben wie rot, lila und grün. Ein wahrhaft einmaliges Spektakel. Ich koche, W. klopft Rost und malt die Bilge und den Motor. So viel Arbeitseifer ist bei uns auf See recht ungewöhnlich, aber es scheint in Suarez nicht viel Zeit zu bleiben. Wir planen täglich. Gemeinsam führen wir ausführliche Listen. Wir sind stark beschäftigt, und unser »Tempo« kann uns nicht die Laune verderben. Beinahe täglich holt mein Kapitän einen Fisch am Haken hoch.*

Und zum 16. November: *Auch die letzten 24 Stunden mit Wind um 4 retten diese Reise nicht mehr: 1500 Meilen in fast 22 Tagen. Oh je! Vielleicht unser schwerster Landfall überhaupt. Erst mal schießen wir auf das Leuchtfeuer zu, das dann dummerweise aussetzt. Dann schiebt uns die Strömung an der Einfahrt vorbei. Wir müssen aufkreuzen gegen einen starken Strom. Ein wahrlich nicht schönes Gefühl in schwarzer Nacht mit Regenschauern. Ich passe. Mein Steuermann verbringt die Nacht draußen und kämpft gegen den teuflischen Strom, den Wind und das Feuer, das nicht blinken will. So vergeht diese Nacht vor Diego Suarez, und bei Tagesanbruch segeln wir direkt auf die Einfahrt in die Bucht zu. Diesmal gänzlich ohne Seekarte, doch W.s mit Hilfe des Seehandbuches selbst gezeichnete Karte erweist sich als vortrefflich.*

Abschied von den Tropen

>Unsere Vorfahren haben, wenn sie sich
ihren Mittagsbraten selber erjagten oder
sich den Buckel in der Sonne wärmten,
weit mehr vom Leben gehabt als wir
heute in unserer ganz vom Gehirn ge-
steuerten Welt. Ich habe das Leben eines Geistesarbeiters geführt, aber auch
das eines reinen Muskelmenschen, und
beides hatte etwas Unbefriedigendes
für mich. Der einzige Weg, die Fülle des
Lebens zu erfahren, ist, etwas zu tun,
was das Gehirn wie auch Sinne und
Muskeln voll beansprucht. Genau das
tue ich, wenn ich auf große Fahrt gehe,
und wenn ich Glück habe, kann ich
mir am Ende die Sonne auf den Pelz
scheinen lassen – und das ist immer
noch das Allerschönste.«
SIR FRANCIS CHICHESTER, britischer
Weltumsegler, 1969

Wie immer vor dem Einlaufen in einen Hafen entwickel-
ten wir auch vor Madagaskar beispielhaften Arbeitseifer, von
dem ausschließlich KATHENA profitierte. Es blieb viel Zeit, alles hafenklar zu machen, denn die Bucht von Diego Suarez ist
riesengroß.

Als ferner Ansteuerungspunkt diente uns ein vor Anker lie-
gendes Frachtschiff.

»Oh, guck mal, Wilfried!« rief Astrid, »es hat am Heck eine
schwarz-rot-goldene Flagge. Ein deutsches Schiff!«

Ich musste tatsächlich mal wieder Astrids gute Augen bewundern, denn ich erkannte es erst durchs Fernglas. Und ich
bemerkte auch, dass die Aufbauten am Heck ziemlich seltsam

wirkten. Es sah nach Feuerspuren aus – kein sehr erfreulicher Anblick. Doch vor näherer Betrachtung mussten wir uns erst mal um unseren Ankerplatz kümmern.

Der Hafenmeister kam uns entgegengefahren. Von seinem Boot stieg er zur KATHENA über und dirigierte uns an einen sicheren Platz – das einzige Mal auf all meinen Fahrten, dass der Hafenmeister persönlich diese Aufgabe übernahm. Das verdeutlicht, wo wir uns befanden, nämlich in einem abgelegenen und von Yachten selten besuchten Hafen. Und das war uns recht.

Der Hafenmeister war überhaupt ein reizender Herr, ein Franzose, der sich mit Astrid charmant unterhielt und sich auch nicht an ihrem holprigen Französisch zu stören schien. Seit den polynesischen Inseln hatte Astrid kaum noch Gelegenheit gehabt, diese Sprache zu sprechen. Die Freundlichkeit des Hafenmeisters gipfelte darin, dass er kurz nach Verlassen der KATHENA mit hundert Litern besten Frischwassers in Kanistern zurückkam. Bei so viel Zuvorkommenheit erschien uns alles auf Anhieb sympathisch, und wir waren sicher, dass wir uns in diesem letzten Tropenhafen wohl fühlen würden.

Das deutsche Schiff entpuppte sich als die NEIDENFELS aus Bremen. Wir trafen einen Teil der Mannschaft gleich am ersten Abend im »Hotel de la Poste« und erfuhren von den Matrosen das traurige Schicksal des Schiffes. Die NEIDENFELS hatte im Hafen von Majunga (Westküste Madagaskar) einen Feuerausbruch in der Maschine gehabt, der wegen mangelhafter Löschgeräte erst nach drei Tagen unter Kontrolle zu bekommen war. Die Mannschaft löschte Tag und Nacht per Eimerkette, und ein Lotsenboot half gelegentlich mit nicht mehr als einem Gartenschlauch. So brannte das gesamte Achterschiff aus, und unter der ungeheuren Hitze hatten sich die acht Millimeter dicken Stahlaufbauten gewölbt. Eine Reparatur lohne sich wohl nicht, meinte Kapitän Rolf Meier im Gespräch mit uns.

Bei dem Feuerausbruch hatten drei Männer aus der Maschine ihr Leben lassen müssen. Man fand sie alle drei erstickt in den Gängen, die zum Ausgang führten. Der größte Teil der Mannschaft hatte alle persönliche Habe verloren und wohnte hier im Hotel, bis das Los der NEIDENFELS von der Bremer Versicherung entschieden war. Und die Seezeichen standen für das schöne 6000-Tonnen-Schiff in Richtung Abwrackwerft.

Die Besatzungen von der NEIDENFELS und von der KATHENA verstanden sich von Anfang an großartig. Regelmäßig trafen sie sich allabendlich im Hotel oder auf der KATHENA zum Bier, das aus den glücklicherweise unversehrten Provianträumen der NEIDENFELS stammte. Es waren wirklich nette See- und Landsleute. Ihre Angebote – »Wenn ihr etwas benötigt, so sagt das ruhig, denn bei uns an Bord gibt es noch genügend Ausrüstung, die wahrscheinlich doch nicht mehr gebraucht wird.« – waren gewiss ehrlich gemeint. Aber unser Zögern diesbezüglich auch.

Bei so viel Solidarität unter Seeleuten verirrte sich dann auch bald als willkommenste Gabe ein Zehnlitereimer bester Wiederhold-Farbe an Bord der KATHENA. Zum Abschied, als die NEIDENFELS ins Ungewisse abgeschleppt wurde, machte Kapitän Meier Astrid sogar ein Geschenk: ein Päckchen, das sie erst Heiligabend öffnen sollte. Ich war sprachlos.

Wir sahen uns im Norden Madagaskars gründlich um, dieser riesigen Insel im Südosten von Afrika, die im 16. Jahrhundert von den Portugiesen entdeckt und von ihnen auf ihrem langen Weg nach Indien und den Molukken als Stützpunkt benutzt wurde. Heute erinnert an die Portugiesenzeit Madagaskars nur noch der ausgezeichnete Hafen Diego Suarez an der Nordostspitze der Insel in einer so schönen Bucht, dass niemand mehr daran denkt, wer eigentlich der Namenspatron Diego Suarez war: einer der schlimmsten Plünderer und Sklavenjäger, der aus den Wäldern und Hochflächen der Insel die Menschen zusammentrieb, um sie als Sklaven nach Indien zu verkaufen.

Nach den Portugiesen kamen die Holländer, dann die Briten und schließlich die Franzosen, die der Insel ihre Schutzherrschaft aufzwangen und sie 1896 zur französischen Kolonie erklärten. Heute ist Madagaskar eine eigene Republik im Verband der Communauté Française und von Frankreich nur noch wirtschaftlich abhängig.

Dies alles stand in unserem Seehandbuch über die Geschichte Madagaskars, und so wunderte es uns nicht, dass in der Küstenstadt Diego der französische Lebensstil überwog. Aber dass es hier Fremdenlegionäre gab, überraschte uns doch.

Als ich in den Straßen überall Legionäre sah, dachte ich unvermittelt an meinen Freund Mechtel, den ich bei meiner ersten Weltumseglung in Tahiti kennen und schätzen gelernt hatte. Ob er noch dabei sein würde? Aber wenn, dann sicherlich nicht ausgerechnet hier. Dennoch drängte ich:

»Komm Astrid, ruf doch bitte mal bei der Legion an und frage nach Wolfgang Mechtel!«

Astrid hielt mich für verrückt, und so musste ich mit meinen paar französischen Brocken selber telefonieren. Irgendwie hatte ich es im Gefühl …

Und tatsächlich! Zögernd meldete er sich am anderen Ende der Leitung. »He, Wolfgang, rate mal, wer dich besuchen will!« Als ich ihm sagte, wer ich sei, bekam er vor Aufregung zunächst kein Wort heraus. Dann sprudelte er über von Fragen und Begeisterungsrufen: »Was? – Wie? – Mit dem Segelboot? Prima! – Verheiratet? – Ist ja toll! – Une Allemande? – Fantastisch! – Wir müssen uns sehen. – Heute noch. – Ich werde versuchen, freizubekommen. – Freue mich riesig!«

Sein Vorgesetzter ließ sich nicht lange bitten. Die drei Worte »Besuch per Segelboot« in diesem entlegenen Kaff müssen ihn beeindruckt haben, denn Wolfgang bekam sofort Sonderurlaub. So trafen wir uns im »Hotel de la Poste« zur Wiedersehensfeier.

Im Tagebuch darüber: *Viel lerne ich bei diesem Treffen über die Fremdenlegion, in der es etliche Deutsche gibt. Fast alle sind sie ramatusiert (Ramatu heißt in der Eingeborenensprache »Frau«). Die weißen Söldner leben mit einer Malgasch, einer dunkelhäutigen Eingeborenen, zusammen, natürlich nicht standesamtlich, und sie nennen diese bessere Haushälterin oft ein-*

fach »meinen Kohlensack«. Der Status dieser Nebenfrau ist wie in der ganzen Welt bei Söldnern der gleiche. Sie kriegt ihr Geld, und nicht zu wenig, sonst geht sie einfach zum Nächsten. Sie bewirtschaftet die Einzimmerhütte, in der die beiden zivil leben. Viel Wert wird bei den Legionären auf Sauberkeit gelegt. Hübsche junge Mädchen aus dem Landesinneren, die Ramatu bei einem Legionär werden wollen, gibt es genug. Sie machen das ein paar Jahre und kehren dann meistens in ihr Dorf zurück, wo sie sich dann gut verheiraten.

An einem Wochenende machten wir zu Ehren von Wolfgang einen kurzen Törn zur Orangea-Bucht – 6 Meilen entfernt. Kaum hatte der Anker dort Grund gefasst, war auch schon Murielle an Bord, eine Französin, bei der Astrid immer ihre Wäsche wusch, und sie lud uns alle zum Mittagessen ein. Ihr Mann, Arzt bei der Legion, bewohnte hier wie fast alle Offiziere der Legion ein Wochenendhaus. Ein exklusiver Strand nur fürs Militär, deshalb war dort wenig Betrieb. Essen in dieser herrlichen freien Atmosphäre mit der netten Gesellschaft bedeutete natürlich für uns ein Erlebnis. Nur Wolfgang, der einfache Corporal, schien reichlich verschlossen. Den Grund dafür erfuhren wir später: Das Gefühl, beobachtet zu werden, hatte ihn bedrückt, denn in der Hütte nebenan wohnte der oberste Chef der Legion in Diego, schräg nach hinten sein persönlicher Boss, und mit am Tisch saßen ein Commandant und ein Capitaine. Das war einfach zu viel für ihn.

Nach einer Woche »Highlife« begannen wir endlich unsere Weiterreise vorzubereiten, den »ganz großen Törn« direkt in die Heimat. Zuerst nahmen wir uns den dreckigsten Teil der Arbeiten vor: Abschleifen und Lackieren der Naturhölzer in der Kajüte. Binnen einer Stunde war unser kleiner Wohnraum ein einziges Chaos. Dicker Schleifstaub überall. »Mistarbeit«, schimpfte Astrid. Aber in diesem Raum wollten wir die nächsten 120 Tage und Nächte leben, deshalb wollten wir es uns besonders schön und frisch machen.

Das nächste große Problem war für uns, außen das Unterwasserschiff trockenzulegen, damit wir den Bewuchs vom

Indischen Ozean entfernen konnten. Denn je wärmer das Wasser, umso schneller setzen sich Muscheln und Algen am Rumpf fest und bremsen die Fahrt.

Wir erwogen sorgfältig drei Möglichkeiten. Die erste: Slippen – das heißt, das Boot wird auf einem Unterwasserwagen per Schienenführung und Seilwinde an Land gezogen. Die zweite Möglichkeit: Trockenfallen – also das Boot bei Hochwasser so dicht ans Ufer ziehen, dass es während der Ebbe wenigstens für kurze Stunden trocken auf Grund liegt. Die dritte Möglichkeit: Eindocken – so ein kleines Dock, wo das Wasser abgepumpt wird, gab's im Hafen von Suarez.

»Slippen?« fragte Astrid gleich entsetzt. »Kommt nicht in Frage! Du hast doch selbst den Slipwagen gesehen. Klein und brüchig, nichts für unseren Tiefgang.«

»Trockenfallenlassen wäre eine Alternative. Das kostet außerdem nichts.«

Wir schauten hinüber zum flachen Strand neben der kleinen Werft. Es herrschte gerade tiefste Ebbe. »Sieh dir das an: gerade zwei Meter Tidenhub. Viel zu wenig bei unseren 1,40 Tiefgang. Da sind wir gerade frei und streichen, und schon kommt die Flut wieder. Außerdem ist dort zu viel Schlamm. Möchtest du bei der Arbeit vielleicht stundenlang bis zu den Knien im Dreck stehen?«

»Und was ist mit dem Trockendock?« Sie wusste genau, dass das ein zu großes und teures Instrument für unser winziges Boot war, und außerdem gehörte das einzige Dock am Ort der französischen Kriegsmarine, war also privat gar nicht verfügbar. Aber sie erinnerte sich der Erzählungen über meine erste Weltumseglung, dass mich dieselbe Marine in Tahiti netterweise so nebenbei mit ins große Dock genommen hatte, als es gerade passte. Damals kostenfrei.

»Eindocken ist nicht«, entschied ich bestimmt, »die Zeiten sind allemal vorbei, wo die französische Kriegsmarine Weltumsegler großzügig unterstützt.«

Aber nach so vielen charmanten Begegnungen mit Franzosen rund um die Welt war Astrid nicht ganz davon überzeugt.

»Ich will mal morgen sehen, ob sich da nicht doch noch etwas machen lässt …«

Abermals erwies sich unsere neu gewonnene Freundin Murielle mit ihren Beziehungen und Ortskenntnissen als eine große Hilfe. Die beiden entdeckten eine vierte Möglichkeit, ein Schiff wie unseres an Land zu schaffen. Freudestrahlend kam meine Organisiererin an Bord zurück: »Du, der Kran von der Marine am Kai kann mehr als 30 Tonnen heben, und unsere KATHENA wiegt doch kaum mehr als fünf. Der Kranführer hat schon zugesagt. Kostet uns nur ein dickes Trinkgeld. Wie findest du das?«

Am nächsten Morgen wurde unsere KATHENA im Marinehafen an Land gehievt. Und damit fing unsere Arbeit erst richtig an. Unterwasserschiff reinigen. Lose Farbe abkratzen. Spülen mit Frischwasser. Schleifen mit Sandpapier. Spachteln und den Spachtel wieder glatt schleifen. Dann mehrmals mit Rostschutzfarbe die Flecken streichen. Unterwasserfarbe auftragen und, und, und …

Während das Unterwasserschiff trocknete, wurden die Decksaufbauten und die Außenhaut, die ihren Glanz mittlerweile verloren hatten, angeschliffen und lackiert. Bei den Schleifarbeiten griff Astrid kräftig zu, denn sie wusste: Schleifen mit der Hand war nicht gerade meine Lieblingsbeschäftigung.

Der Schweiß rann in Strömen. Es herrschten am Tag gut 30 Grad Hitze. Weit und breit kein Schatten. In der Kajüte stieg das Thermometer schnell über 35 Grad. Also konnten wir uns da in der Mittagspause nicht einmal erholen. Es war abermals gut, dass es Murielle gab, die uns während der Woche Werftzeit fast täglich über Mittag nach Hause holte. Murielle war unser guter Engel von Madagaskar. Ohne sie wäre der Werftaufenthalt katastrophal geworden. Keine Dusche, keine kalten Getränke.

Mitten in dieser Zeit kauften wir auch schon Tag für Tag unseren Proviant für die lange Reise. Da es keinen Supermarkt gab, mussten wir bei den kleinen Krämern alles zusammenstöbern, was wir so brauchten. Die Auswahl der Konserven war gering und sehr, sehr teuer.

Nachdem selbst die Achterpiek, die Backskisten, das Werkzeug angestrichen waren – die Farbe von der NEIDENFELS musste doch alle werden, und sie wurde –, strahlte KATHENA in neuem Glanz. Alle Schäden waren behoben. Die Selbststeuerung bekam ein neues Blatt. Die Maschine war überholt und mit frischem Motoröl versehen. Wir waren also mit allem klar.

Mit fast allem, denn bei unserer Wühlerei am Boot hatten wir kein Radio und keine Nachrichten aus der großen weiten Welt gehört. So waren wir beide völlig ratlos, als Astrid eines Tages mit der Nachricht ankam: »Die Banken tauschen keine US-Dollar mehr um. Keinen einzigen.«

Das war in der Dollarkrise, Dezember 1971. Da wir unser gesamtes Geld in Dollar bei uns hatten, sah es mit einer Abfahrt vorerst ziemlich hoffnungslos aus. Es fehlten noch eine Menge Dinge für voraussichtlich vier Monate auf See.

Astrid hatte eine Idee: »Weißt du was? Du hast doch noch einen kompletten Anzug an Bord, und die Einheimischen hier sind ziemlich scharf auf europäische Kleidung. Den verkaufe ich bestimmt.«

Mir blieb keine Möglichkeit zum Protest. Zwar war es mein einziger Anzug, aber ich war auch froh, kostete er doch Stauraum und brachte Gewicht.

So ruderte sie also mit meinem Anzug im Schlauchboot davon, und ich hatte erhebliche Zweifel, ob sie für das gute Stück überhaupt etwas bekommen würde.

Umso überraschter war ich, als meine Frau einige Zeit später mit einem großen Sack im Schlauchboot zur KATHENA zurückgerudert kam.

»Puh«, seufzte sie. »Ist das heiß in der Stadt!«

Gespannt, was sie nun wirklich aus meinem Anzug gemacht hatte, ging ich gar nicht auf diese Feststellung ein, sondern fragte skeptisch: »Was hast'n da mitgebracht?«

»Rate mal«, sagte sie strahlend. Ich wusste, dass uns noch jede Menge Zwiebeln als Vitaminträger für die Heimfahrt fehl-

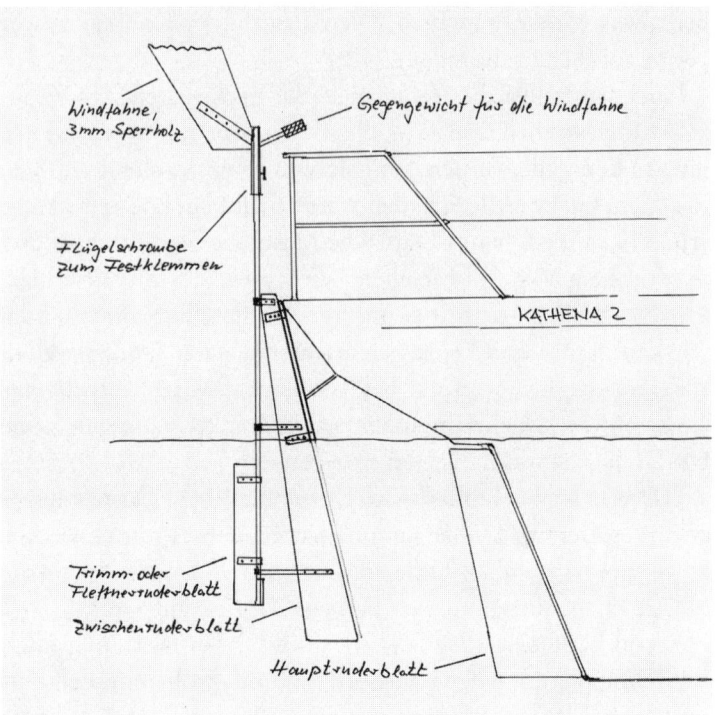

Windfahne,
3mm Sperrholz

Gegengewicht für die Windfahne

Flügelschraube
zum Festklemmen

KATHENA 2

Trimm- oder
Flettnerruderblatt

Zwischenruderblatt

Hauptruderblatt

Für den langen Törn wurde die Selbststeueranlage neu dimensioniert.

ten, deshalb tippte ich aufs Geratewohl: »Eine Hand voll
Zwiebeln.«

»Hand voll?« gab sie entrüstet zurück. »Einen ganzen Zentner! Und außerdem bilde dir ja nichts ein: Dein Anzug wäre
ohnehin aus der Mode, wenn wir zu Hause sind.«

Von dieser Art nützlichen Noteinkaufs war ich bald überzeugt, und so wanderte in den nächsten Tagen ein Gegenstand
nach dem anderen von Bord; die Bohrmaschine, ein Anker, et-
liches Werkzeug, einige Handtücher. Mühsam und sehr zeit-
raubend bekamen wir durch diese Tauschmethode so ziemlich
alles zusammen, was wir dringend brauchten. Und auch was
wir nicht dringend brauchten – oder vielleicht doch: Heimlich
schlich jeder von uns allein in die Stadt und erstand ein kleines
Weihnachtsgeschenk. Denn Weihnachten stand vor der Tür

und damit ein anderes großes Problem: Ich selber ziehe es vor, ein solches Fest in der Abgeschiedenheit der weiten See zu verbringen; Astrid dagegen als geselliger Typ hat gerade dann gerne Menschen und Trubel um sich. Wir waren hin- und hergerissen. Je später es wurde, umso mehr gerieten wir in die Zeit der Zyklone, aber das lustige Leben an Land mit unseren vielen alten und neuen Freunden verführte uns dazu, immer noch einen weiteren Tag zu bleiben.

So setzte ich unsere Abreise endgültig auf den 17. Dezember fest – aber wie endgültig ist »endgültig«? Leicht ließen wir uns von den Freunden dazu überreden, wenigstens noch den Ball im »Surcouf« (Legionärsclub) mitzumachen. Und das war die Kleinigkeit, die unsere Pläne durchkreuzte, denn am Tag danach segelten wir auch nicht ab. Der Abschied von unseren Freunden war zu feucht ausgefallen, unsere Köpfe waren am nächsten Morgen nicht ganz klar. Mir reichte das allmählich, zumal uns diese ständigen Abreiseverschiebungen in Misskredit brachten. Längst fragten unsere Bekannten nur noch pro forma, wann wir abfahren würden. Jedem war die stereotype Antwort »morgen oder übermorgen« bekannt. Wie wir aus verschiedenen Bemerkungen entnehmen konnten, rechneten alle fest damit, dass wir zu Weihnachten und den folgenden Festivitäten noch da sein würden.

Für die Abfahrt am 19. Dezember hatte ich alles auf der Liste, was man im letzten Augenblick frisch an Bord nimmt: Brot, Käse, Obst. Wir verabschiedeten uns zum x-ten Mal von unseren Freunden, aber keiner nahm das so richtig ernst. »Die sollen sich wundern«, dachte ich, »und auch wenn es Abend wird: Heute wird gestartet!«

Wir waren gerade dabei, die Anker einzuholen, als eine Barkasse längsseits kam und uns eine Mitteilung vom Hafenmeister überbrachte, in der stand: »Zyklonenwarnung im Nordgebiet von Madagaskar.«

Ich will mich hier nicht über unsere verlegenen Kommentare und Erklärungen in den folgenden drei Tagen auslassen. Mag die Feststellung genügen, dass wir am 21. Dezember 1971

Diego gegen Mittag tatsächlich verließen – wenn auch nur zum 5 Seemeilen entfernten Orangea.

Astrid erläuterte die Situation in ihrem Tagebuch: *Nach all den Verwirrungen in der letzten Woche schippern wir am Dienstag endlich nach Orangea, von wo wir am nächsten Tag endgültig in See gehen wollen. Hier wird mir plötzlich angst und bange und stark bewusst, was morgen kommen soll. Es blieb nicht viel Gelegenheit in den letzten Wochen, an Abreise zu denken, und auf die Fragen der Freunde nach der Dauer unseres Törns kam auch leicht »etwa 120 Tage – vier Monate – so bis nach Ostern« über meine Lippen. Geglaubt habe ich das wohl selbst nicht. W. ist täglich hilfsbereiter und erträgt geduldig meine Nervosität und Launenhaftigkeit. Er schenkt mir diesen Tag in Orangea. Doch was nützt dieser Tag vor Anker? Soll ich kneifen und ihn bitten, wenigstens noch über die Festtage unter Land zu bleiben? Aber ich weiß auch, dass die Hochsaison der Zyklone immer näher rückt. Der Vorgeschmack in Diego reichte mir schon, als unsere Ankerleine im Sturm brach und wir unser Boot erst kurz vor einem Wrack stoppen konnten. Und was würde ich damit auch ändern? Heute, morgen oder nächste Woche – fahren muss ich wohl. Es gibt kein Zurück; doch diese beklemmende Wahrscheinlichkeit, erst in Helgoland wieder festen Boden unter den Füßen zu haben, wie werde ich sie nur los?*

Na, vielleicht bleiben wir doch in Durban oder Kapstadt, auf St. Helena oder auf den Azoren ein paar Tage. Es gibt so viele Häfen auf dem Wege. Diese Aussicht hilft. Wenn es wirklich nicht mehr ginge, würde W. sicherlich nicht gegen eine Unterbrechung der Reise sein. Und Zweifel an meiner Überredungskunst habe ich nicht!

Nichts als Wasser von Weihnachten bis Ostern

> »Der Mensch kommt nicht so weit er will,
> sondern so weit er kann.«
> VASCO DE BALBOA, spanischer Seefahrer,
> um 1510

22. Dezember 1971 – 5.55 Uhr. Die letzten Sachen wurden in aller Frühe sicher verstaut. Zwischendurch hastig ein paar Schlucke Tee getrunken. Wir waren bereit. Astrid nahm ihren Stammplatz an der Pinne ein. Ich holte Hand über Hand die Ankerkette ein. Zum letzten Mal? Wenn ja, so in einer erinnerungswürdigen Bucht. In einer Bucht, die eigentlich noch zum Bleiben verleitete. Orangea: schön und einsam.

»Anker ist frei.«

»Ich gehe auf Backbord-Bug.«

»Ja, gut.«

Mit ein paar kräftigen Zügen war die Fock gehisst, und unmittelbar nach dem Durchsetzen des Falls nahm KATHENA Fahrt auf.

»Abfallen, Astrid, a b f a l l e n . Großschot auffieren.«

»Mehr?«

»Noch mehr.«

Nur die notwendigen Worte fielen, aber gerade sie weckten in ihrer Kürze ein starkes Gefühl für die Bedeutung der beginnenden Fahrt. Astrid konzentrierte sich aufs Steuern. Ich überbrückte diese andächtigen Minuten mit dem Aufklaren an Deck.

Still glitt unsere KATHENA durch das spiegelglatte Wasser, der Ausfahrt entgegen. Vorbei an den beiden Leuchttürmen vor der Bucht von Diego Suarez auf Madagaskar in die offene See. Eine seltsame Ergriffenheit bemächtigte sich unser, als wir an diesen letzten Landmarken vorbeizogen. Astrid wischte in ihrem Gesicht, und ich hatte einen Kloß im Hals. Auf ihr »du auch« brachte ich keinen Ton hervor.

Uns beiden war bewusst, dass uns ein einzigartiges Abenteuer bevorstand. Unser Kurs führte durch fast alle Windregionen. Im Mocambique-Kanal war mit Gegenwind und Zyklonen zu rechnen. Um die Spitze Südafrikas mit Stürmen und hohem Seegang. Danach würde es ein erholsames Segeln im Passat des Südatlantiks geben. Aber vom Äquator an weiter nach Norden würde es hart werden. Erst durch die Doldrums, jene windstillen Zonen, dann gegen den Nordostpassat, darauf wechselnde Winde bis zu den Azoren, heftige Stürme in der Biskaya und am Ende durch den Englischen Kanal und über die Nordsee alles Widrige zusammen: Nebel, Kälte, Schiffsverkehr.

Es war ungefähr auszurechnen: Wir würden im April zu Hause sein, dann, wenn die meisten Yachtbesitzer noch am Pönen sind.

Allein hatte ich gar keine Bedenken vor diesem Törn gehabt, aber mit einer Frau an Bord, die physisch und psychisch doch ganz anders reagiert und empfindet …

Gewiss würde ihr Humor ihr dabei helfen, auch den »langen Törn« zu überstehen. Noch einen Tag vor der Abreise bewies sie ihr heiteres Gemüt: Sie veranlasste, dass wir uns bei Murielle auf die Waage stellten – 63/66 Kilo. Und sie schnitt ein Horoskop aus einer Frauenzeitschrift aus und klebte es mir über den Kartentisch:

»Wer mit einem Widder Schritt halten will, braucht Energie. Er wird nie auch nur ein bisschen langsamer gehen. Sie müssen mitmachen, oder Sie verlieren ihn. Apropos verlieren: Wenn Sie mit ihm spielen, Karten-, Brettspiele, Pokern, lassen Sie ihn gewinnen. Wahrscheinlich gewinnt er auch ohne Ihre Nachhilfe.«

Der Anfang war gemacht. Sogar Wind und Strom liefen mit – na bitte! Wir hätten vor Glück strahlen müssen, aber das tat nur die Sonne. Wir selber verkrochen uns, jeder an seinen Ort, nachdem die Selbststeuerung eingestellt war. Astrid in die Koje, ich an Deck. Mit dem Rücken am Mast blickte ich auf das weiße Kielwasser in die unzähligen kleinen Kräuselwellen. Ich hing meinen Gedanken nach: vier Monate zu zweit in einem Raum, der nur knapp das Volumen eines Volkswagenbusses erreicht ... Mehr als zehntausend Seemeilen in einem Boot von fünf Tonnen ... Wenn wir bloß nicht in einen der zu dieser Zeit häufigen Zyklone kommen! Mit 800 Kilo Proviant und Treibstoff war KATHENA nämlich weit überladen. Das ist für jedes Schiff gefährlich.

Zwei Tage nach dem Auslaufen von Madagaskar war Heiligabend. Ein steifer Wind wehte an diesem Tag, und KATHENA stampfte heftig gegenan. Es kam keine richtige Stille-Nacht-Heilige-Nacht-Stimmung auf. Astrid lag mit Bauchschmerzen in der Koje. »Mir ist ja so schlecht«, hörte ich wiederholt. So kochte ich selber das Weihnachtsessen: Spargel und Salzkartoffeln. Das schmeckte uns zwar auch, aber unsere Gaumen waren durch die vielen vorhergegangenen Einladungen viel zu verwöhnt.

Für 18 Uhr am Heiligabend hatten wir die Bescherung festgesetzt. Der Kartentisch wurde mit einem Palmwedel als Tannenbaumersatz und einer dicken roten Kerze geschmückt. Dann holten wir aus vielen versteckten Winkeln, die es erstaunlicherweise auch auf so einem kleinen Schiff gibt, unsere Geschenke hervor. Mit geradezu kindlichem Eifer öffneten wir die Päckchen, zunächst die unserer Freunde.

»Guck mal, von Wolfgang Kauri-Muscheln und viele Kekse«, jubelte Astrid. »Sicher von seiner Ramatu gebacken«, meinte ich, denn ich hatte den selbst gebackenen Kuchen der dunkelhäutigen Schönen noch gut in Erinnerung.

»Und ein Halbedelsteinei von Murielle.«

»Von Kym Morton eine Flasche Wein.«

»Oh la la, von Kapitän Meier Kölnisch Wasser.«

»Weißt du, was uns Hartwig von Harling angetan hat? Ein Modell des Passagierschiffs LINDBLAD EXPLORER in Blei hat er uns eingepackt.«

»Dieser Spaßvogel, wo er doch wusste, wie wir um jedes Pfund Zuladung feilschten.«

Astrid und ich hatten füreinander, ohne es zu wissen, das Gleiche ausgesucht: einen Aschenbecher aus einem versteinerten Baum, wie er für Madagaskar typisch ist. Wir lachten herzhaft.

Um die Mittagszeit des achten Tages auf See riss uns ein Geräusch wie ein Donnerschlag aus den sanften Träumen des heißen Flautentages. Mein erster Gedanke war: Wir sind aufgelaufen.

Mit einem Satz war ich an Deck und spähte über Bord. Da sah ich backbords einen Hai an der KATHENA entlangschleichen, ein Biest von gut vier Meter Länge, das immer wieder mit dem Rücken gegen den Bootsrumpf stieß.

Selbst Astrid wurde von diesem Ruhestörer aus der Kajüte gescheucht, langte zum Bootshaken und piekste den unerwünschten Begleiter. Aber das schien ihn gar nicht zu stören. Jetzt versuchte er sogar, seinen massigen Rücken an der kleinen zerbrechlichen Selbststeuerungsanlage zu scheuern. Hatte der Hai Parasiten?

Aber selbst wenn – ich konnte kein Mitleid mit ihm haben. Schließlich begann er sogar noch, mit seiner reibeisenrauen Haut meine gute Unterwasserfarbe abzuraspeln. Ich sah es auf seiner Haut: Die großen roten Flecken waren wirklich kein Blut, sondern unser Anstrich. Als ich das erkannte, packte mich die Wut. Ich griff zum Haken und gab dem Hai mit aller Kraft einen heftigen Hieb auf die Nase.

Weg war er! Mit ihm allerdings auch unsere Pilotfische, die uns von Beginn des Törns an begleitet hatten und fast menschliche Eigenschaften haben: Sie schließen sich dem an, von dem sie am meisten zu erwarten haben. Von uns erhielten sie täglich die Essensabfälle und im Schatten des Bootsrumpfes stets Deckung gegen Sonnenhitze und Raubfische. Jetzt folgten sie plötzlich dem Hai, der nach unseren Abwehrmanövern in die Tiefe verschwand. Ob sie ihm jetzt statt der Schmarotzer die Farbflecken abfressen wollten?

Wir erwogen diesen Zwischenfall mit all seinen möglichen Aspekten noch einige Zeit, bis ein neues Ereignis auf uns zukam, allerdings nicht so überraschend, sondern schon im Kalender angekündigt: Silvester 1971. Während andere Leute zu Hause an einem solchen Tag in einen Frack steigen und durch den Schnee vor der Haustür stapfen, musste ich mich darum kümmern, zur Feier des Tages bei tropischen Temperaturen ohne Eisschrank eine Flasche Weißwein zu kühlen.

Dabei gibt es einen einfachen physikalischen Trick, der auch nordischen Skippern im Hochsommer empfohlen sei: Ich nahm die Flasche, umwickelte sie mit einem nassen Tuch und hängte sie im Rigg in den Wind. Nach einer guten Stunde war die Flasche durch die Verdunstung so ausgekühlt, als käme sie aus einem Keller.

Mit dieser Flasche Wein feierten wir für unsere Verhältnisse »kräftig« das Jahresende. Astrid machte vital mit, denn es ging ihr bei diesen flauen Winden ohne große Schaukelei außergewöhnlich gut.

Astrids erste Tagebucheintragung im neuen Jahr: *Um diese Silvesternacht können mich alle Erdenbürger getrost beneiden. Der Himmel ist wolkenlos, und das Bemerkenswerte ist: Bei Sonnenuntergang geht zur gleichen Zeit in entgegengesetzter Richtung der Mond auf. Eine Silvester-Vollmondnacht für uns beide ganz allein. Wir sitzen im Cockpit und palavern, knutschen und küssen ... Zum Lob gibt es keine Problemchen, die mir eventuell auf die Tränendrüsen drücken könnten. Innerlich fühle ich mich wohlig warm und hege nunmehr keine Zweifel, dass W. mich vorsichtig und gut nach Hause segelt. Prosit Neujahr – Etmal 120 Seemeilen, so kann's bleiben.*

Eine Woche später kam das Unheil auf uns zu. Am Morgen wehte noch ein linder Wind, aber im Laufe des Nachmittags breitete sich von Norden her ein riesiger Fächer von Zirruswolken und Zirrokumuluswolken aus, und aus derselben Richtung kam eine hohe Dünung. Die Sonne schien, von einem blauen Dunst umgeben, ziemlich fahl, und als sie am Abend unterging, sah sie aus wie ein reifer Karbunkel. In der Nacht nahm die Dünung ständig zu. Am nächsten Tag blies es ohne Unterlass in voller Sturmstärke und konstant aus Nord. All dies waren sichere Anzeichen für einen Zyklon, und da sich die Windrichtung nicht änderte, mussten wir annehmen, dass der Tropensturm auf unserem Wege lag.

Ein Zyklon – oder wie man bei uns sagt: Wirbelsturm – ist ein riesiger Luftwirbel, bei dem die Windstärke zur Mitte hin zunimmt, aber im Zentrum selbst Windstille herrscht, dafür aber ein furchtbarer Seegang, da die vom Wind aus allen Richtungen aufgewühlten Wogen hier mit ungeheurer Gewalt gegeneinander prallen. Im Segelhandbuch steht über diese Stürme: »... die hohen Kreuzseen in der Nähe des Auges können auch auf großen, starken Schiffen erheblichen Schaden anrichten. Kleinere Fahrzeuge, zum Beispiel Küstenschiffe, sind dadurch schon zum Sinken gebracht worden.« Noch kleinere wie die KATHENA erwähnt das Buch überhaupt nicht.

Da der Weg des Zyklons einigermaßen abzuschätzen war, dachte ich zunächst daran, nach Westen auszuweichen, statt auf Südkurs weiterzusegeln. Aber waren wir schnell genug, um eine Begegnung mit dem Sturm zu vermeiden? Ein Dampfer hätte das sicherlich geschafft – aber wir? Ich brachte nicht den Mut auf für den Entschluss, den Kurs zu ändern; außerdem wusste ich, dass Zyklone auf 28 Grad südlicher Breite nicht mehr so ungeheuer sind wie zwischen dem 10ten und dem 25sten Breitengrad. Trotz Bedenken behielt ich also den Kurs bei – Südwest – und ließ auch die Sturmfock stehen. Mit drei Quadratmeter Tuch und raumschots machten wir zwischen 4 und 6 Knoten. Das gab die erste Spannung zwischen uns, ohne dass viele böse Worte fielen. Astrid war natürlich todunglücklich über unsere Situation, und nachdem ich sie vergebens zu trösten versucht hatte, wurde ich ziemlich grob. Ich gebe zu, das war mir nicht ganz geheuerlich: Selbst ich als »alter Weltumsegler« wurde angesichts des Barometerfalls nervös. Zwei Millibar die Stunde bedeutet schwerer Sturm.

Als es am zweiten Tag anfing zu dunkeln, wehte es so stark, dass ich sogar die Sturmfock bergen musste. Unsere KATHENA lag nun vor Topp und Takel beigedreht mit dem Heck zur See.

Das Unangenehmste dabei waren die gelegentlich überkommenden Wellen.

Gegen Mitternacht regnete es heftig, und das Heulen des Windes hörte ganz plötzlich auf. Innerhalb von Minuten herrschte Windstille. Der Himmel klarte etwas auf. Wir lagen im »Auge« des Zyklons. Eine Stunde später stürzten die Seen gegeneinander an, stülpten sich zu hohen Dreiecken empor und fielen kreuzweise in sich zusammen. Wegen des unregelmäßigen Hin- und Herstoßens konnten wir uns in den Kojen selbst eingeklemmt kaum halten. Ohne Wind konnte ich nichts machen; auch ein Stützsegel half nicht. Es knallte fürchterlich hin und her und würde über kurz oder lang zerreißen.

Anderntags um die Mittagszeit, also nach Stunden elendiger Schaukelei, gerieten wir in die andere Seite des Sturms und trieben nach Norden hin ab. »Der ganze Schiet kommt wieder zurück«, bemerkte ich nur. In dieser Wetterlage, in diesem Chaos gab's die nächste Spannung zwischen uns:

8. Januar – 18. Tag: *Fester Sturm aus Nordost, im Nu Flaute, eine unbeschreibliche See läuft und dann zehn Stunden später plötzlich Sturm mit fliegendem Wasser aus Südwest. Ich heiße Amelie, wenn das kein Zyklon ist, sicher nicht in extremer Stärke, dafür sind wir ja auch schon zu weit südlich, aber diese Flaute scheint sehr dem Auge eines Wirbelsturms zu gleichen. Es ist oberscheußlich. Die See zerhackt uns förmlich – und das Boot. Zu allem Überfluss kriegen wir auch noch Streit, und die ersten Unglückstränen fließen. Ursache: Ich will W. nicht beim Segelbergen fotografieren. Meine psychischen und physischen Kräfte sind einfach nicht zu mobilisieren. Ich will nur noch weg, weg aus diesem Wetter. Er schimpft ungehalten, und zur Strafe bleibt mein Magen leer. W. kann bei dem Seegang wirklich nicht kochen. Eben nur geistige Nahrung, wir reden wieder miteinander.*

Im Laufe des dritten Tages schwächte der Sturm ab. Es gab nur noch leichten Wind, der ganz langsam über West nach Nordost drehte. So gingen wir wieder auf direkten Kurs, Westsüdwest. Wir kamen damit der südafrikanischen Küste

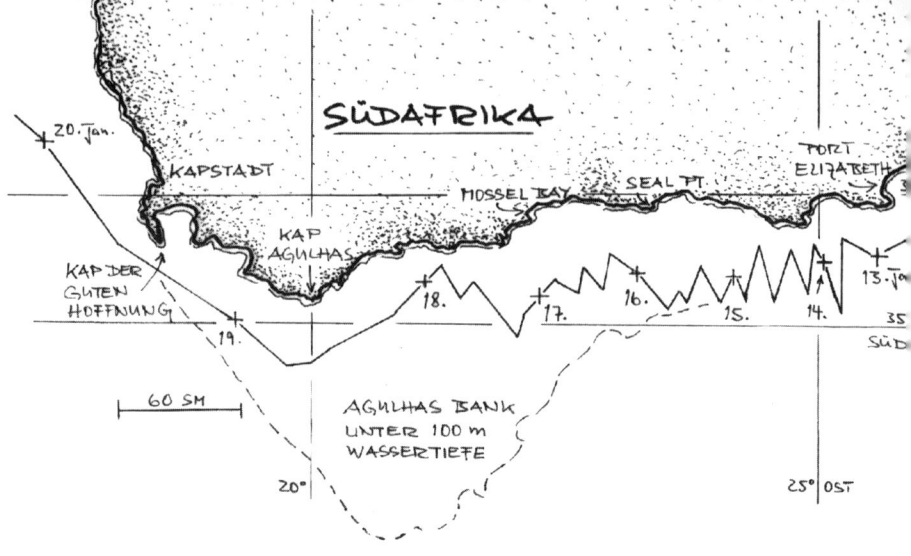

näher. In der Höhe von Durban sichteten wir das Festland. Jetzt hielten wir einen Abstand von ungefähr 20 Seemeilen zur Küste, um den stark mitlaufenden Strom auszunutzen, der in der Seekarte mit bis zu 4 Knoten verzeichnet ist. Steuerbords verschwanden die Städte Durban und East London rasch achteraus. Es wurde schlagartig kühl, je weiter wir nach Süden kamen, und bald ging mir Astrid mit ihrem »Zieh deinen dicken Pullover an!« auf die Nerven.

Astrids Befinden war großartig. Das merkte ich, als ich eines Morgens wieder einen Horoskopausschnitt auf meinem Kartentisch vorfand: »Es lohnt sich auch für Widder, freundlicher zu sein.« War ich unfreundlich? Oder machte sie nur einen Jux, um mir ihre bessere Stimmung zu zeigen? Ich revanchierte mich jedenfalls mit einem leckeren Essen und einer halben Nachtwache, die ich ihr abnahm. Beim Kartenspiel, auf dem Kajütboden, ließ sie mir keine Chancen.

Logbuch vom 23. Tag: *Heute ist der elfte Tag in Folge mit Windstärke 7 und darüber. Das Resultat: eine Schlappheit, wie ich sie lange nicht hatte. Derzeit habe ich jede Nacht zu wenig Schlaf, meist ist es nur ein Dösen. Dazu Segel einreffen, Segel ausreffen, Schiffe, Sturm, Seegang. Sehr kurze, steile, hohe Seen. Manchmal knallt eine Welle aufs Heck, dass ich meine, die Windsteueranlage sei zu Bruch gegangen. Und das Ende*

242

vom Großbaum schleift wieder und wieder im Wasser. Ist zu lang. Mache mir Sorgen um den Baumbeschlag.

Wir glaubten schon, es würde mit der günstigen Windrichtung so weitergehen, aber da hatten wir uns arg getäuscht. Das Barometer fiel, der Wind drehte widrig auf West und frischte auf. Ein Kurs mit Kreuzschlägen begann. Sechs Stunden Steuerbordbug. Sechs Stunden Backbordbug. Manchmal war auch alle Stunde eine Wende fällig.

Am 24. Tag ist meine Eintragung knapp: *Der Magen, oh weh! Baro gefallen. Wind 7 von vorn. Die Hölle. Wir schimpfen. Festes Wasser übers Deck bis ins Cockpit.* KATHENA *ist zu schwer gegen diese See. Und zu rank: Schrottballast und der schwere lange Holzmast lassen sie schnell auf 40 Grad Schräglage »kippen«.*

Der 25. Tag bietet: *Windstärke 5. A. hat sich um zwei Stunden Nachtwache gedrückt. Baro fest. Aber Schiffe. Gibt auch schöne Schiffe zu bewundern. Zum Beispiel einen 200 000-Tonnen-BP-Tanker, der dicht passiert und A. Abwechslung bringt, indem sie den Matrosen zuwinkt.*

Der 26. Tag bringt Sonne: *Neuerlicher Barometersturz. »Ich kriege Zustände«, sagt A. Auch ich habe den nassen Gegenwind satt.*

Der 28. Tag: *Blöder Fischer, will uns heute Nacht partout versenken. Ich hatte Pulsschlag 150. Sehr, sehr hohe Dünungssee aus West, also von vorn. Schietkram, kommen wir denn hier gar nicht rum? Die Berge Südafrikas, gezackt wie ein Sägeblatt.*

Sieben Tage brauchten wir mit diesen mühsamen Manövern in dreifacher Zeit und bei vielfachem Ärger, um die Südspitze Afrikas zu umschiffen. Das stellte hohe Anforderungen an unser Durchhaltevermögen in den langen Nachtwachen. Unser Wachsystem: Alle zwei bis vier Stunden lösten wir einander ab. Wir segelten einen Zickzack-Kurs mitten im Schifffahrtsweg. Täglich sichteten wir 30, 40 und manchmal mehr als 50 Schiffe. Es hieß aufpassen, besonders nachts, wenn dazu noch ein paar Küstenfischer unseren Kurs kreuzten. Gelegentlich kamen solche Schiffe bis auf eine Kabellänge heran. Und jedes

Mal zeigte sich die Besatzung überrascht an der Reling, wenn sie uns kleine »Kollegen« gegen Wind und See mit ein paar Fetzen Tuch anbolzen sah. Dabei stampften ihre Schiffe ebenfalls ganz gehörig, verschwanden immer wieder zwischen den Wellen, tauchten mit dem Bug so tief ein, dass die Brecher über Deck fegten.

Als der Wind wieder einigermaßen normal wurde, befanden wir uns 10 Meilen östlich vom Kap Agulhas, der südlichsten Spitze Afrikas. An dieser Grenze zwischen Indischem und Atlantischem Ozean schien das Wasser zu sieden. Überall zeigten sich merkwürdige Wirbel, und die Farbe des Meeres wechselte von Grün – schmutzig – zu richtigem Blau.

29. Tag: Windrichtung okay. Toller Segeltag. Kartoffeln aussortiert. Mein Schatz betreibt ausgiebig Schönheitspflege mit Hautcreme aus Neuseeland. – Kap Agulhas Leuchtfeuer alle zehn Sekunden ein Blink. Leider nachts mehrere knappe Ausweichmanöver notwendig. Ich schlafe schlecht. Hauptgrund: ein Traum, in dem zwei Supertanker kollidierten. Angst, dass wir von einem Tanker übermangelt werden. Also, gut aufgepasst.

Bei Anbruch des 31. Tages auf See hatten wir Kapstadt querab. Und in der Nacht davor: Das berühmte Kap der Guten Hoffnung – in 10 Meilen Abstand.

Im Schein der aufgehenden Sonne bei klarem, schönem Wetter zeichnete sich der Tafelberg über der weit ausgedehnten Stadt deutlich am Horizont ab – wahrhaftig ein imposanter Anblick. Auch für mich, der ich ihn vor Jahren schon einmal bestiegen hatte. Dennoch bedrückte mich seit Tagen die Frage: Wird Astrid nicht meutern, wenn sie die Silhouette des Tafelberges sieht und wir nicht landen? Deshalb wäre es mir lieber gewesen, wir hätten Kapstadt bei Nacht passiert. Auch für mich, denn auch mich ergriff Wehmut. Hatte ich doch dort einen unvergesslichen Monat auf meinem Alleintörn.

Aber Astrid reagierte unerwartet anders: »Ach, ist das herrlich! Jetzt sind wir im Atlantik, das heißt schon beinahe zu Hause. Ha, ha, ha ...«, ließ sie sich begeistert über diesen Tag

10 000 Meilen nonstop: Mein Gott, was haben wir uns da vorgenommen.

aus. Im Logbuch habe ich über diesen bedeutenden Wende-
punkt unserer Weltumseglung aufgezeichnet: *Wir freuen uns
riesig, dass wir das üble Gebiet um Südafrika hinter uns haben. Es hat schon manchen Seglern den Mast gekostet. Die
Strömungen machen Wetter und Seegang unberechenbar. Wir
können unser Glück kaum fassen, es außer Nässe – innen und
außen – ohne Schaden umrundet zu haben. Wir hocken an
Deck und sind gesprächig wie zwei alte Waschweiber. Aus lauter Begeisterung macht A. Pfannekuchen. Pfannekuchen! Und
fragt sich selbst: Was ist schön am Segeln? ALLES! Klasse, mein
Mädchen!*

Nachmittags war alles Land im Kielwasser verschwunden.
Unser Ozean war wieder einsam. Die Schifffahrt hatte sich
nämlich auch »verkrümelt«. Vor uns lag der weite Atlantik.
Nichts als Wasser und Himmel. Bis zum Englischen Kanal
würden wir nichts anderes sehen. Vielleicht ein paar Seevögel,
aber auch nicht jeden Tag. Im Augenblick zogen die großen
dunklen Albatrosse mit uns.

Der Südwind blieb stehen und drehte in den nächsten Tagen sogar langsam auf Südost. Das war auch schon der Passat des Südatlantik. Windstärke 4 bis 5. Tag um Tag rollten jetzt die Wellen im gleichförmigen Rhythmus unter dem Boot dahin. Mit ungerefften, aber ausgebaumten Segeln schlingerte unsere KATHENA platt vor dem Wind von einem Bug auf den anderen. Schmetterling nannten wir diese Segelstellung. Für uns waren es keine Segel, die uns heimwärts trugen. Es waren Flügel.

Die Eintragungen blieben spärlich: *Himmel verhangen. Wärmer. Trocknen Polster. Von sträflicher Faulheit befallen. Liegen an Deck und genießen das Segeln. Es gibt nichts Außergewöhnliches zu berichten. Wie die Passatsegelei nun mal so ist.*

Eine nette Abwechslung gab es nur für mich: Ich verglich unsere Etmale mit denen der alten KATHENA, mit der ich vor drei Jahren auf gleichem Kurs gesegelt war. Bei dem guten Schnitt der KATHENA 2 waren wir jetzt fast immer schneller; das tat unserem Stimmungsbarometer gut.

Astrid dagegen notierte in ihrem Tagebuch: *Diese Zehnpunkteliste umfasst alles, um was sich mein Leben im Passat dreht. 1. Lieben 2. Essen 3. Trinken 4. Segelmanöver 5. Lesen 6. Schreiben 7. Reden 8. Putzen (KATHENA und mich) 9. Kartenspielen 10. Träumen.*

Resultat unserer neuen Canastaserie 8 : 6 für W. Jedes verlorene Spiel kostet eine Dose Bier.

Die KATHENA schaffte weiter Meilen: 112, 103, 120 täglich. Am 39. Tag auf See hatten wir das erste Drittel nach Helgoland geschafft. 3500 Seemeilen. Das ergab einen Tagesdurchschnitt von 90,5 Meilen. »Kein Schlag ins Wasser, würde ich sagen. Komm, Astrid, wagen wir ein Tänzchen an Deck.«

»Wir können es vielleicht schaffen, an meinem Geburtstag in Helgoland zu sein.« Ihr Geburtstag, der 3. Mai, war für sie ein wichtiges Ereignis.

»Aber natürlich, mit etwas Glück schon viel früher.«

»Na, na, vorsichtig, großer Navigator. Der Norden.«

»Ach was. Ich wette mit dir um eine Kiste Wein, dass wir spätestens an deinem Geburtstag in Helgoland festmachen.«

»Abgemacht?«

»Abgemacht.«

»Also, ran an die Schoten.«

Wenn alles so lief wie bisher, müssten wir schon vierzehn Tage früher dort sein. Ich verließ mich auf den Passat. Aber schau an: Wo war er am Tag darauf? Eingeschlafen! Und am nächsten Tag? Leichte Brise.

»Ha, ha, ha. Da hast du's mit deinem unverbesserlichen Optimismus«, sagte Astrid voll Schadenfreude.

»Nicht doch, das geht vorüber«, versuchte ich mich zu verteidigen. Ziemlich kleinlaut zog ich mich in meine Koje zurück und schmökerte still vor mich hin.

In diesen Tagen waren bereits alle deutschsprachigen Bücher und Magazine, die wir in Diego irgendwie aufgetrieben hatten, durchgelesen, und so griff ich zu den Standardwerken unserer Bordbibliothek, die ich schon viele Male gelesen hatte. Zum Beispiel zu dem Buch des deutschen Arztes Hannes Lindemann, »Allein über den Atlantik«, in dem wie in kaum einer anderen Publikation über das Meer der Mensch, sein Boot (Faltboot und Einbaum) und das Überleben faszinierend beschrieben werden. Oder Bölls »Irisches Tagebuch«, in dem der Schriftsteller die Menschen in Irland kennen lernt, erlebt und ihre verzwickte Geschichte ironisch beschreibt. Und wenn ich viel Muße hatte, schlug ich Saint-Exupérys »Die Stadt in der Wüste« auf. Der Schauplatz dieses Buches ist die grandiose Monotonie der arabischen Wüste – und die Schilderung wirkte doppelt stark auf mich in der unendlichen Weite des Meeres.

Alle diese und noch einige andere Bücher, die mich schon lange begleiteten, waren vom Salz der Weltumseglung gezeichnet. Zerfleddert und mit zerdrückten Kakerlaken zwischen den Blättern, machten sie zwar nicht den Eindruck von ein paar Metern Buchrücken wie in einem bürgerlichen Renommierschrank, aber sie wurden wenigstens gelesen. Speziell Heinrich Bölls »Haus ohne Hüter« sah schlimm aus. Ich bekam es als 20-Jähriger von einer Freundin, und es brachte mich zum Romanelesen.

Für die Zeit im Passat hatte ich mir eigentlich keine Liste von Büchern vorgenommen, sondern eine ganze Latte von Überholungsarbeiten. Denn KATHENA war aus Stahl, und es gab immer Rost, Rost, Rost – und Schäden zu beseitigen. Mit viel Energie und Sorgfalt wollte ich dies von früh bis spät erledigen. Jetzt, nach drei Wochen im Passat, hätte ich das gewaltige Pensum geschafft haben müssen. Aber nichts war getan. Ich hatte mich dem Nichtstun hingegeben. Tagtäglich hatte ich der ungläubig dreinschauenden Mannschaft meinen ausgetüftelten Arbeitsplan erläutert. Aber Astrid glaubte mir längst kein Wort mehr und machte sich über mich lustig.

Eines Morgens fand ich folgenden Ausschnitt eines Horoskops aus einer alten Illustrierten auf meinem Kartentisch: »Widder. Alles, was auch nur entfernt nach Eintönigkeit riecht, langweilt sie. All die kleinen Pflichten, die nun einmal zu jedem Alltag gehören, schieben sie auf die lange Bank.«

Sofort beschloss ich, es Astrid zu zeigen und sie durch Aktivität zu beschämen. Doch auch an diesem Tag machte ich nur Ordnung in meinem Werkzeugkasten, putzte und trocknete das Werkzeug und puderte es gegen Feuchtigkeit mit Talkum.

Was lähmte mich? Von anderen Yachtseglern wusste ich, dass auch sie den Bordarbeiten auf See äußerst lustlos gegenüberstanden. Kommt es von den ermüdenden Bewegungen des Bootes, vom ständigen Abstützen und Gleichgewichthalten? Noch nie hat ein Psychologe diese Situation untersucht.

Schließlich habe ich den Stier doch bei den Hörnern gepackt. In den letzten Tagen vor dem Äquator wurden die Selbststeueranlage überprüft und geschmiert, Naturhölzer lackiert und geschliffen und Rostflecken ausgebessert. Und für den steifen Wind im Norden nähte ich zig Meter Segelnähte im Großsegel und Fock nach.

Am 17. Februar 1972 passierten wir den Äquator auf 20 Grad westlicher Länge. Die Hälfte des Törns war abgerissen. Hurra! Ein Grund zum Feiern, doch zu trinken gab es nichts. Unser Wasser war längst rationiert. Das Bier sowieso. Es gab also keinen Kaffee, keinen Tee, keinen Pudding, und vor Sonnenuntergang wurde auch kein Schluck »pur« getrunken. Weil es bisher so gut wie gar nicht geregnet hatte, waren zu diesem Zeitpunkt nur noch 40 Liter Frischwasser an Bord. Der Verbrauch bisher war peinlich genau notiert worden: 90 Liter in 58 Tagen. Das waren etwa eineinhalb Liter pro Tag fürs Kochen und Trinken. Für die Körperpflege gab's keinen Tropfen, sehr zum Ärger Astrids, die vor allem ihre langen, von der salzigen Seeluft verklebten Haare liebend gern mit Frischwasser gewaschen hätte. Sie hatten stark gelitten, waren brüchig und glanzlos.

Aber man kann da nicht reinschauen, und mir ist seit Tagen angst und bange, dass die Wasserpumpe plötzlich Luft spuckt. Regnen soll es erst, laut Wilfried Erdmann, auf zwei bis drei Grad nördlicher Breite. Um nicht an Wasser und vor allem an die Zeit zu denken, spielen wir wie auf einer Weltmeisterschaft Canasta. Heute schlage ich W. vernichtend. Zur Belohnung, wie ausgemacht, eine Dose Bier, aber eigentlich habe ich sehr oft schon abends eine getrunken. Mein Liebster nicht. Mir scheint, er will sie sich für mich verkneifen. Das wäre sehr lieb, denn welch ein Genuss, bei Sonnenuntergang diese Dose in der Hand. Bald gibt's leider keine mehr. Hätten wir doch bei den Amis in Diego Garcia ein paar mehr Dollars in Bier umgesetzt.

Rund hundert Meilen nördlich des Äquators kamen wir in das Gebiet der Doldrums, wo die Winde nur schwach wehen und oft genug ganz ausbleiben. KATHENA dümpelte mit schlaffen Segeln in einer hohen Dünung. Für mich war das eine Gelegenheit, einmal nach dem Bewuchs des Unterwasserschiffes zu sehen. Ich setzte meine Tauchermaske auf, streifte Flossen über und jumpte über die Seite. Astrid hielt derweil intensiv nach Haien Ausschau. Ich fand eine ganze Menge Entenmuscheln am Schiffsboden vor. Sie wachsen ja kopfüber direkt am Schiffsboden. Da die KATHENA so unruhig lag, hatte ich eine gute Stunde zu kratzen und zu stechen; laut prustend tauchte ich alle 30 bis 40 Sekunden auf, um Luft zu schnappen. Ich hatte Angst, bei diesem Auf und Ab des Schiffes das Gestänge der Selbststeuerung ins Kreuz oder gar auf den Kopf zu bekommen. Pilotenfische, Makrelen und Hornfische umkreisten mich, und mit Genuss fraßen sie von den abgestoßenen Entenmuscheln. Ich war gerade für einige Minuten wieder an Deck, als Astrid einen größeren Hammerhai sichtete. In kaum zehn Meter Entfernung umkreiste er uns eine ganze Weile.

Trotz tief hängender Wolken und pechschwarzer Böen regnete es an diesem Tag nicht. Jedenfalls nicht heftig genug, um Wasser aufzufangen. Wir waren ziemlich unglücklich darüber, aber in diesen Tagen beschlich uns eine noch viel größere Sorge: Astrids Periode war längst überfällig. Kündigte sich etwa eine Schwangerschaft an? Dieser Gedanke bedrückte uns, denn wir waren Hunderte von Meilen vom nächsten Hafen entfernt. Über diese Tage steht in Astrids Tagebuch:

19. Februar: *Der Tag, als der Regen kam, lang ersehnt, heiß erfleht. Mit ungeahnter Aktivität werden Wäsche, das Deck und mein Körper gewaschen. Zwischendurch fange ich auch noch Regenwasser auf und trinke mich richtig satt. Oh, wie ist es schön, das kalte Regenwasser, wie es so herrlich am Kinn runterläuft. Erfreuliches Tagesresultat: 20 Liter für den Vorratstank, frisch gewaschene Haare und Kleidung und Bettwäsche. Jetzt schläft's sich wieder klebefrei. – Ich habe mich heute bewusst überanstrengt; vielleicht hilft das, bei mir Klarheit zu schaffen.*

20. Februar: *Leider kann ich heute nicht mit einem fröhlichen Zitat wie gestern beginnen, denn an meinem Zustand hat sich nichts geändert. Ich schiebe den Verdacht weit von mir oder versuche es wenigstens. Ich hoffe inbrünstig auf morgen! – Unglaublich, aber wahr: Mit einem Zweizack holte W. vom Deck aus eine 1,20 Meter lange Goldmakrele an Bord, nachdem wir lange vergeblich mit dem Spinner geangelt hatten. Er schneidet ein paar schöne Filets für mich ab. Der Weg in die Pfanne ist nicht mehr weit. Mein Seemann kann sich nicht überwinden, auch ein Stück davon zu essen. Aber wenigstens ich habe für zwei Tage zusätzliches Eiweiß und kostbare Vitamine. Leider esse ich zu viel, das zwickt den Magen, aber was soll's, wenn es so gut schmeckt.*

21. Februar: *Ach, es ist beinahe sicher, dass wir ein Baby bekommen. Kein Land weit und breit, mitten in den Doldrums und viel Wind vor uns im Passat. Wir überlegen, Barbados anzusteuern, aber dann kommen wir in diesem Jahr nicht mehr nach Hause. Dakar scheidet ebenfalls aus; Wind und Strom sind in dieser Richtung gegen uns, und außerdem haben wir keine Karten von der afrikanischen Küste an Bord. – Ich nehme wieder den Kalender zur Hand und rechne. Bei günstigem Vorankommen wäre ich bei den Azoren schon im dritten Monat. Eben die gleiche Zeit, wo ich sieben Tage vor dem Landfall in Barbados 1969 eine Fehlgeburt hatte. Mitten in einer Sturmperiode. Damals warnte mich ein Arzt, das Schicksal nicht noch einmal herauszufordern. Dieser Hinweis geistert in meinem Hirn herum. – So lange ohne Arzt zu sein, bedrückt mich besonders, wo ich mich auch wegen meiner Seekrankheit nicht richtig bewegen kann. Eine schlimme Situation. Ich habe große Angst. Die Freude über ein Baby, die ich an Land empfunden hätte, kommt hier nicht durch. Oh, wie würde ich voll Stolz meinen dicken Bauch über die Düsseldorfer Kö schieben! Wie oft habe ich mir das in den letzten Jahren voll Sehnsucht vorgestellt! Und jetzt? Keine Hilfe, wenn etwas passiert. Mein Herz ist unsagbar schwer, und auch W. schafft es nicht, meinen Tränenstrom zu stoppen. Mag Gott seine schützende Hand über uns halten.*

22. Februar: *Zu allem Überfluss kein Vorankommen: 40 Meilen, 11, 17 … Komm, Nordostpassat, wir müssen jetzt schneller sein. – Abends streife ich mein karibisches Kleid über, ziehe die Lippen nach – und dann? Dann leeren wir eine halbe Flasche Whisky. Unsere Herzen sind schwer. Sich einmal voll laufen zu lassen, soll helfen, uns zu lockern und aufzumuntern. Bei mir schafft der Alkohol es. Da plant man alles und denkt nicht an so etwas – ist ja auch zu lange wieder gut gegangen.*

An Astrids Zustand änderte sich auch in den nächsten Tagen nichts. Ich legte alle Energie daran, erst mal aus den Kalmen zu kommen, dann wollte ich weitersehen. Wir machten eine scheußliche Zeit durch. Eine Regenbö jagte die andere, und dazu immer aus verschiedenen Richtungen. Zwar fing ich dabei kräftig Regenwasser auf; der 100-Liter-Tank war voll, als wir die Kalmen endlich nach acht Tagen verlassen konnten. Aber bis dahin gab es noch viele Segelmanöver. Alle naselang musste der Kurs geändert werden. Oftmals fielen die Böen in Sturmstärke (9 bis 10) ein, sodass die Segel in Sekundenschnelle runter mussten. Mit der alten KATHENA hatte ich es in dieser Gegend nicht so schwer gehabt. Ich war sogar schneller gewesen.

Müde von den vielen Segelmanövern, von den rollenden Bewegungen in dieser erbarmungslosen Dünung und nervös von den schlagenden Segeln, lag ich verkrampft in der Koje und döste bei leiser Radiomusik, als Astrid mich laut rufend erschreckte: »Wilfried, Wilfried! Hör! Mach das Radio lauter!«

Mit einem Satz war ich am Apparat und drehte voll auf. Über die »Deutsche Welle« lief gerade die Sendung »Grüße aus dem Heimathafen«. Gespannt hörten wir, wie uns unser Freund Ortwin und seine Familie Grüße aus Hamburg schickten, und ich notierte sofort mit: »… spätestens dann, wenn das Barometer fällt, sind wir in Gedanken immer bei euch …, und wir drücken Astrid die Daumen, dass sie sich endlich auf See mal wohl fühlt. Vielleicht hält euch in den nächsten Wochen die Fantasie aufrecht, was ihr euch als Willkommensessen wünschen wollt … Bis dahin kratzen wir alle im Geiste am Mast für eure gesunde Wiederkehr.«

Der Gute ahnte sicher nicht, wie sein fröhlicher Gruß die deprimierende Stimmung auf der KATHENA besserte. In Gedanken umarmten wir ihn und dankten ihm herzlich. Auch sein »Kratzen« schien geholfen zu haben, denn in der Nacht kam endlich ein beständiger Nordnordost auf. Der lang ersehnte Passat. Doch er stellte sich als ungewöhnlich stark heraus. Fast immer blies er zwischen Stärke 6 und 8. Das Wasser kam in Unmengen über. Der Bug tauchte tief weg. Wir segelten hoch am Wind und konnten dabei nicht viel Tuch setzen.

Der 70. Tag im Logbuch: *Es wird stürmisch. Muss Groß ganz durchreffen und Sturmfock setzen. Himmel verhangen. Ho-*

rizont diesig. *Sonne hat einen Hof. Wind mit über 6 Beaufort bei einem Am-Wind-Kurs, wirkt sich bereits nach einem Tag lästig und ermüdend aus. Der Aufenthalt beschränkt sich nur auf die Koje. Bei uns kommt noch erschwerend hinzu, dass dieser Stahlkreuzer schnell und viel Wasser übers Deck fegt. A. hat deswegen keine Bewegungen. Bleibt ihr nichts anderes, als Gymnastik in der Koje zu betreiben.*

Auch am 73. Tag setzte sich das miese Wetter fort: *Wie lange sind wir schon weg von Suarez? Eine Ewigkeit scheint es mir. Der Tag unserer Abfahrt bleibt mir unvergesslich: Mit den ersten Sonnenstrahlen, die über den Berg von Orangea fächerten, holten wir den Anker ein. Diese völlige Stille, fast mystisch war sie. Nur das Klickern der Kette schallte über die Bucht. Leise schlichen wir uns wehmütig davon … von den Tropen … für wie lange?*

Meistens hatte ich sogar viel zu wenig Segel oben. Da wir so unerträglich stampften, musste ich sie meistens vorzeitig kürzen, um vor allem für Astrid Erschütterungen zu vermeiden. Bei ihrem Zustand wollte ich kein Risiko eingehen, und so kam ich sofort ihren Wünschen nach, wenn es ums Streichen der Segel ging. Früher hatte Astrid in diesem Punkt hart mit mir zu kämpfen, denn ich ließ die Segel stehen, bis es oft zu spät war und sie beinahe aus den Nähten platzten.

Der 4. März in Astrids Buch: *See und Wind sind ohne Erbarmen mit uns. Sie werfen uns hart und nass auf die Seite. Der Bug taucht tief ein. Jeder Schritt will ausbalanciert sein. Infolgedessen liege ich flach, hoffentlich hilft mir das bisschen Gymnastik in der Koje. Ich möchte dieses Baby nicht verlieren. Meine Angst davor ist unbeschreiblich. Schon ertappe ich mich, wie ich zärtlich über meinen Bauch streiche. W. verpflegt mich prima, keine leichte Aufgabe bei meinem unbändigen Appetit.*

Endlich, nach zehn Tagen »rums, rums« – immer rein in die Seen und nasses Deck – zeigte sich eine Besserung an. Alle Gestirne waren ohne Hof, Wind und Seegang schwächten ab. In den Fallen, am Mast und in den Segeln bemerkte ich feinkörnigen rötlichen Sand – Saharastaub, der Hunderte von Meilen weit auf die See hinausgetragen wird.

Astrid konnte an diesem Tag zum ersten Mal seit dem Verlassen der Kalmen wieder aus der Koje krabbeln, die durch das Schlingerbrett wie eine Kiste wirkt, und an Deck rumturnen. Doch nicht lange. Nach zehn Minuten war sie völlig erschossen. Die Beine und Arme zeigten deutliche Spuren von Muskelschwund und taten ihr in den Gelenken weh. Jetzt hieß es für sie, systematisch Gymnastik zu treiben, obwohl das gewiss ihren unbändigen Hunger und noch mehr ihren großen Durst fördern würde. Ich machte Astrid schon Vorwürfe, dass sie so ungesund viel aß, doch sie holte unser Taschenbuchlexikon hervor und zeigte mir die Stelle, wo schwarz auf weiß stand, dass schwangere Frauen immer einen enormen Appetit haben. Ich konnte daher meine Sorgen nur noch still hinunterschlucken, aber insgeheim ging mir immer wieder die Rechnung durch den Kopf, ob unser auf zwei normale Personen und auf eine begrenzte Zeit berechneter Proviant jetzt auch noch ausreichte.

Trotz unserer reichlich bedrückenden Situation vergaßen wir nicht, Spaß am Bordleben zu haben. Dazu gehörte auch weiterhin unser tägliches Canasta-Spiel. Die Karten legten wir auf dem mit Teppich belegten Boden aus. Das Spiel lenkte uns beide von allen Problemen ein wenig ab. Und da wir in allem, was wir anstellten, mit vollster Konzentration dabei waren, gab es verbissene Kämpfe. Es war für Astrid ein seelischer Auftrieb, dass sie nach 80 Tagen auf diesem Törn mit 32 : 26 führte.

Am 12. März 1972 hatte Astrid ihren größten Tag. Im Tagebuch, das sie trotz aller Widrigkeiten weiterführte, steht: *Heute kreuzen wir unseren Ausgangskurs. Paradox, wie damals am 9. Dezember 69 bin ich schwanger. – Ja, jetzt bin ich also Weltumseglerin! Eine der ganz wenigen Frauen, die das geschafft haben. Die zweite Deutsche? Ich habe ehrlich nicht daran geglaubt. Irgendwo werden wir aufhören, wenn es mit meiner Gesundheit auf See nicht besser wird, waren damals meine Ge-*

danken. Ja, ein zweites Ja, was habe ich nicht alles erlebt auf dieser Reise! Ich werde ebenso lange brauchen, um es zu verarbeiten. Zu Hause in der gemütlichen Stube. Jetzt wünsche ich mir, dass wir alle drei bei guter Gesundheit an Land kommen, wenn möglich in Helgoland. Hochfliegende Wünsche, nicht wahr? Zur Feier des Tages gibt es ein ebensolches Festessen: Omelette aus Eipulver, Spargel aus der Dose, einen trocken gekochten Reis, viel Zwiebeln und Knoblauch und als Nachtisch eine Konserve Ananas.

Auf dem 24. Breitengrad verließen wir die Zone des beständigen Passats. Jetzt kamen die Breiten der wechselnden Winde und Flauten. Uns war es recht; so konnte ich mal wieder am Boot aktiv werden. Tauchen und die erneut am Rumpf wachsenden Entenmuscheln abschrubben. Brrr, war das Wasser kalt: 21 Grad nach herrlichen 27 am Äquator. Dann nähen und Flicken aufsetzen an der Fock und am Großsegel. Dabei stellte ich besorgt fest: Die Segel waren arg brüchig. Schon aus diesen Gründen wurde es Zeit, dass wir die Reise beendeten.

Astrid entwickelte an diesem ruhigen 90. Tag auf See ebenfalls Aktivität. Sie putzte die Kochecke gründlich und wusch einen Teil der Wäsche im Salzwasser. Polierte die Messinglampe am Kajütschot. Und sie suchte Pullover und dicke Socken für die bevorstehenden kalten Tage in nördlichen Breitengraden aus den entlegensten Winkeln des Bootes hervor. Für »unser Klima«, wie sie so schön sagte. Eigentlich nicht mein Klima – denn in den zehn Jahren zuvor hatte ich nur einen einzigen Winter im Norden Europas verbracht. Am Abend dieses superaktiven Tages legte sie sich mit ihrem kleinformatigen Buch in der Hand unter eine Wolldecke:

Unserem Baby geht es so weit gut. Es ist aus unseren Gedanken und Gesprächen nicht mehr wegzudenken. Schicke einen lieben Gedanken an meinen Vater. Eine Freude wird es sein, wenn ich ihn sehe und ihm ein Enkelkind anmelden kann. Mami wird sicherlich auch stolz sein, aber sie hat momentan anderes im Kopf: Sie hat einen neuen Mann gefunden.

Mit dieser Eintragung endet am 20. März ihr Tagebuch.

Zu dieser Zeit wurde das Essen langsam problematisch. Was soll man noch kochen nach drei Monaten auf See? Kartoffeln waren seit längerem keine mehr an Bord. Reis und Nudeln mit Fleisch aus Dosen schmeckten fade, zumal wir wegen des Wassermangels mit Gewürzen sehr sparsam umgehen mussten. Das Einerlei aus Dosen wurde stets mit leicht angedünsteten Zwiebeln bereichert. Wir aßen jetzt nur noch zweimal täglich, morgens Porridge und selbst gebackene Brötchen aus der Pfanne, am späten Nachmittag ein warmes Gericht, und abends gab es zwei, drei Kekse – eigentlich waren sie »Pain de Guerre«, französische »Kriegskekse«, natürlich von den Legionären in Suarez mit auf die Reise bekommen. Je länger die Nonstop-Fahrt dauerte, desto besser schmeckten diese Hartkekse. Dazu kochten wir Tee, solange wir Wasser hatten. Aber damit war es bald schlecht bestellt. Ich hatte gehofft, bis zu den Azoren noch ein paar Eimer voll auffangen zu können, aber das klappte nicht. Wir gerieten nämlich in ein ausgedehntes Tiefdruckgebiet, das zwar auch Regen brachte, aber meine Methode, einen Eimer unters Segel zu hängen, erwies sich als unbrauchbar. Der Wind fetzte das Salzwasser hoch in die Luft und machte den Niederschlag damit ungenießbar brackig.

Dass wir überhaupt zu wenig Trinkwasser hatten, lag daran, dass es im Tank verdorben war. Ich hatte vergessen, in einem schweren Sturm am 93. Tag, den Korken in das Entlüftungsrohr zu stecken. Und weil wir über Nacht enorm in die See stampften, hatte mit jeder Welle ein Schwall Seewasser seinen Weg in den Tank gefunden. Tragisch, denn wir hatten nur noch einen Zehn-Liter-Kanister in Reserve. Das bedeutete sparen, sparen. Wie kann man nur ein Entlüftungsrohr auf dem Vordeck anbringen!

Der 94. Tag: *Morgens um fünf Uhr bläst es wieder aus allen Rohren. Eine überhohe Welle trifft uns breitseits und lässt der Kajüte keine Chance: Ein Chaos auf der Leeseite. Barometerfall: sieben Millibar in vier Stunden. A. kontrolliert den Druck. Leider zu oft, wie ich meine. Macht sie verdammt nervös. Hinzu kommt ihre Angst vor Schiffen. Sie ist in letzter Zeit wirk-*

VON DIEGO SUAREZ · NACH PLYMOUTH

h	FdW	Ka Knus	WIND		Ba	Wet	T	SEE	SEGEL	Not. Log	Bem.
02	4,0	530	SE	8	991	0,⋎,9		6	St. Fo II		0150h bezge St Fo II
04		4	ESE	9		0,⋎		6			in Böen üb. 9
06		360	ESE	10	984	σ		7	/		06h stehe Fo I
08	3,5	25	S	7-3	986 / 989	0,⋎		6	Fo II		
10	4,2	10	S	7		0,⋎		6	St. Fo II		0830 setze St Fo II
12	4,8	360	—ıı—		992	0,⋎	17/17	6	ıı	548	08h → 12W viele Regenböen mit 8
14		330	SE	7		0,⋎		6-7	ıı		
16	4,5	330	ESE	7	992	0,⋎		7	ıı		
18		315	NE / ENE	8 / 8	991	0,⋎		7	ıı		1820h bezge St Fo II
20		?	NE	8	990	σ		7	/		See ein Chaos
22		/	NNW	7-8	989	σ		6	/		dreht üb. N auf NW
24			NW	7-8							

Mit. B0. 34°38' N · Etmal 66 Sm, MißW. 19° W

Mit. Lä Gis. 34° W · Gesamt 7993 Sm, Strom Südsetzend

95. Tag – Samstag

Auch vergangene Nacht im "Wetter": Regen, Regen (können leider
im 1h. auffangen – Rest zu salzig) und nach Mitternacht fiel das
der Baro-Druck innerhalb von 4 Stunden um 8 mb. Es heult ein
Wind aus ESE der von allen vorherigen gehetzt zu sein scheint.
A. bibbert. Ich ziehe mich unter meine Decke zurück nachdem das
St. Fo II (2 m²) geborgen war, das Blatt der Selbststeuerung sicher
auf dem Kajütdach festgezurrt (dreifach!) und die Pinne halb
nach Lee festgezurrt war.

Heute würde mir eine ungefähre Breite möglich, wird bald zeit eine
genaue Länge zu errechnen. Aber der Himmel ist vollkommen
dicht und der Horizont durch die bewegte See schwer auszumachen.
Sonst alles in Ordnung. Essen heute wieder Bohnen + Reis. Nach
Horta 340 sm. Nach Flores 315. – Lizard 1600 und Helgoland
mindestens 2200 sm.

Leicht dreht Wind auf ESE mit E-Komponente. Um aus diesem
Gebiet rauszukommen, steuern wir notgedrungen 315-325. Unmöglich auf Nord-Kurs zu gehen – See ist infernalisch.
20h: Jetzt schon NE-Wind. Treiben ohne jegliches Tuch. Seegang aus
allen Richtungen – sehr hoch (8m?) Viele Wellen treffen KATHENA
voll breitseits. Knallt fürchterlich. Wir sind ein Hohlraum. Lag 40°.

lich tapfer. Als ich sie am Nachmittag so anschaue, muss ich sagen: Viel zu schade für die See. Und ich habe sie in diese diffizile Situation gebracht!

Am 99. Tag dieses Törns passierten wir die Azoren zwischen den Inseln Flores und Fayal, ohne Land in Sicht zu bekommen. Nach Horta, in den sicheren Hafen, wären es nur 40 Meilen. Aber Astrid und ich, wir kleben noch immer am Ziel Helgoland – 1900 Meilen. Wir waren für März zu früh nach Norden geraten; das Wetter wurde schlecht mit sehr böigem Wind, der fast täglich in Sturmstärke blies.

Am 101. Tag fasste ich zusammen: *Segeln macht keinen Spaß mehr. Auch mir ist die Freude endgültig vergangen. Besteck ist nicht möglich. Das Meer ist grau und weiß. Die Kajüte duster und nass. Nach jedem Segelmanöver klappe ich körperlich zusammen, bin gereizt, habe schlechte Laune. Alles wohl Folgen von zu wenig Schlaf und geringer Kost. Das Fleisch fällt uns so vom Leibe. Und Durst quält. An allem ist das hässliche Wetter schuld: Wind zwischen 7 und 9 Beaufort. Heute ist es so kalt, dass meine Hand den Stift nicht halten kann. Was habe ich im März nördlich der Azoren anderes erwartet? A. hat stark abgebaut. Verliert dabei aber nicht ihre Ironie. Sie steht vor ihrem zweitgrößten Problem: Was soll ich bei der Ankunft anziehen?*

Und dann kam, nach ein paar normalen Sturmfronten, das unerwartete dicke Ende: der schwerste Sturm auf dieser ganzen Weltumseglung. Ein orkanartiger Sturm aus Südwest bis West mit Wellenkämmen, wie ich sie höher und schäumender nie zuvor erlebt habe. Das Wetter hätte uns beide – mehr eine hohe und gleichzeitig steile Welle – beinahe versenkt. Im Folgenden zitiere ich mein Logbuch zu dieser kritischen Phase.

6. April – 107. Tag: *12.30 Uhr. Es baut sich ein Orkan auf.* KATHENA *treffen schwere brechende Seen von achtern, die zeitweise das ganze Cockpit füllen. Wind und Seen steigern sich so schnell, dass ich es für besser halte, die kleine Sturmfock zu bergen. Ich schleife die zwei Quadratmeter Tuch anschließend in die Kajüte. Dabei fegt mich der Wind fast von Deck.*

14.00 Uhr. Es scheint mir zu riskant, KATHENA *weiter sich selbst vor Topp und Takel zu überlassen. Sie kommt oft quer zu den Wellen. Ich stecke als »Treibanker« eine 60 Meter lange, schwere Trosse aus, als Bucht geschoren, und setze mich an die Pinne. Dick in Ölzeug und Gummistiefel eingepackt, versuche ich jetzt Wind und die anrollenden Seen zwei/drei Strich von achtern zu nehmen. Der Sturm nimmt stetig zu. Hält aber die Richtung, Südwest. Das Barometer fällt zwei Millibar die Stunde. Totale Unsichtigkeit wechselt mit heller aufgerissener Bewölkung. Erstaunlich, wie schnell die See hoch und steil geworden ist. Sie bricht jetzt häufiger übers Heck.*

18.30 Uhr. Der Wind erreicht jetzt in den Böen volle Orkanstärke. Ich bekomme Bedenken wegen unserer ziemlich großen Fenster. Hoffentlich werden sie nicht eingeschlagen. Sie sind ein Schwachpunkt. In einer weniger harten Windperiode zurre ich das zusammengepackte Schlauchboot als Schutz von außen vor die Scheiben. Da die Seen von achtern leicht backbords einfallen, schütze ich die Backbordfenster – also die Luvseite. Zum Glück wird es bald dunkel, sodass ich die hohen Wellenriesen, vor allem die Kämme nicht mehr richtig sehen kann.

Ich fühle mich nicht unwohl und auch ganz sicher, obwohl ich selbst bei diesem Wetter keine Schwimmweste trage. Aber das Ende einer Schot habe ich mit dem Einsetzen der Dunkelheit um meinen Körper geknotet. Es wurde doch zu rau.

Der Orkan hält an. Das Deck wird in immer kürzeren Abständen überflutet. Nichts Neues eigentlich für mich. KATHENA *ist eben ein nass segelndes Boot. Obwohl jetzt kein Fetzen Tuch steht. Ich schiebe die Pinne hin und her. Sie braucht erheblich Ausschlag, bis der Langkieler reagiert. Die Dunkelheit drückt die Wellen etwas, jedenfalls fürs Auge, dafür hört sich das Getöse der krachenden Kämme umso stärker an. Erschrecken tun sie mich nur wenige Male. A. liegt in der Kajüte. Luken und Lüfter sind längst dicht. Sicher ist sie in der dunklen Höhle sehr nervös. Gerne würde ich sie unterhalten und trösten. Aber: Um bei diesem Wetter zu bestehen, kann und darf ich die Pinne nicht verlassen.*

22.00 Uhr. Jetzt geht's richtig los – mit den Wellen, der Wind hat nämlich kurz nachgelassen. Ich habe das Gefühl, um mich herum fallen Häuser zusammen. Hochhäuser. Es kracht aus allen Richtungen. Plötzlich höre ich eine mächtige Welle heranrauschen. Da ist sie schon! Unmittelbar schräg von achtern. Ich muss nach oben gucken, so hoch steht sie vor der Bordwand. Eine kolossale, nicht zu beschreibende brechende See. Als sie uns trifft, werde ich von der Sitzbank an der Pinne hochkatapultiert. Mit der Brust lande ich auf dem Großbaum und halte mich dort an der Großschot krampfhaft fest. Das Heck scheint in den Himmel zu zeigen, und der Mast ist nicht zu sehen, er liegt im Wasser. Die KATHENA *ist voll auf die Seite geschlagen. Liegt plötzlich quer zu den Seen. Mensch, das gibt's doch nicht, die halbe rechte Seite liegt unter Wasser. Nur langsam, für mich viel zu langsam, richtet sie sich wieder auf. Mein Blick gilt nur dem Mast. Ich warte und warte, bis ich sehe und sicher bin, dass der Mast steht. Die See rundum schaumig und irgendwie beängstigend still.*

Um Astrid anzuzeigen, dass mit mir alles in Ordnung ist, klopfe ich heftig gegen das Niedergangsschott. Da höre ich auch schon ihre Schreie.

Astrid später in einem Brief an ihre Mutter: »Da geschah es. Plötzlich stand ich im Liegen auf der Bordwand. Ich sah, ich spürte, hörte nichts in diesem Augenblick. Als das Boot sich wieder aufrichtete, rauschte Wasser in der Kajüte, automatisch kletterte ich rasch von der Vorschiffkoje in die Kajüte. Blankes Entsetzen packte mich. Die kleine Petroleumfunzel war erloschen. Ich fühlte, dass ich bis übers Knie im Wasser stand. Irgendwas schwamm um meine Beine herum. Die beiden Steuerbordfenster fehlten. Ich wusste mit den zwei finsteren leeren Löchern in der Dunkelheit nichts anzufangen. Ich sah und hörte nur Wasser. Das Erste, was ich tat: Ich schrie: Ich ertrinke! Wilfried, ich ertrinke!

Oben an Deck hörte ich das übliche Klopfzeichen von Wilfried. Aber das beunruhigte mich. Ich schrie erneut. Warum kommt er denn nicht, dachte ich.

Die Luke ging auf. Gischt sprühte herein. Aber es war ohnehin alles nass. Wilfried kam runtergehangelt. Auf dem Boden angekommen, merkte er, was los war. Er sagte nur ›Oh, verdammt‹ und tastete sich durchs Dunkel, um eine Taschenlampe zu suchen. Das Chaos, das ich beim Lichtschein sah, ließ mich verzweifeln. Ohnmächtig musste ich ansehen, wie das Wasser gegen die Kojenkanten schwappte. Hemmungslos begann ich zu weinen.

Ich klammerte mich an Wilfried. Er schob mich beiseite, schnappte sich zwei Segelsäcke und stopfte sie in die schwarzen Fensteröffnungen. Dann packte er sich eine Pütz und fing an zu schöpfen. Ziemlich beschwerlich, denn durch die halb geöffnete Luke kamen meist nur wenige Liter im Cockpit an. Dabei redete er beschwichtigend auf mich ein. Aber es half nicht. Von Panik ergriffen, von Angst gelähmt, ließ ich mich auf die klitschnasse Koje fallen. Erst als Wilfried die Geduld verlor und mich anherrschte: Denk doch an unser Baby! – erst da fing ich an, die Situation zu begreifen und fischte aus dem knietiefen Wasser, was ich nur immer zu fassen bekam: Bücher, Kleidung, Decken, Seekarten, beide Kameras und alle Schwarz-Weiß-Negative, Lebensmittel und, und … Nur mit Socken an den Füßen, trat ich im Wasser auf zerbrochenes Geschirr und Lampenglas.

Ich war völlig durcheinander, erlebte alles nur wie in Trance, während Wilfried apathisch Pütz um Pütz durchs Luk aus der Kajüte kippte. Drei Stunden lang. – Im Schein der Taschenlampe zersägte er anschließend den Holzboden unseres Schlauchbootes, um die offenen Fensterhöhlen mit den Brettern zuzuschrauben. Das musste wohl sein. Aber damit war unser einziges Rettungsmittel vernichtet. Ich weinte. Ich betete. Ich spürte Angst, doppelte Angst …«

Logbuch 7. April – 108. Tag: *4.00 Uhr. Das Gröbste ist erledigt. Beim Verschalen der Fenster verspüre ich heftige Schmerzen in der rechten Hand. Jede Drehung mit dem Schraubenzieher wird zur Qual. Ich taste die Hand ab und stelle fest, dass mein Mittelhandknochen gebrochen oder zumindest angebro-*

*chen sein muss. Inzwischen sind die Pausen zwischen den heu-
lenden Böen etwas länger geworden, ein Zeichen dafür, dass es
abflaut. Während der ganzen Lenzerei hat sich das Boot selbst
gesteuert. Unverständlich. Nur zweimal kam eine gefährliche
Welle übers Boot geschossen. – Gegen Morgen lege ich mich
zu Astrid in die Vorschiffkoje, spreche ihr ein paar Worte Trost
zu. Da liegen wir nun beide eng zusammengekauert unter einer nassen Decke, frierend überdenken wir unsere Situation.
Alle ernsten Situationen bisher erscheinen uns dagegen lächerlich. Wie oft schimpfte Astrid wegen ein paar Tropfen, die durch
die undichte Luke ihren Weg in die Kajüte fanden. Jetzt ist die
schöne, gepflegte Kajüte verwüstet. Und wir haben nur noch
vier Liter Trinkwasser. Viele Lebensmittel sind verdorben, und
trockene Kleidung gibt es nicht mehr. Innen – wie außen –
Temperatur: ganze neun Grad Celsius. Brrrr.*

*Morgens mag ich keinen Blick durch die Kajüte werfen. Der
erste gilt dann dem Barometerdruck. Er steht auf 1004 Millibar. Sieht ganz nach Wetterbesserung aus. Mache mich dann an
die Aufgabe, die Kajüte aufzuklaren. Finde stets Neues, was
hinüber ist: Seekarten, Filmkamera, Kochbuch. Sogar A.s sauber und regelmäßig geführte Tagebücher sind ersäuft worden.
Die Tinte im Buch macht sich breit. Zur Sicherheit verschale
ich die Fenster neu. Etwas besser als in der Nacht, und zwar
mit Gummidichtung und damit fast wasserdicht.*

*Mir fällt ein, dass ich einige Tage vor unserem Wasserein-
bruch unsere Kajüte schon im Traum habe schwimmen sehen.
Da waren wir mit der* KATHENA *an einem alten Kai trocken-
gefallen, um den Boden zu säubern. Eine Flutwelle setzte unsere Kajüte plötzlich unter Wasser, da alle Luken geöffnet
waren. So schnell, wie die Welle gekommen war, so schnell war
sie auch wieder weg, und* KATHENA *stand danach unversehrt
am Kai.*

*11.00 Uhr. Zwei Stunden Ruhe tun mir gut. Konnte jedoch
nicht richtig schlafen, da immer noch eine gewaltige See läuft.
Ich ziehe mein Ölzeug an und gehe Ruderwache.*

18.00 Uhr. Zu essen gibt es heute nichts, und getrunken wird zu zweit eine Dose Kondensmilch. Das Barometer steht fest. Der Wind hat auf West gedreht. Und auf Stärke 6 abgeschwächt. Ich setze die Fock 2. Alles deutet darauf hin, dass es morgen einen schönen Tag geben wird. Wir freuen uns darauf. Vor allem auf Sonne, um die Polster, Decken und die warme Kleidung trocknen zu lassen.

8. April – 109. Tag: 12.00 Uhr. Seit einer Stunde stehen wir überraschend wieder im schwersten Wetter. Meterhohe Gischtfahnen ziehen übers Wasser. Die Böen sind noch wütender als vorgestern. Das Barometer fällt. A. geht's miserabel. Nichts mit Trocknen. Ich bin unruhig. Habe Sorge um uns und das Boot, sollte der Sturm noch länger wehen und somit der See keine Gelegenheit geben, sich zu beruhigen.

23.30 Uhr. Ich habe zwölf Stunden an der Pinne hinter mir. Eine solche See wie heute Nachmittag habe ich mit einem Segelboot noch nie erlebt. Es gab drei Wellenserien von vernichtender Wirkung dabei. Eine davon fiel über unsere Windfahne, also vier Meter hoch, steil ins Cockpit. Ich durch und durch nass. Wasser lief mir glatt unters Ölzeug. Ich habe mich furchtbar erschreckt, als ich die heranrollende See sah. Sie überragte alle anderen der Serie. Wie klein ist der Mensch in solchen Augenblicken! Die Welle deckte das ganze Boot ein und warf es herum. Ich dachte: Jetzt ist Schluss. Zeitweilig habe ich einen mächtigen Bammel, auch wenn ich doppelt angebunden bin. Diese hohen, ja riesigen Wellenberge werden mich lange in Gedanken beschäftigen.

Das mag pathetisch klingen, aber diese Logbucheintragung wurde nur Stunden danach geschrieben. In diesem Augenblick hätte ich eine Übertreibung nicht mit mir selbst vereinbaren können.

Das Wetter heute Nachmittag ist wieder voller Orkan. Nordwest konstante 10. Nass und kalt muss ich die KATHENA *konzentriert steuern. Wie üblich Wind einige Strich von achtern einfallend. Diesmal ohne Leinen achteraus. Stunde um Stunde. Das ist nicht einfach. Um die Zeit auszufüllen, singe ich Lieder, die ich kenne, und reime mir noch allerhand dazu.*

*Wie viele Sturmtage seit dem 31. Breitengrad hatten wir ei-
gentlich? Moment: 14 von 18. Jetzt wünsch' ich mir bis zum
nächsten Hafen handiges Wetter. Dieser Hafen wird Plymouth
sein, das steht jetzt fest. Nach Helgoland geht es unter diesen
Umständen beim besten Willen nicht.*

*Aus mehreren Gründen. Erstens: A.s Zustand. Zweitens:
Polster und Decken sind nass. Drittens: Alle Seekarten für den
Kanal und die Nordsee sind futsch. Viertens: Wir haben keine
Positionslichter für die Nacht. Fünftens: Alle Nudeln, Fertig-
suppen und sonstigen lose verpackten Lebensmittel sind ver-
dorben, und das Wasser wird ernsthaft knapp.*

*Und Astrid? Nach diesen Zeilen setze ich die Sturmfock.
Und verhole mich in A.s vorgewärmte Koje – die Doppelkoje
im Vorschiff.*

*9. April – 110. Tag: Ein Tag mit Sonne, allerdings nur bis
Mittag, danach zieht es sich zu, und der Westwind frischt erneut auf. All der Kram an Deck zum Trocknen muss schnell
wieder in die Kajüte. Ja, von unserem Hab und Gut ist nicht
viel geblieben. Astrid hat kein Kleid trocken behalten; ihre wenigen restlichen Klamotten werden Stockflecken bekommen
und dann? Über Bord. Ein Blick durch unsere Kajüte ist nicht
ermunternd, das schöne in Diego lackierte Holz, die neuen
Gardinen, alles, für unsere Ankunft schmuck hergerichtet, ist
zum Teufel. Nach einem Mittagessen aus der Dose haben wir
Lust auf eine Tasse Tee, aber bei den noch verbliebenen drei Litern Süßwasser müssen wir ihn uns verkneifen. Das bleibt jetzt
die Reserve für den äußersten Notfall.*

*11. April – 112. Tag: A.s erste Worte heute früh: »Alles, was
ich brauche, ist eine klitzekleine Wohnung mit Bad und einem
großen Spiegel und was zu essen und zu trinken!«*

*A. macht mir Sorgen. Sie ist nur noch ein Schatten ihrer
selbst. Jeder harmlose Wellenknaller an der Bordwand lässt sie
zusammenschrecken. Sie lechzt nach viel zu trinken.*

*Durch den Nordwind ist es sehr, sehr kalt geworden. Ich
liege mit drei Pullovern übereinander im Vorschiff. Meine
Schwangere zieht alles an, was einigermaßen trocken ist.*

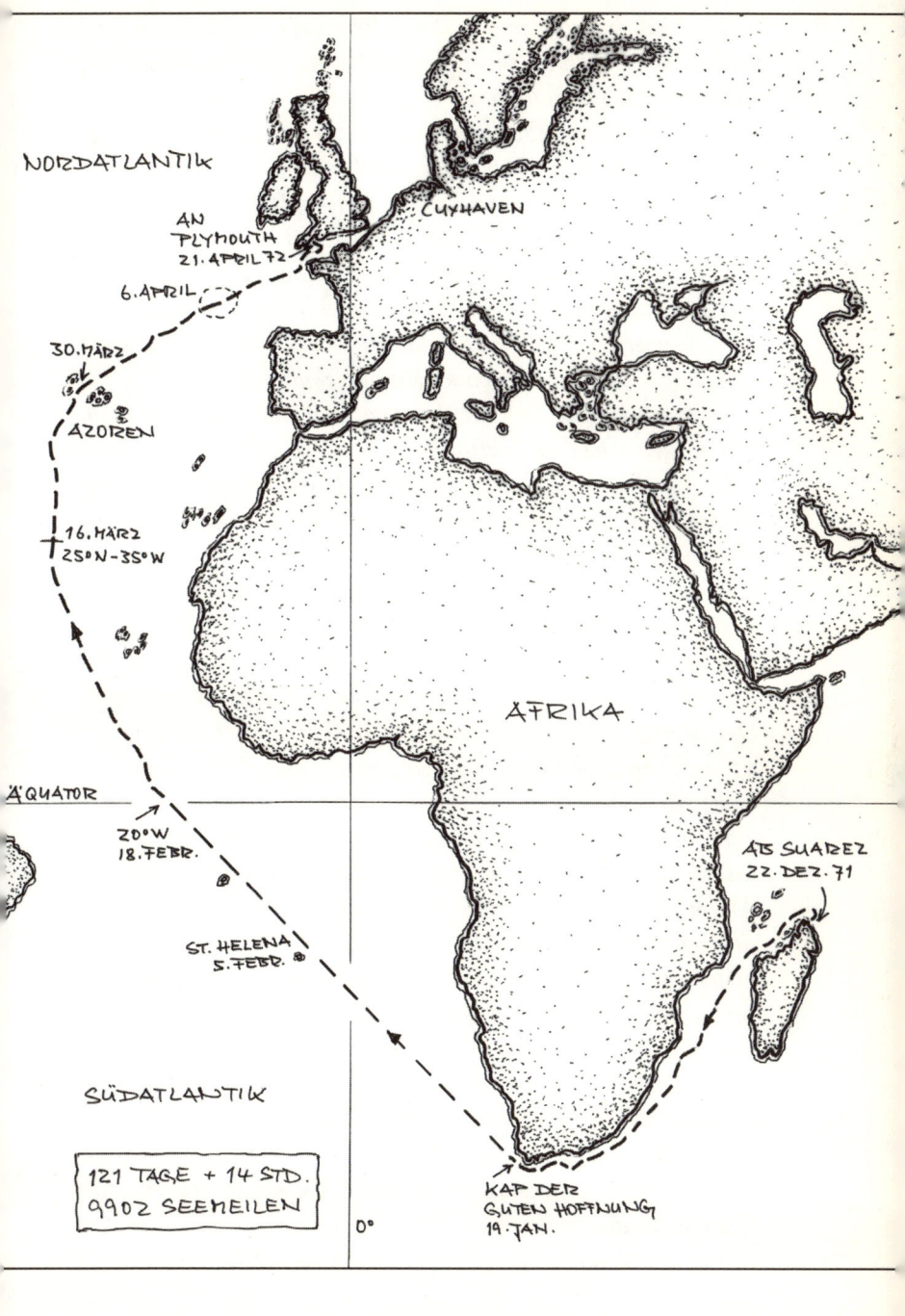

NORDATLANTIK

CUXHAVEN

AN
PLYMOUTH
21. APRIL 72

6. APRIL

30. MÄRZ

AZOREN

16. MÄRZ
25°N - 35°W

AFRIKA

ÄQUATOR

20°W
18. FEBR.

AB SUAREZ
22. DEZ. 71

ST. HELENA
5. FEBR.

SÜDATLANTIK

121 TAGE + 14 STD.
9902 SEEMEILEN

0°

KAP DER
GUTEN HOFFNUNG
19. JAN.

Heute noch 410 Seemeilen bis Plymouth. Obwohl es mit 7 bis 8 aus Nordwest weht, lasse ich die Fock II stehen. Wir müssen endlich ankommen.

Was der Mensch alles benötigt, um zu existieren: Nahrung, Flüssigkeit, Wärme. Andernfalls bricht der ganze Organismus zusammen. Er wird schwach und gleichgültig. Heute Abend bemerkte ich an mir selber erste Anzeichen von Gleichgültigkeit. Bei Sonnenuntergang gibt es ein halbes Glas Wasser, das sind für jeden gerade zwei Schlucke. Wir haben noch ganze eineinviertel Liter an Bord. Jetzt müssen wir tatsächlich Strapazen aushalten, mit denen ich nie gerechnet habe.

12. April – 113. Tag: *Ich konnte die Nacht nicht schlafen. Meine Gedanken beschäftigten sich mit der Gefahr, dass wir beide zusehends schwächer werden. Ich muss aus Seewasser Trinkwasser machen – denn nur dann kann ich hoffen, dass wir ohne körperliche Schäden ankommen. Ich gieße also Seewasser in unseren Teekessel, bringe es zum Kochen und leite den Dampf durch ein verzinktes Eisenrohr in ein anderes Gefäß. Das Salz bleibt im Teekessel zurück, und im Rohr kühlt der Dampf so weit ab, dass er als genießbares Wasser heraustropft. Das Ganze lässt sich hoffnungsvoll an. Vor Freude bin ich richtig aufgeregt. Wir produzieren mit unserer Destillieranlage heute einen ganzen Liter Wasser.*

15. April – 116. Tag: *Eine hohe, ungemütliche See. Dazu Eiseskälte und Wind von vorn. Wird es denn gar nicht besser? A. zeigt ernstlich Schwächen. Sie braucht viel Zuspruch. Es sieht trist an Bord aus – Rost, nasse Tücher, Tauwerk überall, Fenster verschalt. In der Kajüte noch immer feucht und hässlich. Sie wirkt dunkel wie eine Höhle. Wir haben keine Wäsche zum Wechseln, waschen uns nicht. Sicher sehen wir aus, wie man sich Seeräuber vorstellt. In unseren kleinen Spiegel schaut keiner. Heute ist übrigens mein Geburtstag. Mein Gott! Zur Feier gibt's eine Tasse Kaffee extra. Puscht richtig auf. Vom Rest Mehl backe ich Scones. – Destilliere heute wieder einen Liter. Und das in nur zwei Stunden. Glücklicherweise ausreichend Petroleum für den Primuskocher an Bord.*

17. April – 118. Tag: *Schöner sonniger Morgen. Nord um 3. Schoten dichtgeholt. Das Deck voller Kleidung zum Trocknen. Wir genießen es mit einem heißen Kakao. Wie herrlich sieht die Welt aus, mit etwas Warmem im Bauch und der Sonne auf dem Körper. Und gleich geht mir der Gaul durch. Spiele mit dem Gedanken, doch direkt nach Helgoland zu segeln. Ernte damit aber bei A. nur Unruhe. Mache mir später Vorwürfe.*

Die letzte Nacht war aufregend. Schiffe, Schiffe! Wo fahren die nur alle hin? Und was transportieren sie? Egal. Wichtiger: Wie leicht können wir bei diesem Dampferverkehr überfahren werden! Wir haben nämlich keine Positionslichter – rot, grün und weiß. Sie sind uns im ersten Orkan zerschlagen. Und sie sind besonders vonnöten, wenn Fischerboote um uns ihre Kreise ziehen. Alles, was wir noch haben, ist ein schwaches, weißes Petroleumlicht. – Und unter Deck? Wir haben ein paar Tassen Wasser (heute nicht destilliert). In der Tat reicht es für den berühmten letzten Schluck und Porridge. Zeit, mal mein Porridge-Rezept festzuhalten: ein Teil Milch, zwei Teile Wasser zum Kochen bringen. Mit wenig Honig süßen; eine Prise Salz (oder Meerwasser), eventuell Rosinen und Haferflocken dazugeben; kurz (zehn Sekunden) aufkochen lassen; servieren, eventuell mit kalter Milch übergießen.

21. April – 122. Tag: *2.00 Uhr. Auf Nachtwache im Englischen Kanal. Dies ist nun schon unsere 121. Nacht auf See, und wie es im Augenblick aussieht, wird es die letzte auf diesem Törn sein. Ein Weitersegeln nach Helgoland wäre Leichtsinn. Ich habe für die ständigen Segelmanöver keinen Mumm mehr in den Knochen. Wir sind in einem miserablen Zustand, körperlich wie seelisch. Jetzt werden deutlich die Spuren der Unterernährung sichtbar. Ich brauche zwei Stunden für Arbeiten, für die ich normalerweise keine halbe benötigt hätte. Alle paar Minuten muss ich verschnaufen. Und das Schiff ist auch in einem jämmerlichen Zustand: Alle Segel sind mürbe, ein Unterwant gebrochen, Schoten geknotet, Motor startet nicht und so weiter. Das andere ist ja bekannt. Nee, Wilfried, wir wollen nicht tollkühn sein.*

10.30 Uhr. Land voraus. Etwas verschwommen zwar, aber es ist deutlich als Start Point auszumachen. England, unser erstes Land seit dem Tafelberg über Kapstadt. Aber wir jubeln nicht. Für solche außergewöhnlichen Reaktionen sind wir zu erschöpft.

18.00 Uhr. Wir packen es. Wir packen es. Ein leichter Nordostwind spielt sich ein. Komm, Genua, zieh uns ganz schnell in die Bucht rein!

20.30 Uhr. Der Anker ist im Grund. Wir haben es geschafft. Gerade noch vorm Dunkelwerden. Zwar nicht in den Hafen von Plymouth, aber direkt hinter den Wellenbrecher, der die Hafenbucht schützt. Wir liegen ruhig, und wir liegen sicher. Und wir kriegen Trinkwasser. Der Neugierde der Mannschaft eines Lotsenbootes, das sich unserer KATHENA *nähert, ist es zu verdanken. Dreimal muss ich allerdings laut rufen, ich bin der rauen Töne an Land entwöhnt, bis sie verstanden haben, dass ich gerne Trinkwasser haben möchte. Großzügig füllen sie meinen Zehnliterkanister und reichen ihn von Bord zu Bord. Hastig trinken wir jeder einen langen Schluck direkt aus dem Kanister. Noch unsicher, ob wir davon etwas verschütten dürfen. Als der erste Durst gelöscht ist, brühen wir Tee auf. Zwei Kannen schwarzen Tee. Und atmen tief durch.*

Komm, wir segeln nach Cuxhaven

> »Denn ist es nicht gleich, was man
> bis zu seinem zwanzigsten, ja dreißigs-
> ten Lebensjahre treibt? Wenn man
> bis dahin nur seinen Kopf frei, sein
> Herz rein, seine Sinne frisch und seine
> Hand geschickt erhalten kann. Danach
> erst beginnt das Leben, auch für eine
> Frau.«
> HANS LEIP, aus »Segelanweisung für
> eine Freundin«

Kurz und emotionslos schließen meine Logbuch-Aufzeich-
nungen über unseren großen Törn. *Von Diego Suarez nach
Plymouth ums Kap der Guten Hoffnung: 9902 Seemeilen in
121 Tagen und 14 Stunden.* Ja, am Ende waren wir so erschöpft, dass ich kein Wort mehr schreiben mochte. Weder
über Gefühle/Befinden noch über technische Dinge. Schon gar
nicht ein Resümee. Nicht sofort. Selbst wie unsere Canastaserie ausgegangen ist, interessierte zum Schluss nicht. Nur so
viel: Meine Frau hat sie gewonnen.

Zwar waren wir in Plymouth noch nicht ganz zu Hause,
aber wenn man eine mehrjährige Weltumseglung hinter sich
hat, verschieben sich die Dimensionen räumlich und zeitlich.
Was jetzt noch folgte, war ein Zwölftagetrip bei widrigen Winden nach Helgoland und von dort ein Katzensprung zum Ziel-
ort Cuxhaven. Aber das tiefste innere Erlebnis der Ankunft
verspürten wir wirklich in Plymouth.

Plymouth war der größte Augenblick meines Lebens. Und
für Astrid mit ihrem Kap-der-Guten-Hoffnung-Baby im Bauch
ganz sicher auch. Trotzdem riss keiner von uns die Arme hoch,
streckte die Faust gen Himmel. Wir hatten nur das Bedürfnis
nach Schlaf.

Wir wissen beide nicht, wie lange wir vor Glücksgefühl und Erschöpfung in den Kojen gelegen haben. Jedenfalls stand anderntags die Sonne hoch, als wir uns aufrafften, KATHENA die zwei Meilen in den Hafen Mill Bay zu verholen. Ungläubig und wie in Trance begannen wir nach den Monaten auf See und all unseren Strapazen, die Welt neu zu entdecken. Seltsam belustigend waren die ersten Schritte. Wir torkelten wie zwei Beschwipste die Straße entlang. Die Beine wollten einfach nicht geradeaus gehen. Sie fassten an Land keinen festen Fuß. Jedenfalls anfangs. Das leicht Unsichere in den Beinen wurden wir den ganzen Tag nicht los. Und das war schön.

Unser erster Weg führte in die Stadt. Dort gleich ins »Little Chef«, ein Imbisslokal. Acht Glas Milch, Hamburger, Hähnchen, Pommes frites und Kuchen für jeden standen auf der Rechnung, als wir es verließen. Danach auf ein Bier in die Bar des Royal Western Yacht Club. Irgendwie fühlten wir uns überall unsicher. Uns fehlte die Leere um uns herum. Astrid war schon am ersten Tag im Waschsalon zu finden.

Mir schwante nachmittags noch, dass ich Ortwin vom »Stern« in Hamburg versprochen hatte, mich gleich nach unserer Rückkehr nach Europa zu melden. So begab ich mich auf weiterhin leicht unsicheren Beinen zum nächsten Telefon und investierte in einen Anruf.

Schon am nächsten Mittag waren er und unser gemeinsamer Freund Hanns-Jörg, seines Zeichens »Stern«-Fotograf, bei uns. Sie hatten es nach Rücksprache mit der Redaktion möglich gemacht, gleich das erste Flugzeug nach London zu nehmen und mit einem Mietwagen in der Rekordzeit von vier Stunden nach Plymouth zu fahren. Waren sie so schnell, weil sie eine gute Geschichte ahnten? Na, jedenfalls kann ich mich kaum erinnern, dass ich jemals Männer so freudig umarmte.

Spontan luden uns die beiden zum Essen ein, was immer wir nur wollten. Ihr Vorschlag erregte helle Begeisterung: Steak! Zum nächsten Steakhouse waren es zwar nur ein paar hundert Meter, aber dennoch war ich froh, dass wir mit dem Auto fahren konnten. Die Stadt hatte unsere Beine müde gemacht.

Es war ein stilechtes altenglisches Lokal, in dem unsere Freunde die größten und zartesten Steaks für uns bestellten. Mitten im Schwelgen waren Astrid und ich so frei, einen zweiten Berg frischen grünen Salats nachzubestellen und dann noch einen dritten. Die Serviererin sah uns fassungslos an, als hätte sie Kaninchen zu Gast.

Ich kratzte meine allerletzten Pennys zusammen und revanchierte mich mit einer Einladung zu einem Bier in einem Pub um die Ecke. »Sir Francis Chichester« hieß das Lokal sinnigerweise. An den Wänden hingen ein paar Fotos und Handschriften des verehrten britischen Segelhelden. Ich erinnerte mich: Eine Viertelmillion Menschen säumte den Hafen von Plymouth, als er 1967 von seiner Einstop-Weltumseglung zurückkehrte. Es war ein typischer britischer Pub mit Teppichboden, Tresen, an dem die Gäste standen, und Edelholzvertäfelung, aber sonst gab es hier nichts Besonderes. Aus dem Zapfhahn lief das Bier wie überall in England: Bitter, Lager, Guinness und andere Sorten. Die Gläser randvoll gezapft.

Wir feierten das Wiedersehen mit überschwänglicher Freude. Nach vielen Monaten zweisamer Einsamkeit wieder unter Menschen, dazu noch welche, die unsere Muttersprache sprachen und uns unsere Geschichte abkaufen wollten. Wir konnten uns nicht satt hören, was für tolle Aussichten wir in der Presse hätten. Auch wir sprudelten über vor lauter ungewöhnlichen Erfahrungen und Erlebnissen aus unserer anderen Welt.

Wir mochten uns trotz der fortgeschrittenen Stunde gar nicht trennen, und so schlugen die Freunde vor: »Zieht doch zu uns ins Hotel. Wir laden euch ein.«

»So wie wir sind?« fragte Astrid erschrocken und sah an sich herunter auf den ausgebeulten, verspakten Pullover und die blank gewetzten Jeans.

»Na und?« sagte Ortwin. Er hatte gut reden mit seinem weißen Hemd und der akkurat gebundenen Fliege am Hals. Aber schließlich ließen wir uns doch überreden angesichts der jahrelang entbehrten Herrlichkeiten, mit denen Hanns-Jörg uns lockte: »Da ist erstens geheizt, und zweitens könnt ihr euch mal wieder richtig waschen.«

Ohne noch einmal an Bord zurückzukehren, folgten wir in den »Duke of Cornwall«, das erste Hotel am Platze. Astrid und ich kamen uns vor wie Menschen von einem anderen Stern, als wir in unseren schäbigen Bordklamotten in der Halle standen, auf feinen Teppichen, vor dem Empfangstisch mit der Marmorplatte, unter dem kristallenen Kronleuchter.

Nach einer schnellen Dusche huschte ich ins überbreite Bett und genoss die trockene, saubere Wäsche auf der nackten Haut.

»Oh, Wilfried«, hörte ich Astrid aus dem Badezimmer jubeln, »fließendes warmes Wasser …«

Ich weiß nicht, wie lange sie in der Badewanne saß. Es war gewiss mehr als eine Stunde. Inzwischen war ich eingenickt und schreckte nur kurz hoch, als sie sich endlich zu mir unter die Bettdecke kuschelte.

Was haben wir für einen Eindruck auf diese beiden Etablierten gemacht? Sicher einen schauderhaften. Vier Monate auf See, da fällt es einem schwer, mit Messer und Gabel zu essen. Dann das schmutzige Boot, die Kälte hatte es noch ungemütlicher gemacht. Und natürlich waren die beiden »Stern«-Reporter nicht nach Plymouth gekommen, um uns Essen und Hotel zu bieten, sondern um Informationen zu sammeln und auch Action-Fotos unter Segel zu schießen. Also standen ihnen die Weltumsegler nach der Hotelnacht mit KATHENA Modell. Weit draußen vor dem Wellenbrecher setzten wir Hanns-Jörg samt seiner wertvollen Kameraausrüstung ins wabblige Dingi – die Bodenbretter waren ja vor die scheibenlosen Fenster geschraubt. Während wir um den Fotografen herumsegelten, öffnete Reporter Ortwin eine Flasche Whisky. Damit schien die »Stern«-Story perfekt. Wir konnten das in Aussicht gestellte Honorar nach drei Jahren ohne Einkommen gut gebrauchen. Doch erst mal standen uns die 600 Meilen bis Helgoland und Cuxhaven bevor. Und die konnten noch mal kribbelig werden.

Am 27. April war schönes Wetter zum Weitermachen. »Komm Astrid, wir segeln nach Cuxhaven.« Die Proviantkiste war gefüllt, der Motor repariert, der Wetterbericht günstig: Nord 4. Los ging es. Wir hissten die Segel. Lasen die mitgebrachten Zeitungen. Hunger hatten wir immerzu. Doch für uns gab's derzeit keinen Törn ohne Sturm. Übrigens: Das Royal Sovereign Feuerschiff, welches wir unmittelbar passierten, gab als Meldung Beaufort 9 an. *Wenn dies hier 9 Windstärken sein sollen, dann hatten wir in unserem Biskayawetter oft mehr, als ich im Logbuch aufgeschrieben habe.* Ansonsten fielen meine Logbuchnotizen trist aus, fast lustlos. Ich begnügte mich, die nautischen Fakten festzuhalten.

Wir hatten zu erzählen. Erstmalig und ausführlich analysierten wir unser »6.-April-Wetter«. Dass wir aus dem Orkan heil rausgekommen waren, war ein kleines Wunder. Wäre eine zweite Sturmwelle – von der Sorte 15 Tonnen pro Quadratmeter – unmittelbar gefolgt, sie hätte uns mit Sicherheit versenkt. Die Fenster waren einfach viel zu groß, dazu die Scheiben mit Gummiprofilen eingesetzt, sodass die See sie ohne weiteres hatte eindrücken können, ohne sie zu zerbrechen. Das Paradoxe: Es waren nicht die Luvfenster, die hatte ich ja vorsichtshalber von außen mit dem Schlauchboot gesichert. Es waren die auf der Leeseite. Nicht eine Welle hatte sie kaputtgeschlagen, nein, es war der Wasserdruck. Das Schiff hatte sich schlagartig übergelegt. – Das war knapp. Eine zweite Monstersee hätte das Wasser in der Kajüte über die Kojen stehen lassen, das Boot wäre durch diesen losen »Wasserballast« ins Torkeln geraten, und …

Und nun segelten wir in der Straße von Dover bei stürmischem, raumem Wind und hörten entspannt eine Fußballreportage im Radio: England – Deutschland 1 : 3. Wahnsinn! Ich meine nicht das Ergebnis, gut, das auch, sondern unsere gute Verfassung.

Noch. Die Winde stellten sich gegen uns. Nebel setzte ein. Der Motor streikte erneut. 50 Fischerboote gleichzeitig in einer Nacht forderten uns alles ab. Regen. Flaute. Eingemummelt in Ölzeug und Wolldecke dachten wir während der Nachtwachen an das Schöne der drei Jahre. Wir hatten viel er-

Geschafft: Astrid und ich nach 1011 Reisetagen vor der Elbmündung

lebt, viel gesehen und die tollsten Menschen kennen gelernt: Kochen im Hafen? Hatte sich Astrid meist ersparen können. Hilfsbereitschaft? Überwältigend. Sicher, es hatte ärgerliche, ja scheußliche Situationen gegeben. Seltsamerweise hatten sie sich auf Stunden beschränkt. Ausgenommen das letzte Stück Ozean. Und die Tage im Atlantik während der Ausreise. Die Erinnerungsfetzen machten uns das langsame Vorankommen in der Nordsee nicht langweilig. Es waren lange Nächte, so richtig zum Nachdenken geeignet. Die schönste Zeit hatten wir immer auf Inseln gehabt, die übersichtlich waren, also mit einem kleinen Dorf, und natürlich vor allem auf den gänzlich unbewohnten Eilanden. Dort, wo wir die Einzigen waren. Wild und unbehelligt leben und toben konnten, uns von den Früchten der Insel und den Fischen am Riff ernährten. Das Beste an unserer Weltumseglung: dass wir den Plan sofort in die Tat umgesetzt hatten – mit unbekümmerten 25/29 Jahren.

Am 12. Tag nach Plymouth sichteten wir Helgoland. Begleitet von Nebel und Regen liefen wir ein. Zwei Tage später standen wir in der Elbmündung. KATHENA schmückten unter der Saling 22 Flaggen der Länder, die wir besucht hatten. Eine ganze Flotte Segelboote kam uns entgegen. Alle waren zur Begrüßung über die Toppen geflaggt. In unserer Saling wehte der Vereinswimpel der Seglervereinigung Cuxhaven. Die Crews winkten und schrien ein Willkommen. Unser Freund Jürgen Hiort von der LÜTT DERN reichte einen herrlichen Korb voller Früchte ins Cockpit. Die Wasserschutzpolizei schickte Fontänen in den Himmel. Und wir? Wir strahlten und nahmen uns in die Arme.

Am 11. Mai segelte KATHENA in den Stadthafen von Cuxhaven – 1011 Tage, nachdem sie Les Embiez verlassen hatte. Astrid warf die Bugleine, ich die fürs Heck. Wir wurden festgemacht. Die Fahrt um die Welt war zu Ende.

Die Stadt gab im Salon des Tonnenlegers KONRAD MEISEL einen Empfang und ein Essen. Vom Bürgermeister gab's für uns eine Rede, ein Buch, eine Plakette der Stadt und einen Blumenstrauß. Von Helmut Bellmer wurden wir zu Ehrenmitgliedern von Trans-Ocean gemacht, einem neu gegründeten Verein zur Förderung des Hochseesegelns. Astrid sah hinreißend aus, als sie ein paar Dankesworte sagte. Ein Journalist hatte noch eine Frage. Ein Glas Wein, ein Foto … Wir blieben noch eine Weile stehen und wussten nicht so recht, wohin mit uns. Schließlich gingen wir zurück durch einen menschenleeren Hafen zur einsamen KATHENA 2, belegten die Festmacher neu und wechselten die Kleidung.

KATHENA stellten wir nach den Feierlichkeiten in der Halle des Cuxhavener Segelvereins ab – mit dem Hinweis: »Zum Verkauf«.

Vor uns lag ein neues Leben, ein neues Abenteuer. Uns war klar, dass wir uns ab jetzt wieder neu zurechtfinden mussten. Arbeit, Geld, Zeit standen im Vordergrund. Der »Stern« lud mich nach Hamburg ein. Sie wollten unsere Hochzeitsreise groß herausbringen. Astrid nahm einen Zug nach Düsseldorf, um eine Wohnung zu mieten, doch als Allererstes kaufte sie ein Auto. Es war ein gebrauchter Käfer. Die Wohnung lag direkt an der Bahn, auf dem Balkon konnte man sich kaum drehen. Gemeinsam besuchten wir Freunde, Bekannte und meine Eltern in Mecklenburg. Und irgendwann standen wir im Berufsleben: Astrid, hochschwanger, gab Kindern Nachhilfeunterricht, ich laminierte in einer kleinen Werft Kunststoffboote. Am 30. Oktober war es so weit. Ein gesunder Junge wurde geboren – Kym. Nun waren wir zu dritt.

Anmerkungen zu Boot und Ausrüstung

Ich habe in allen Kapiteln ganz bewusst nur wenige technische Daten gebracht, weil sie in einem Reisebuch stören würden, das sich an einen allgemeinen Leserkreis richtet. Deshalb hier einige fachliche Bemerkungen für besonders interessierte Fahrtensegler.

Die KATHENA 2 wurde 1966 nach Plänen des holländischen Yachtarchitekten van Cappellen auf der Bootswerft Reedeyk in Rotterdam-Schiedam als Rundspanter und in Stahl mit dem Namen MOLCH III gebaut. Wir kauften das Boot 1969 am Mittelmeer aus zweiter Hand.

Die technischen Daten:

Länge über alles	8,90 m
Länge in der Wasserlinie	6,60 m
Größte Breite	2,68 m
Tiefgang	1,50 m
Wasserverdrängung	ca. 5 t
Ballastanteil	ca. 1,5 t Eisenschrott
Besegelung am Wind	38 qm
Masthöhe über Wasser	2,60 m

Dieses Boot erwies sich gewiss nicht als ideal für eine Weltumseglung. Der S-Spant und die schlanken Linien bewirkten zwar ein weiches Seeverhalten, aber es segelte einfach zu rank und damit zu nass. Es liebte die steifen Winde nicht; schon bei Windstärke 4 bis 5 musste ich dem Großsegel einige Reffs geben und die Fock II setzen. Am dankbarsten war die KATHENA 2 für flaue Winde; da zeigte sie, dass sie es eilig hatte. Speziell, nachdem wir uns in Neuseeland eine Genua anschafften, konnten wir das ausnutzen.

Rumpf: Der Stahlrumpf war eigentlich einfach zu pflegen, allerdings zeitaufwendig. Rost kratzen, schleifen oder mit einer Drahtbürste den Stahl blank bürsten. Dann malen, malen, malen. Das mussten wir öfter machen, als uns manchmal lieb war, denn unterwegs bekamen wir für gewöhnlich nur minderwertige Farben der lokalen Fabrikanten. Außerdem segelte das Boot wie gesagt sehr nass, sodass die Rostflecken an exponierten Stellen schnell durchschimmerten. Insgesamt auf der ganzen Weltumseglung nahmen wir unser Boot dreimal aus dem Wasser und ließen es dreimal in einer Tide trockenfallen, um das Unterwasserschiff zu reinigen und mit Schutzfarbe zu versehen.

Deck: Der Mast stand an Deck in einem Mastkoker. Mast und Baum waren aus Spruce und verleimt. Die Verstagung bestand aus 7 mm Nirodraht. Das Großsegel wurde mit einem Schneckenreff gerefft. Die beweglichen Doppelfockstagen waren aus 4 mm Draht. – Bestens bewährt hat sich die handbreite Fußreling. Ohne diese wäre ich mit Sicherheit bei den Vordeckarbeiten mal über Bord gerutscht.

Selbststeuerung: Die Steuerung ohne dauernde Ruderwache war ein großes Problem. Eine halbe Weltumseglung lang versuchte ich, einen Trimm zu finden, der automatisch den Kurs beibehielt. Aber das war manchmal gar nicht möglich. So probierte ich dafür günstige Segelstellungen, aber dann zogen die Segel nicht optimal, und wir machten weniger Meilen bei mehr Anstrengungen und etlichem Ärger. Das Doppelfocksystem funktionierte zwar gut, war aber nur brauchbar bei raumen und achterlichen Winden. – Eine Selbststeueranlage nimmt einem das alles ab, und so setzte ich mich endlich in Moorea nahe Tahiti in den Sand und konstruierte mit einfachen Strichen so ein praktisches Ding frei nach dem Flettnerprinzip (siehe Skizze S. 232). Die Herstellung kostete mich einfache verzinkte Wasserrohre und Beschläge im Wert von etwa 20 Dollar. Das Holz für die Ruderblätter fand ich am Strand. Ge-

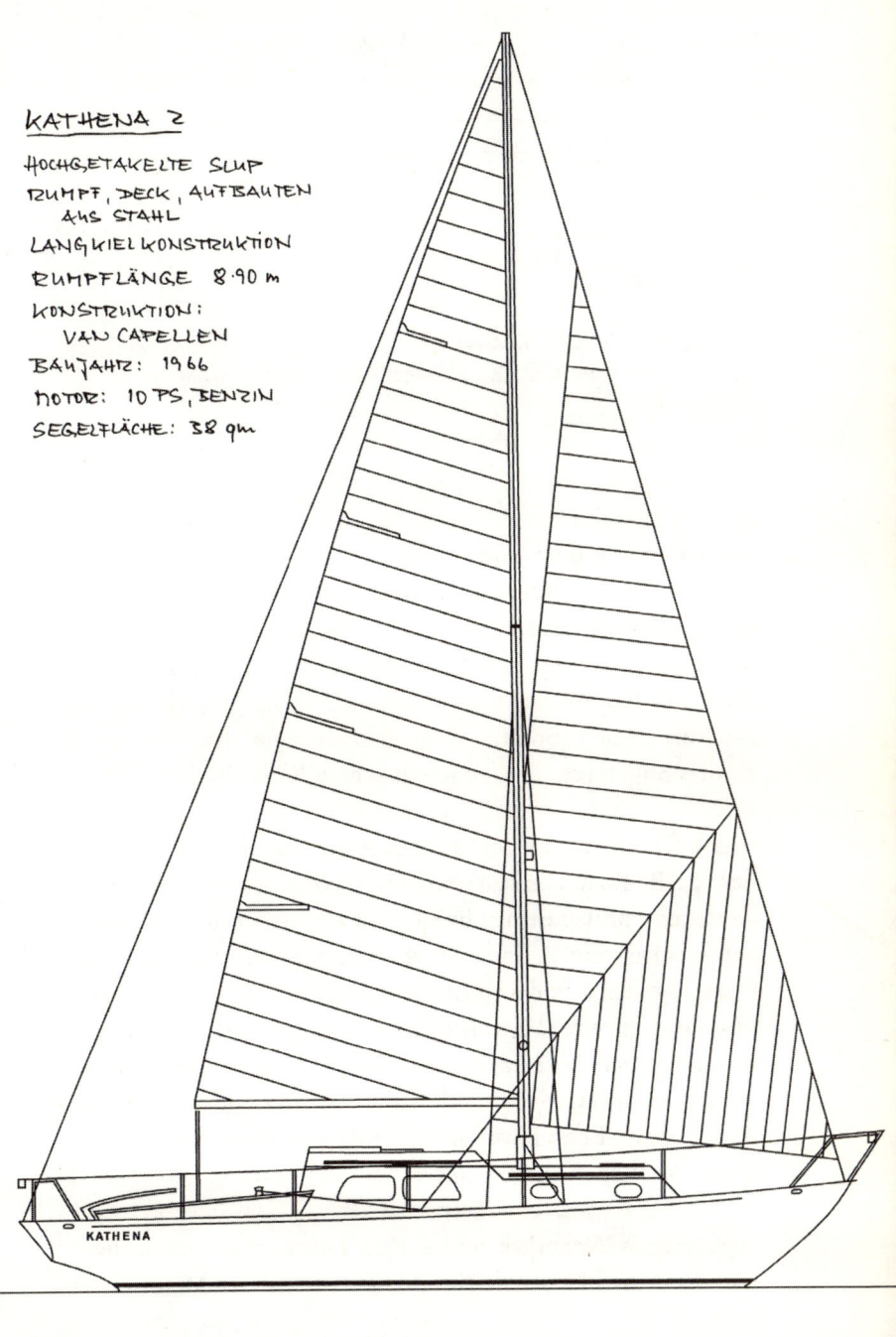

KATHENA 2

HOCHGETAKELTE SLUP

RUMPF, DECK, AUFBAUTEN
AUS STAHL

LANGKIELKONSTRUKTION

RUMPFLÄNGE 8·90 m

KONSTRUKTION:
VAN CAPELLEN

BAUJAHR: 1966

MOTOR: 10 PS, BENZIN

SEGELFLÄCHE: 38 qm

KATHENA

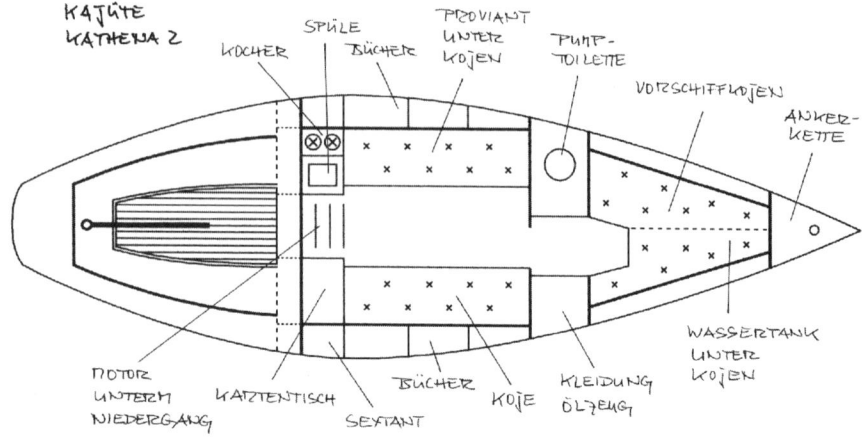

KAJÜTE
KATHENA 2

KOCHER SPÜLE BÜCHER PROVIANT UNTER KOJEN PUMP-TOILETTE

VORSCHIFFKOJEN

ANKER-KETTE

MOTOR UNTERM NIEDERGANG KATZENTISCH SEXTANT BÜCHER KOJE KLEIDUNG ÖLZEUG

WASSERTANK UNTER KOJEN

wiss gibt es bessere und vor allem schönere Selbststeueranlagen (die unverzinkten Beschläge rosteten fürchterlich), doch sie hatte unsere KATHENA 2 zufrieden stellend im Griff. Der Kurs gierte nur um 20 Grad je Seite. Und ich hatte den Eindruck: Je härter das Wetter, desto zuverlässiger arbeitete sie. Im Sturm, vor Topp und Takel, also ohne ein Stück Segel, hielt sie den Bug in etwa in der gewünschten Richtung.

Segel: Die insgesamt sechs Segel stammten aus den Werkstätten von Beilken, Gaastra und Hood/Neuseeland. Während ich an denen von Gaastra ständig etwas zu nähen und zu flicken hatte, waren die Beilken-Segel am Ende der Reise noch immer ohne einen Stich und standen prächtig. Gewiss hätten sie noch eine zweite Weltumseglung durchgestanden, wenn man sie nicht nach unserer Rückkehr in Hamburg von Bord gestohlen hätte. Die Segel im Einzelnen: Großsegel – 21 qm; Genua – 25 qm; Fock I – 17 qm; Fock II – 10,5 qm; Sturmfock I – 5 qm; Sturmfock II – 2,5 qm.

Anker: Das Ankergeschirr der KATHENA 2 bestand aus einem 15-Kilo-Hauptanker von Danforth mit 25 Meter 8-mm-

Kette als Vorläufer und 35 Meter Nylontrosse von 20 mm Dicke. Zweit-Anker war ein 10 Kilo schwerer Danforth mit 15 Meter langer und 6 mm starker Kette, angeschäkelt 40 Meter Nylontrosse von 16 mm. Dieses Ankergeschirr reichte für unsere Weltumseglung nicht immer aus. Mitunter hätte ich mir bei Liegeplätzen auf unreinem Grund, also in Lagunen mit scharfen Korallenblöcken, zehn Meter mehr Kette gewünscht. Aber wir waren aufmerksam und hatten zudem Glück, sodass wir keinen Anker verloren haben.

Motor: Als Hilfsmotor war ein Albin-Zweitakt-Benziner mit einer Leistung von 10 PS eingebaut, der bei ruhigem Wasser eine Höchstgeschwindigkeit von 5,5 Knoten mit einem Verbrauch von nur zwei Litern in der Stunde zuließ. Bei 35 Liter Brennstoff im Achtertank gab das einen Aktionsradius von beinahe 90 Seemeilen. Ein Dynamo mit Riemenübertragung diente zum Aufladen der 12-Volt-Batterie, aber da sie sich bald nach unserem Start als überaltert erwies, warfen wir sie über Bord und begnügten uns mit Petroleumlampen. Die Maschine ließ sich leicht mit einer Handkurbel starten.

Navigation: Die Position ermittelte ich meistens mit einem Sonnenbesteck. Als Navigationshilfen benutzte ich dazu den Trommelsextanten von Kelvin Hughes, den ich schon auf meiner ersten Weltumseglung mitgeführt hatte, ferner eine Omega Armbanduhr als Chronometer, und der Kurzwellenempfänger Zenith lieferte stets Zeitzeichen zur exakten Zeitkontrolle. Hinzu kamen die Tafeln HO 249 zur Berechnung der geschossenen Höhen und das nautische Jahrbuch, um die Deklination zu erfahren. Weitere Hilfsmittel: ein VDO-Log mit Drahtspiralen-Übertragung, Barometer, Schiffsuhr, 2 Kursdreiecke, Zirkel, Stoppuhr, Thermometer, ein Handlot sowie Seekarten und Seehandbücher. – Der Steuerkompass stammte von Plath/Hamburg und zeigte auf dem Lukendeckel montiert keine bemerkenswerte Deviation. Zur Erinnerung: Rumpf, Deck und Aufbau waren ganz aus Stahl.

KOSTEN - VERGLEICH
ZUR SEE (1969/72) UND ZU HAUSE (1972/73)

	Kosten für 2 Pers. eines Monats an Bord in Mark	Kosten für 2 Pers. eines Monats in Düsseldorf in Mark
Essen und Getränke	160,-	350,-
Miete (68qm)		385,-
Elektrizität/Petroleum/Gas	5,-	25,-
Wasser		10,-
Unterhaltung (Radio/Fernsehen/Zeitung)	10,-	50,-
Verkehrsmittel		40,-
Auto		80,-
Telefon		35,-
Versicherungen		40,-
Kleidung	10,-	50,-
Reinigung + Wäsche		10,-
Arzt + Medikamente	10,-	
Instandhaltung des Bootes bzw. der Wohnung	30,-	20,-
Photogebühren	30,-	10,-
Mitbringsel/Geschenke	10,-	10,-
Film + Foto	30,-	
	295,-	1115,-
Sonstiges	20,-	30,-
Gesamt	DM 315,-	DM 1145,-

Rettungsmittel: Das wichtigste Rettungsmittel an Bord und das einzige Transportmittel, wenn wir vor Anker lagen, war ein nagelneues Schlauchboot der Marke Zephyr von der Deutschen Schlauchbootwerft. Trotz der starken Temperaturschwankungen in den Tropen zeigte es keine Mängel und war auch auf See, zusammengelegt und auf dem Kajütendach mit einer Persenning bedeckt, stets zuverlässig parat. – Weiter: 2 Schwimmwesten, eine so genannte Kieler Jacke, diverse Seenotraketen.

Wasser: Ein 100-Liter-Wassertank aus Stahl, der innen mit Zement ausgestrichen war (Zement fördert die Frischehaltbarkeit). 30 Liter Wasser in Kanistern. Persenningtuch zum Auffangen von Regenwasser.

Kajüte: Zweiflammiger Campinggaskocher, einflammiger Petroleumdruckkocher (häufig benutzt, da Gas nicht überall erhältlich war). Ein Wasserpumpklosett. Für die Koje: 4 Wolldecken, 4 Kopfkissen, 8 Bettlaken, 8 Bettbezüge, 20 Handtücher. Beleuchtet wurde die Kajüte mit Petroleumlampen.

Dank: Bei der Abfassung des Manuskripttextes 1972 hat mir Ortwin Fink auf verschiedenste Weise selbstlos geholfen. Ihm gilt mein herzlicher Dank. Ferner ein Dankeschön unserem Düsseldorfer Freund Peter Klöckner für seine Hilfe, Großzügigkeit und insbesondere die Betreuung unserer Foto- und Filmsendungen.

Fotografie: Als Fotoausrüstung führten wir zwei Apparate mit: eine Contaflex von Zeiss-Ikon und eine Vitomatic Ia von Voigtländer. Obwohl ich die Contaflex sorgfältig behandelte, versagte sie gegen Schluss der Reise ihre Dienste, während meine schon 1959 gekaufte Voigtländer nach vielen Jahren Seefahrt und zwei Weltumseglungen noch immer vollkommen intakt ist. Alle Schwarz-Weiß-Fotos in diesem Buch und alle Bilder für meine Zwischenberichte während der Reise in der »Rheinischen Post« und der »Welt am Sonntag« sowie für die große Schlussreportage im »Stern« wurden mit dieser Kamera gemacht.

Logbuch & Tagebuch: Am Ende der dreijährigen Fahrt hatte ich vier DIN-A4-Bücher gefüllt, meine Frau drei im DIN-A5-Format. Wobei ich aktueller war, während sie mit ihren Eintragungen nachhinkte, dafür aber lockerer im Umgang mit ihrem Text war. Egal, die Aufzeichnungen dienten diesem Buch nicht nur als Erinnerungsstützen, sondern auch als Zitate.

Tabelle der Abfahrten und Ankünfte

Abfahrt-Datum	von	nach	Tage	Std.	sm
2. Aug. 1969	Ile des Embiez (versch. Stopps an der span. Ostküste)	Gibraltar	15	10	1016
30. Sept.	Gibraltar, Algeciras	Casablanca	3	7	217
15. Okt.	Casablanca	Las Palmas	6	1	552
27. Nov.	Las Palmas	Barbados	25	18	2752
8. Jan. 1970	Barbados, St. Vincent	Bequia		20	110
19. Jan.	Bequia	Christobal	10	1	1172
3. Feb.	Christobal	Balboa		9,5	45
16. Feb.	Balboa	Kokos-Insel	10	19	548
5. März	Kokos-Insel	San Christobal	12		648
17. März bis 27. April	In den Gewässern der Galapagos-Inseln		3	6	217
27. April	Black Beach (Floreana)	Fatu Hiva	35	7	3008
6. Juni bis 14. Juni	In den Gewässern der Marquesas-Inseln			17	67
14. Juni	Hana Menu (Hiva Oa)	Papeete	9	4	801
	Moorea-Morea-Papeete			17	79
16. Sept.	Moorea	Apia (Samoa)	14		1340
12. Okt.	Apia	Wallis	2	7	282
	In der Lagune von Wallis				7
27. Okt.	Wallis	Futuna	1	1	140

Datum	Ort / Strecke	Ziel			
2. Nov.	Futuna	Suva (Fiji)	2	23	329
16. Nov.	Suva	Whangarei	16	2	1160
2. Jan. bis 1. April 1971	In den Gewässern Neuseelands		5	16	543
3. April	Whangarei	Aneityum (Neue Hebriden)	13	3	1046
19. April	Aneityum	Port Vila	1	18	186
8. Mai	In den Gewässern der Neuen Hebriden		2	23	236
30. Mai	In den Gewässern der Torres-Inseln und Vanikoro		3	3	273
7. Juni	Vanikoro	Rennel-Insel (Salomon-Inseln)	5	3	443
13. Juni	Rennel-Insel	Port Moresby	7	5	854
	In der Lagune von Port Moresby			5	19
12. Juli	Port Moresby	Coconut Island (Torresstraße)	2	10	285
19. Juli	Coconut Island	Thursday Island		12	68
25. Juli	Thursday Island	Weipa	2	6	170
9. August	Weipa	Dili (Timor)	9	6	1022
30. August	Dili	Komodo (Indonesien)	5	22	402
8. Sept.	An der Küste von Komodo				8
8. Sept.	Komodo	Diego Garcia (Chagos Arch.)	34	4	2979
	In der Lagune von Diego Garcia			14,5	35
25. Okt.	Diego Garcia	Diego Suarez (Madagaskar)	21	22	1510
	In der Bucht von Diego Suarez			7	30
22. Dez.	Diego Suarez	Plymouth	121	14	9902
27. April 1972	Plymouth	Helgoland	12	5	548
11. Mai	Helgoland	Cuxhaven		8	37
Gesamt			420	14	35 086

Seemännische Ausdrücke

Abdrift	seitliche Versetzung durch Wind, Seegang oder Strömung
achtern	hinten
Achterpiek	kleiner Stauraum im Heck des Schiffes
aufslippen	ein Boot mit Hilfe einer Slippanlage aus dem Wasser holen
backbord	linke Schiffsseite
Backskiste	Raum unter einer Sitzbank
Baum	Rundholz, an dem das Segel mit seiner untersten Kante befestigt wird
beidrehen	das Schiff ohne Fahrt oder unter kleinstem Segel treiben lassen
Besteck	Instrumente zur Ortsbestimmung
Bilge	tiefster Hohlraum im Schiff
Böe	Windstoß
Breite	geografischer Breitengrad
Crew	Mannschaft
Dingi	kleines Beiboot
dümpeln	das Hin- und Herwerfen eines Schiffes bei Windstille auf See oder vor Anker
dwars	quer, querab, von der Seite
Echolot	Gerät zur Messung der Meerestiefe durch Schallwellen
einband	Seglerausdruck für allein
Etmal	die von Mittag zu Mittag zurückgelegte Entfernung eines Schiffes
Fall	Tau zum Setzen der Segel
fieren	Leine nachgeben
Fock	Segel vor dem Mast
gegisst	geschätzt
Genua	großes Vorsegel
Großsegel	Hauptsegel hinter dem Mast
Kabellänge	185,2 Meter
Kalmen	Zonen häufiger Windstille
Ketsch	Yachttyp mit 2 Masten
Kimm	Horizont
klarieren	an- und abmelden bei der Hafenbehörde
Klüse	Öffnung an Deck für die Ankerkette
Knoten	Geschwindigkeit, Seemeile je Stunde
Koppelkurs	die nach Log und Kompasskurs ermittelte Fahrtrichtung
kreuzen	gegen die herrschende Windrichtung segeln
Kurs	Fahrtrichtung

Lagune	vom offenen Meer abgetrennte Bucht
Länge	geografischer Längengrad
Lee	die dem Wind abgewandte Seite
Log	Gerät zum Messen der Fahrtgeschwindigkeit eines Schiffes
Luk	Eingang zur Kajüte
Luv	die dem Wind zugewandte Seite
Marina	Yachthafen
Masttop	Spitze des Mastes
Missweisung	Abweichung der Kompassnadel von der geografischen Nordrichtung
Passat	beständiger Tropenwind
Pinne	Hebel des Steuerruders
Piroge	Einbaum, mit und ohne Ausleger
Plicht	vertiefter Sitzraum am Ruder
pullen	rudern
reffen	verkleinern der Segelfläche
Rigg	alle Taue und Drähte, die zum Halten des Mastes und zur Bedienung der Segel und Bäume dienen
Saling	Querstange am oberen Mast
schamfielen	das Scheuern von Segel und Tau gegeneinander
Schoner	mehrmastiges Segelschiff
Schot	Segelleine
schralen	schwach, ungünstig, drehend
schwoien	sich (vor Anker) drehen
Seemeile	1852 Meter
Slup	Bootstyp mit einem Mast
Speigatt	Abflussloch an Deck für das überkommende Wasser
spleißen	Drahtseil- oder Tauenden miteinander verflechten
Stag	Halte-, Stützdraht
steuerbord	rechte Schiffsseite
Tausendfüßler	bürstenartige Segelschoner, aus Tauwerk gefertigt
Tide	Ebbe oder Flut
Trimaran	Dreirumpfboot
Trosse	starkes Hanf- oder Drahttau
Wanten	Spanndrähte des Mastes
Zenit	höchster Punkt des Himmels über dem Beobachter